U0827770

制造业库存控制技巧

（经典版）

库存转就是赚钱

程晓华◎著

企业管理出版社
ENTERPRISE MANAGEMENT PUBLISHING HOUSE

图书在版编目（CIP）数据

制造业库存控制技巧：经典版 / 程晓华著 . —北京：企业管理出版社，2023.6
ISBN 978-7-5164-2831-3

Ⅰ . ①制…　Ⅱ . ①程…　Ⅲ . ①制造工业－库存－仓库管理　Ⅳ . ① F407.406.5

中国国家版本馆 CIP 数据核字（2023）第 069063 号

书　　名: 制造业库存控制技巧（经典版）
书　　号: ISBN 978－7－5164－2831－3
作　　者: 程晓华
策　　划: 寇俊玲
责任编辑: 寇俊玲
出版发行: 企业管理出版社
经　　销: 新华书店
地　　址: 北京市海淀区紫竹院南路 17 号　　**邮编:** 100048
网　　址: http://www.emph.cn　　**电子信箱:** 1142937578@qq.com
电　　话: 编辑部（010）68701408　发行部（010）68701816
印　　刷: 三河市荣展印务有限公司
版　　次: 2023 年 8 月第 1 版
印　　次: 2023 年 8 月第 1 次印刷
开　　本: 787 毫米 ×1092 毫米　1/16
印　　张: 15.5
字　　数: 330 千字
定　　价: 88.00 元

版权所有　翻印必究　·　印装有误　负责调换

前　言

2020年出版《制造业全面库存管理》时我曾经说，《制造业库存控制技巧》“就像一栋老楼，装修来装修去，也只能是修修补补”，但是，现在我决定还是继续出版全新的《制造业库存控制技巧》经典版了！

《制造业全面库存管理》可以让企业高管看得更懂，这是一件令人高兴的事情，因为这与当初出版此书的目的是一致的，那就是让高管们理解并支持全面库存管理。但同时，我又隐隐约约地有些不安：此书的内容是不是太浅显了一些？

鱼与熊掌不可兼得，本来就众口难调，试图让一本书满足所有的相关读者，可能会顾此失彼。

于是，2022年7月，我在网上做了一个问卷调查，总共收到39位热心读者的反馈，其中：

◆ 两本书都读过的有30人

◆ 认为两本书区别很大的有15人

◆ 两本书都很喜欢的有21人

◆ 认为应该继续出新版的有32人

这39人中，主管、经理有21人，总监、VP有11人，还有CXO及其他7人。

最令我感动的是，他们还认认真真地填写了近10条反馈：

◆ 之所以建议出版《制造业库存控制技巧》新版是因为该书更偏向实操、案例、计算公式

◆ 建议增加一些采购的内容

◆ 建议安排章节讲解供应链底层逻辑

◆ 可以一本重技术，一本重管理

◆ 建议多增加一些TIM案例分享

◆ 建议增加更多的实用案例和工具

◆ 建议新版更倾向于一线具体流程的控制点，成为我们培训的核心教材

我明白了！我必须出经典版！在尽可能地保持本书前几版特色的基础上，我做了如下比较大的内容调整：

1. 新增内容

（1）新增每章章首“本章基本观点与底层逻辑”。

（2）新增部分章节“实战练习”，其内容来自我在辅导客户实施全面库存管理（TIM）的过程所遇到的比较典型的、但是大家又是似懂非懂的基本逻辑。

（3）新增《库存控制与订单评审》《库存控制与产品生命周期管理》及《库存控制没有绝招儿》等三章。

（4）在有关章节随机穿插了一些来自业界实践但经过我改编的业界小故事，一是增加可读性；二是有利于读者对难点问题的理解。

2. 删除并更新的内容

（1）删除常识性的“阅读理解”，但对于一些比较经典的文章进行了修改、润色，以便加深理解。

（2）删除原第 4 版的第 13 章及第 15 章。

3. 优化整合及重点拓展

（1）将原第 4 版的第 1、2、3 三章优化为两章；原第 11、12 两章优化为一章。

（2）核心部分重点拓展。将原第 4 版的第 6 ~ 9 章（物料计划、采购、生产管理与需求管理）融入这些年我对供应链管理，尤其是供应链计划的一些新的认知和研究成果，也许有些观点和做法缺乏严谨，但是在实践中可以为广大读者，特别是那些有多年供应链管理经验的读者提供一些新的思路和视角。

另外，需要大家注意的是，本书的一些关键逻辑、定义和内容不可避免地与《制造业全面库存管理》有不少相似的地方，我在修改本版时尽可能地把同一问题放在不同的背景和环境下，变换不同的方式去讨论，这样或许更有利于大家理解和吸收这些知识点。

时间过得飞快，到 2022 年 10 月，我做独立顾问已经 10 年了。

在这 10 年的时间里，我审核了几十家制造业客户（包括大的 BU/BG 等）的供应链管理体系，辅导他们实施全面库存管理（TIM）咨询项目，周期最短的有一年多，两三年、四五年的比较多，如 OPPO、华勤、龙旗、歌尔股份、赛轮集团等，最长的莫过于山东世纪阳光纸业集团，从 2013 年到现在一直没停过，不是他们供应链管理问题太多，而是他们从董事长到普通员工，一直都在如饥似渴地学习、进步。

我也在向他们学习，向他们致敬并感恩。

感谢广大读者多年来对我的支持和厚爱；感谢我曾经工作过的大宇重工业、顿汉布什、IBM、伟创力、埃森哲等老东家们；感谢本书第 1、3、4 版的编审寇俊玲老师、第 2 版的编辑王佳蕾老师及出版社的领导们，他们的专业及敬业精神一直是我学习的榜样。

程晓华
2023 年 5 月

目 录

第1章

到底什么是库存控制

本章基本观点与底层逻辑

1. 库存是供应链的黏结剂
2. 库存与交付是一个问题

我们在探讨库存问题之前，首先必须搞清楚一个问题：什么叫库存控制？

1.1 库存控制不是仓库管理

2004 年我刚开发并亲自讲授《制造业库存控制技术与策略》这门课的时候，很多人认为我是讲“仓库管理”的。这种观点持续了数年。

2007 年 11 月，本书第 1 版上市，其思路和整体架构都是基于我的这门课程。所以，初稿时的书名叫《制造业库存控制技术与策略》，但当时的编辑老师认为还是改成《制造业库存控制技巧》比较恰当，理由是前者过于学术化。

后来这本书被很多读者当成是谈仓库管理技巧的，仓库管理员说，他们看不懂，管个仓库，哪里需要那么多的公式和计算？还这个流程、那个流程控制点（Process Control Points，PCP）啥的？

鉴于上述问题，我们首先必须要澄清的是，库存控制肯定不是仓储管理。也可以说，虽然库存控制与仓储管理有些关联，但充其量，仓库就是个库存的存放空间而已，而且存放的还仅仅是一部分库存。

仓库管理就是进、出、存，是保管，其英文是 Warehouse Management（WM），即使功能延伸，也就是增加些延迟包装之类的功能。而库存控制的英文是 Inventory Control，单纯看英文，它们也不是一个概念。

仓库管理也是个专业，也有专门的 WM 之类的软件，但仓库管理不是库存控制。然而直到现在，还是有很多人认为是仓管员在控制库存的水位，仓库缺料时他们甚至还在追究仓管的责任。

1.2 库存控制也不是模型

直到现在，有很多书，包括那些所谓正统的大学教材，一提到库存控制还在谈那些订货点（Re-order Point，ROP）、安全库存（Safety Stock，SS）、经济采购批量（Economic Order Quantity，EOQ）、物料需求计划（Materials Requirements Plan，MRP）之类的模型。

我们如果把库存控制比成“种地”，那么，这些所谓的模型就是种地的工具，如锄头、铁锹、小耙子之类；如果我们把库存控制比作数学问题，那么，这些模型就是类似计算器、Excel 之类的办公工具。

所以，模型也不是库存控制，库存控制更不是仅仅鼓捣几个模型那么简单。有读者写信说，他现在帮一家企业做供应链管理咨询项目，其中的一个关键部分就是库存控制，要帮助客户把及时交付率提高多少百分比，降低多少库存，然后把库存周转率提高到什么程度，最终跟客户是“按效果收费”。他们经过近四周的调研发现，这个客户的问题很简单，只要建个库存补货模型就可以搞定，问我能否给他提供一些思路。

我跟他说，首先，没有经过我本人对这个客户的全面库存管理审核与数据分析，我不敢说解决问题的思路是什么；其次，我感觉你们好像没有在制造业真正干过供应链管理工作。

他说是的，他是某国某名校的供应链管理方面的研究生，一毕业就到一家很著名的咨询公司工作了，尽管自己从来没有实操过供应链管理工作，但已经做过好多供应链咨询项目了，所以也算是有经验的。我就跟他说，这看起来挺好，但是，我告诉你第三点，你这个项目可能到最后一分钱也拿不到。原因是：

库存控制绝不是仅仅靠建几个模型就可以出效果的。

他不服，他甚至说我可能是在犯经验主义的错误。

1.3　库存与库存控制

要回答什么是库存控制，我们首先要搞清楚什么是库存。

关于库存，历来存在几种不同的观点：

第一种观点：库存是必要的储备。也就是说，为了应付需求或者供应的潜在波动，我们必须持有一定量的安全库存（SS）或缓冲库存（Buffer Stock，BS）。那么，体现在 MRP 的逻辑设置上，你就会对每一种物料（ERP 统称所有原材料、成品、半成品，包括在制品等都为“物料”）或多或少地设置一定数量的安全库存或者一定数量的缓冲库存天数，目的是“安全”。

第二种观点：库存是浪费。也就是以日本丰田汽车公司为代表的企业提出的“零库存”的观点——见到库存就应该消灭。这样，你一般就不会在 MRP 里面设置什么安全库存，因为安全库存在财务上实际是一种沉没成本（Sank Cost），一旦设置，它就死在那里。纯粹从财务的角度，这是不能容忍的。

以上是截然不同的两种观点，在我看来这也是一个“大是大非”的问题：如果认为库存是必要的储备，那么你就很有可能设置安全库存，最终滑入借口安全库存而进行过量生产的陷阱；如果认为库存是一种浪费，那么你一般不会设置安全库存、缓冲库存，无论是用 MRP 跑需求计划还是手工下单，这也很危险，很有可能最终走向了另外一个极端，特别是在那些“精益生产（Lean）”形式主义泛滥的公司。

那么应该如何正确定位库存问题呢？

我的理解是，库存是需求与供应链管理链条的“黏结剂”。

我们必须先搞清楚一个问题：什么是物流？

国家标准《物流术语》（GB/T 18354—2021）中的物流定义很精准，但我的理解却很简单：所谓物流就是物料的流动，就如同什么叫风一样简单：空气的流动形成了风。

既然说物流就是物料的流动，那么流动的物料实际上就是我们所说的库存。物流，物流，没有物的流动也就没有物流，物料只有流动起来才形成物流。推而广之，没有物料的流动也就形不成需求与供应链的链条。所以我认为：正常的库存是需求与供应链管理链条的“黏结剂”；非正常的库存则是需求与供应链管理流程不协调的结果。非正常的库存是指要么产生了呆滞库存，要么不能及时给客户出货，通常二者兼而有之，即仓库爆仓与不能及时出货并存。

也就是说，我们既不承认库存是必要的储备，也不承认库存是一种浪费，我们需要持有合理的库存，而所谓合理的库存，通俗的理解就是，该多的就多存；该少的就少存。合理的库存是维系企业物流正常运转的“黏结剂”，而这其实就是我的“全面库存管理（Total Inventory Management，TIM）”思想的起源点——基于供应链运作参考模型（Supply Chain Operations Reference Model，SCOR）的定义。我认为，库存管理必须是全面的、整个链条的管理。基于SCOR的TIM模型如图1－1所示。

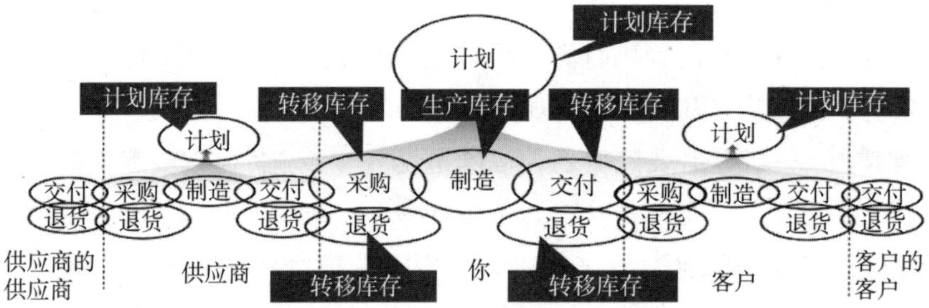

图1－1　基于SCOR的TIM模型

SCOR认为，企业的供应链管理（Supply Chain Management，SCM）分为“你，你的客户，你的客户的客户，你的供应商，你的供应商的供应商”，这样就形成了一个需求与供应链管理的链条；SCOR同时认为，需求与供应链管理链条上的所有节点企业都在做如下5件事（存在着5个流程）：

第一是P：Plan，也就是计划，计划你要做什么（What），做多少（Quantity），什么时间（When）做，在哪里（Where）做等；

第二是B：Buy，原材料的采购，这里指执行采购，SCOR中的英语原文是Source，寻源采购。因为库存与交付与供应商认证、条款谈判等寻源行为没有太大的关系，所以我这里用Buy代替Source；

第三是M：Make或Manufacture，成品、半成品的生产制造；

第四是D：Deliver，制造了就应该给客户发货；

第五是R：Return，退货，包括你的客户因为质量等问题退货（Returned Materials

Authorization，RMA），你给你的供应商退货（Return to Vendor，RTV）。

我们可以这样理解 P－B－M－D－R：

P：我们实际上是在计划一个库存与产能问题，广义地讲，产能本身也是库存；

B：你采购什么？你采购的原材料实际上就是从供应商那里转移过来的库存；

M：你生产什么？你生产出来的东西在没有被最终消费者消费之前也是库存；

D：你把你的货交给了你的销售代理商或客户，如 4S 店、省级经销商或者终端客户，那你实际上也只是在转移库存而已；

R：就更容易理解了，你的客户退给你的是库存，你退给你的供应商的原材料肯定也是库存。

采购和销售其实都是在做库存转移，而中间的生产是你把你的原材料库存转换为成品、半成品的库存。

如此而已。

所以我们认为，库存是需求与供应链管理链条的"黏结剂"，大家都在玩库存转移的游戏，只是看谁玩得更好，谁的库存就少；如果大家都玩得好，说明整个需求与供应链管理的水平高，这个产业链就可能更有竞争力；如果各行各业的库存都玩得好，整个国家就更有竞争力。

所以，从整个供应链管理的角度来讲，库存的形成就很容易理解了：进得多，出得少，你的库存就自然而然地形成了。如同水池里面的水，进水多了，放水少了，水池里的水自然也就多了。

基于这个 TIM 模型做进一步延伸，全面库存管理是指从库存角度全面透视企业供应链管理与 ERP/IT 问题；供应链就是库存链。

库存（Inventory）问题就是交付（Delivery）问题，交付问题就是库存问题。库存与交付对立统一、相互转换。合理的库存结构，包括原材料、半成品、成品库存，可以转换成对客户的及时交付；而实现了及时交付，我们就有更多的机会去优化库存结构。它们之间的关系如图 1－2 所示。

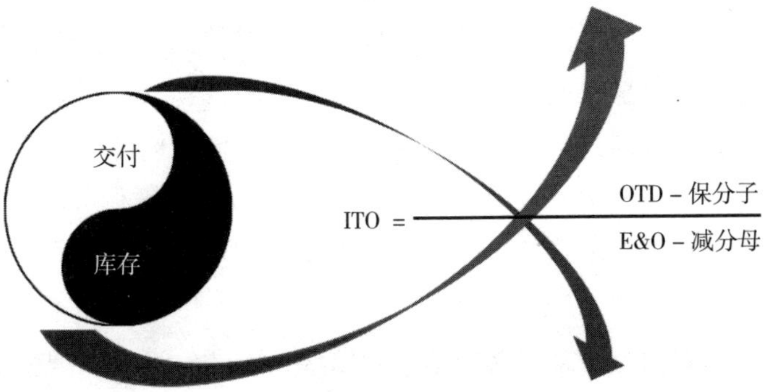

图 1－2　库存与交付的关系

所以，所谓的库存，包括两方面的意思：一是指库存本身，如原材料库存，成品、半成品库存，还有在供应商、客户那里的库存；二是交付，也就是指库存的转移，如供应商交付产品给你，实际是把供应商的库存转移给你，你交付产品给你的客户，那无非就是把你的库存转移到客户那里。

所以，库存控制的实质就是：在合适的时间（Timing），合适的地方（Where），持有合适的数量（Quantity）。由此，我们认为，库存首先是计划的产物，其次才是个执行的问题。计划和执行的关系是：计划得不好，执行就出问题，执行的问题反过来会导致重新计划，而重新计划越多，执行就更加艰难。

全面库存管理（TIM）体系的一个突出特点就是，它将传统的、各种各样的、纷繁复杂的供应链管理理论与方法论进行了简单化、模型化，它时时刻刻都以库存为核心来分析、研究、解决供应链管理问题，并以库存为根本出发点来审核、设计、优化并持续改善供应链管理体系（流程、组织、绩效及例会，即 3P1M：P1 – Process，P2 – People，P3 – Performance + M – Meeting），从而全面提升企业乃至整个链条的管理绩效。

我们现在来理解"库存控制"的定义：通过全面优化企业自身及上下游的供应链管理流程（P1）、组织（P2）、绩效（P3）及例会（M）体系，全链条优化库存结构，降低整体呆滞库存（Excess & Obsolete，E&O），提高及时交付（On – time Delivery，OTD），最终提高企业库存周转率（Inventory Turn – over，ITO），从而实现提高企业现金流周转速度（Cash to Cash，C2C），提高股东投资回报率（Return of Investment，ROI），提高合作伙伴及员工忠诚度之目的。

这是一个看似矛盾的定义。

一般的理解是：如果你要保证及时交货，你最好持有大量的库存，但公司的财务会说，那不行，你必须保证一定的库存周转次数，而且呆滞库存还不能太多，否则我们就没有钱发工资了。那么，反过来思考，如果你不能保证及时交货，你的库存和现金又如何能够周转起来呢？这就叫矛盾：既对立，又统一。如同开一家小餐馆，为了保证让客人及时就餐，那么最好准备大量的食材，但问题是你的资金、场地有限，你就必须精打细算：要准备什么食材（What），何时准备（When），准备多少（Quantity）。准备少了，不能满足客人需求，但准备多了就有可能造成食材的变质、报废，其结果很可能是赔钱。如何既能够保证满足客人的需求，又能够尽量减少食材的剩余，就成为小餐馆经理不得不面对的问题。我们每个人都有去餐馆的经历，但我们是否想过下面这些问题：

第一，我们有谁给小餐馆的老板提供过什么预测（Forecast，FC）吗？比如，今天我们有几个人，要去吃什么菜；明天、后天，甚至是提供一周的或者月度的滚动预测（Rolling Forecast）？

第二，我们去小餐馆吃饭是否必须给小餐馆提供预测？没有预测就不让点菜？或者就要被区别对待，因为你没有预测，所以给你上菜就会慢？

第三，又有哪家小餐馆是上了所谓的企业资源计划（Enterprise Resource Planning，

ERP）系统呢？再大的餐厅好像也没有人用什么 ERP 吧？

以上 3 个问题的回答都是否定的。

那么，问题就来了：小餐馆的经理是如何保证在满足客人需求的前提下，把库存降到最低的呢？而在企业，我们有昂贵的 ERP，还有销售或客户预测，尽管不准确，也总比小餐馆的经理条件好吧？但我们的库存为什么还是控制不好呢？为什么我们还是不能保证及时交货呢？

正是因为这些问题的存在，企业才需要大批供应链管理专业的人才。也就是说，那些做采购的、搞计划的、运输的、生产的、销售的、仓储的人才，之所以都是企业所需要的，就是想让他们解决“既要保证及时交货，又要提高库存周转率”的矛盾——这就是库存控制。

阅读理解之一

库存是供应链链条的“黏结剂”

“无论是 MRP、MRP Ⅱ 还是 ERP，无论是供应链与物流管理还是生产运营，核心问题只有一个，那就是：如何在保证及时交货的前提下，把库存降到最低？”这是集成供应链管理与库存控制专家程晓华先生每谈到 VMI 以及制造业库存与现金流问题时的必言之词。我们把它称为“供应链管理的经典之言”也不为过。

我们这次对程先生的专访主要集中在生产企业供应链上的库存控制与管理方面，尤其是 VMI（供应商管理库存）。

记者：如今的企业竞争已不是产品与产品之间的竞争，而是供应链与供应链之间的竞争。为了实现供应链全局最优，供应链下库存管理的方法早已突破了货物的所有者管理库存的传统管理方法。目前有三种创新的供应链库存管理方法被业界关注：一是 VMI；二是供应商和零售商共管库存；三是第三方物流（the Third Party Logistics，3PL）管理库存。你如何评价这三种库存管理方式？

程晓华：所谓 VMI 是指 Vendor Managed Inventory，就是指供应商管理库存；所谓供应商和零售商共管库存，我的理解应该是指 JMI，Jointly Managed Inventory，即供应商、3PL 及客户联合起来做库存管理；所谓第三方物流管理库存主要是讲第三方物流中心（如 Hub 等）的管理，制造业客户通过第三方物流公司管理自己的库存，包括存储、配送等。从严格意义上讲，它们三者是不可以人为地分开的：VMI 方式主要是供应商根据客户的滚动预测以及 Min/Max（最高最低库存）自动补充库存，而不需要按照传统的订单（Purchase Order，PO）方式交货，一般的做法也是通过第三方的物流中心（Hub）实现；而 JMI 作为一种联合库存管理方式与 VMI 类似，但它更强调第三方物流的管理作用。无论哪种方式，其库存管理的核心问题还是制造业客户的供应链计划控制问题。第三方管理库存，我的理解主要还是第三方物流服务商对实物、数据、配送等的管理，核心的库存计划（Inventory Planning，IP）与补货问题还是制造业自己的事情。

记者：目前在库存问题上存在着两种观点：一是热衷“零库存”，见到库存就要消灭掉；二是拥有一定数量的安全库存。你如何评判这两种观点，你的主张是什么？

程晓华：两种观点都不可以绝对化。所谓的“零库存”只是一种境界，我们目前的确还没有见到真正做到“零库存”的企业，只能是不断地去追求、接近“零库存”。目前绝大多数企业所谓的“零库存”实际上是在往上游供应商处转嫁库存，经常看到的情况是总装厂的库存的确很低，但供应商们往往叫苦连天，压了很多库存来应付客户的所谓及时交货、“零库存”管理。这样的结果往往是“羊毛出在羊身上”，供应商的成本最终会转嫁到客户那里去。而且并不是什么企业都可以这样做的。这要看你在行业里面的地位：如果你是行业老大，供应商争着给你配套，你当然可能做到所谓“零库存”，如Dell、丰田等。为什么同样是做电脑的，Dell的库存供应天数大约在4天，而我们的联想在收购IBM PC之前却是22.7天左右？主要原因是供应商对联想的依赖程度没有像对Dell那么大，仅此而已。当然，这里面也并不排除联想在整个供应链管理方面受其他因素的影响。

对于安全库存，我们一般是不建议设置的，因为根本就没有绝对安全的库存。如果你的供应波动很大，需求波动率很高，你设置多少库存才叫“安全”呢？反之如果你的需求与供应都很稳定，你又为什么要设置安全库存呢？要根据不同物料的供求情况而定。Dell也并不是所有的物料都可以做到所谓的“零库存”，尤其是那些敏感性的战略物料，那就不仅仅是个安全库存的问题，而是必须人为地加大库存。我对库存的定位是，库存是整个需求与供应链管理链条的“黏结剂”。

记者：目前很多人把库存控制简单地理解为仓储管理，实际上这是很片面的。我们应该怎样理解库存控制这个概念？应该怎样去控制库存？

程晓华：库存管理绝对不是仓储管理，至少不能简单地理解这个问题：库存管理在英语里面叫Inventory Control，而仓储管理叫Warehousing Management，二者根本的不同点是库存管理主要是控制库存的周转率，它是从增加企业现金流的角度来衡量的；而仓储管理则仅仅是个保管、储存、配送的问题，它只是库存的一个载体或者说是库存流动的一个环节而已，而且不一定是必经环节。库存控制一定是整个需求与供应链各个环节的总体控制，从需求、设计开始，一直到需求计划（Demand Planning，DP）、生产计划（Production Planning，PP）、采购计划（Materials Planning，MP），再到生产、采购、仓储、配送的执行。二者是有根本区别的。

记者：你是一个真正从制造业成长起来的库存控制与供应链管理专家，也曾给不少国内外企业做过咨询服务。从生产制造企业的角度来看，你认为应该如何对供应链上的库存进行优化和管理？

程晓华：前面提到，库存的管理是整个需求与供应链管理的整体水平的反映，真正的库存管理应该是优化整个需求与供应链链条上的各个环节的库存，简单地说，就是不仅仅要看好自己的库存，还要关心你的客户、代理商的库存以及供应商的库存，以降低整个链条的库存总量。比如，做服装生意的，你不是把成衣发给你的代理商就算完成了，你还要看你的代理商的库存水平与实现了的有效销售之间的关系；做汽车的也是这样，成品车放在你的 4S 店就行了吗？并不是，你要推出新款车，如果你的 4S 店里都是老款车，你还能把新车推向市场吗？反之，如果你的供应商因为你的所谓“零库存”而叫苦不迭，时间长了，供应商还会给你配套吗？自己的库存要看，上下游的库存也要看。在信息化技术高度发达的今天，要实现整个需求与供应链管理的透明度不是一件很困难的事情。

记者：供应商管理库存（VMI）有哪些优势？有哪些约束条件？应注意什么问题？

程晓华：VMI 的好处是总装厂，如做汽车的、做电脑的、做手机的，它们自己的库存可以做到很低；对供应商来讲也可以提高对需求的透明度以及生产安排的灵活性，同时减少交货的时间与数量方面的压力。VMI 对国内企业来讲，其关键约束条件有以下几个方面，即国内企业的规模，也就是你对零部件的需求总量，量小了很难或者不值得做 VMI；供应商的灵活度，主要是指供应商弹性生产的能力问题；第三方物流公司的能力，主要是指交货的准确性问题以及物流公司对客户的业务模式的认知程度。这里最关键的是，作为物流公司你必须清楚客户每天的生产变化以及这种变化可能带来的物料配送、仓储等问题；再就是国内的海关政策，也就是物流模式：大家知道国内的制造业物流模式一般分为保税物料、非保税物料以及转厂物料的管理。根据国家相关规定，制造业必须在实体上、逻辑上分为三本账，作为物流公司如何帮助企业客户及其供应商处理好这个问题也是个关键；最后一个关键的约束条件就是信息化问题：VMI 可能是一个非常简单的概念，但其实施离不开信息系统的支持，特别是上下游企业以及与物流公司的信息系统的整合问题：不同的供应商、客户所使用的 ERP 系统以及信息交换系统是不一样的，还有监管海关、口岸的信息系统如何衔接的问题。最后一个约束条件是上下游企业之间的相互信任问题，这里面牵扯大量的责任与义务的协议与合同谈判问题。我的体会是：VMI 说起来容易，做好了很难。关于应该注意的问题，我想最关键的是要求供应商做 VMI 的企业不能只考虑自己的库存降低。

记者：你参与 VMI 的项目主要有哪些？能否请你就某一实际案例具体讲解一下 VMI 的操作模式。

程晓华：我主要参与了诺基亚北京星网国际物流工业园项目的设计与实施。当时我是作为 IBM 北京工厂（诺基亚的主要 PCBA 配套厂商）的代表参与该项目的。该项目的主题概念就是 VMI。前面讲过 VMI 就是指供应商管理库存。诺基亚的项目主要是利用第三方物流公司的力量在工业园建立来料物流中心（Inbound Logistics Center，iHUB）以及发货物流中心（Outbound Logistics Center，oHUB），原则上对诺基亚北京工厂实现所有元器件、半成品的 VMI，同时元器件供应商实现对半成品如 PCBA 生产厂商的 VMI。它的基本操作模式是：所有元器件在 iHUB 根据诺基亚的滚动预测设立 Min/Max，由供应商自己在 iHUB 自动补充库存，诺基亚根据自己的生产需要从 iHUB 提取所需物料至自己的产线物料缓冲区（Materials Buffer Zone），实现所谓“零库存”。模式很简单，但实际操作牵扯很多问题，如前面提到的海关问题、信息系统集成问题等，实际操作起来也是经历了很多磨难，但所幸诺基亚还是在北京海关以及相关政府部门的支持下坚持了下来，据说目前效果不错。

（2005 年 12 月作者接受《物流技术与应用》杂志的专访）

阅读理解之二

死库存活流程

销售部的李总当着成铭（TIM 顾问）的面跟他们的供应链总监说，吴总啊，你们如果把成品 DOS（Days of Supply，库存持有天数）提高到两周以上，我们对客户的响应速度是不是就可以大幅度提升了啊？

吴总就看着成铭笑。

成铭说，你笑啥子吗？你给李总讲讲嘛！

吴总说，老李啊，我们现在所有的成品库存平均下来两周还多呢！

李总一副很不理解的样子说，那么多啊！那为啥还总是出不去货呢？

那得问你自己啊！吴总拍着李总的肩膀说，我做的库存你不要，我不做的，或者做得少的，你就拼命地要，我咋办啊？

哦，那个销售总监说，那还是你库存结构不合理嘛！你就不会按照成老师说的那个什么 ABC－XYZ 啥的做个分析，然后该多的多，该少的少，这个问题不就解决了吗？

吴总说，成老师你看到了吧？我们的销售老大们竟然还懂 ABC－XYZ 分类呢，呵呵。

成铭说，这很好啊，他至少是属于第二类人。

李总很好奇地问成铭，有第二就有第一啊，成老师，那第一类人又是什么人呢？还有第三类人吗？

成铭说，是的，你刚才就从第一类人瞬间进化到了第二类人，你已经不是一般人了！

李总很聪明，他说，那所谓的第一类人就是像我刚才所说的那样，企图单纯地通过增加库存就能提高对客户的响应速度？嗯，这个认识的确是有些肤浅，技术分析还是需要的，看来你们供应链管理也是有点技术含量的嘛。

成铭说，李总你总结得很对，不愧是学市场营销的海归硕士。

呵呵，那第三类人是什么人呢，李总问到。

成铭说，你听说过“死会计，活财务”这一说法吗？

李总说这个我知道啊！我本科在国内读的就是财务管理！上大学的时候好像听教财

务的老师这么说过，说他们整天不就是借啊就是贷的，记死账而已，而真正的财务呢，则是玩库存周转率、现金流、资本运营啥的，这才是活的。

成铭说，大概是这个意思，供应链管理与这个财务管理上的说法对应的就是“死库存，活流程”。

Rigid Inventory，Robust Process？李总张口就是一串英语。

成铭说，海归就是海归嘛！

愿闻其详，李总有点迫不及待了。

吴总说，刚刚发生了一单货，我们好不容易做出来了，结果客户又说不要了。

我知道啊，李总说，那还不是让我们的竞争对手抢了先，他们的货先到了，我们的货人家就不要了嘛！

那怪谁呢？成铭问。

还不是怪他们供应链嘛！李总说，他们迟迟不给承诺，好不容易承诺了，结果承诺的时间离客户要求相差太多，这不……最终就这样了嘛！

那你咋不说说你们销售部自己的问题呢，李总？

吴总一脸愤愤不平地说，客户的订单早就来了吧？结果呢，你们一直捂着，说是跟客户纠结什么信用额度问题，扯来扯去，时间都耗没了，等到订单到了我手里，也差不多就是客户要求的出货日期了，你让我们咋办啊？

所以，还是你的库存结构不合理嘛！对不对，成老师？哈哈！

李总比刚才底气多了不少。

呵呵，成铭说，李总啊，你又变回了第一类人。

啊？为啥？李总很不解地问。

成铭说，这就是我说的“死库存”啊！俗话说，人算不如天算，你们销售的预测也好，我们的分类管理也好，算来算去，其目的不都是为了备库存吗？而库存一旦产生了，那不就是个死的了吗？最终能不能出得去，还不是要看天嘛！

那应该咋办呢？李总有点糊涂了。

通过牺牲库存是不能从根本上解决出货问题的，成铭说，我们最终还是要靠流程，我的意思是说，库存是死的，它的作用是缓冲，它不能拿来当饭吃，靠牺牲库存来提高对客户需求的响应性，这个作用是非常有限的。我们要靠的是一套强大的需求与供应链管理流程来提高响应性。比如，你们刚才提到的“捂单”，我们是不是就只有目前这一种做法呢？我们可以不可以做得更好一点？是不是可以跟供应链管理并行处理一些工作呢？而不是像现在，你干你自己的，我们啥也不知道，等到你干完了，事情就好像与你无关了，把问题往外一扔，就都成了别人的事了？

嗯，有些道理，李总咂摸着嘴，若有所思地说。

【注：文中人物成铭是程晓华《决战库存》供应链管理小说中的主人公】

（2020－2－5 发布于程晓华全面库存管理咨询订阅号【ITOOTD】）

阅读理解之三

谁再跟我提安全库存的事儿我就跟他急

从2011年到现在，关于“安全库存（SS）”这个问题，我已经写了七八篇文章了，但还是不断地有人问我，程老师，怎么合理地设置安全库存，既保证不缺货，又不产生呆滞库存？

面对这种儿童级的问题，我经常是无话可说，甚至感到极大的悲哀，MRP、物流、供应链等概念已经进入中国大陆几十年了，但我们的供应链管理水平还是停留在所谓的安全库存的概念上，尽管，这比“库存控制”“仓库管理”略有进步。

按照我的全面库存管理（TIM）理论，整个供应链上，交付（Delivery）与库存（Inventory）其实是一个问题的两个方面，库存本身就是供应链管理的核心。

我的文章及专著里面不断地谈到“安全库存及其误解”“安全库存不安全”“安全库存害死人”“安全库存就是个基于无数假设而推导出的数学公式而已”，但还是有无数人对这个概念纠结不已，究其原因：

第一，“安全库存”这个名词很容易令人自我安慰，尤其对那些对供应链管理认识肤浅的人而言，更是如此。

第二，因为不懂，很多人对安全库存公式产生了盲目崇拜。对于数学推导的确不是一般人就能驾驭的。其实，这个公式的本质就是“设置几个标准差”的问题。但即使是这几个标准差，它也是建立在一个错误假设的基础上的，无论是基于历史数据还是未来的预测，还是二者兼而有之，你都是在假设：未来的真实需求是会按照历史或预测去发生的。而实际上，这种可能性是非常小的，属于典型的小概率事件。

第三，一些人不读书，不学习，不思考，只是企图通过寻找这个世界上根本不存在的所谓“绝招儿”来解决供应链管理问题。

第四，有些所谓的专家、学者们，还在装模作样地宣传、鼓吹安全库存……当然，除此之外，他们也想不出更好的办法。

那么，这个库存与出货问题到底应该怎么解决呢？

2009年在伟创力工作的时候，我就写过一篇文章叫“3P管理——管人、管事、管业绩”（Process，People，Performance）——用好人，把需求与供应链管理流程玩到极致，出货与库存控制问题自然而然就解决了。

但在此需要澄清的是，我一直认为，呆死库存的产生是不可避免的，承诺了但偶尔出不去货也是正常的，关键问题是，你比你的竞争对手做得更烂呢还是更好一些？如此而已。

所以说，谁再跟我提安全库存这事儿，我就跟他急！

（2021－11－16发布于程晓华全面库存管理咨询订阅号【ITOOTD】）

阅读理解之四

只要结果不要过程是一种自杀行为

这几年我自己做全面库存管理（TIM）独立顾问，经常接触的客户大多数是国内的私营企业，而且年产值都在几十亿元到几百亿元不等，但我经常听到的一句话就是，“老板只要结果，不看过程”。

不记得这是哪一位“管理专家”的创造发明，我以前打工的时候也经常听人这么讲，而且当时觉得也蛮有道理，但这几年我越来越觉得，这是一句很不负责任的话，在管理上绝对是一碗“心灵毒鸡汤”。

从逻辑上讲，没有好的过程控制（Process Control），哪来的好结果？

即使是那个平衡积分卡（Balanced Score Card，BSC），尽管第一项就是财务结果（Finance），然后是客户（Customer），接下来不也是谈内部过程（Process）、学习与创新（Learning & Growth）吗？

2000 年前后，BSC 在国内外的企业都玩得很火，但不知道为什么，这几年好像很少有人提了，估计是被“互联网 +”给害了。这个时代，让人变得越来越浮躁，越来越没有独立的思想了，再具体一点就是两个极端，有些人为了读书而读书，规定自己一个月必须看完几本书，否则就会寝食不安，夜不能寐，这种人可能最终会沦落为“穷书生”；另一个极端就是干脆不读书了，“我只要结果（金钱）”，最终也就是个“匹夫之勇”。

如果说“穷书生”最终还能落得个自我安慰，毕竟读过书嘛！只是“生不逢时”，那么，“匹夫之勇”呢？那可能最终是“穷途末路”！因为这毕竟是个知识的时代，读书是一个过程，是一个必要条件。道理很简单，读书不能保证你成功（有结果），但不读书，肯定不会有什么好的结果。

在供应链管理领域，我这几年发现的一个问题是，在“只要结果、不看过程”的影响下，很多人不读书、不研究了，自己名义上是个计划员、采购员乃至经理、总监，却连 ERP、供应链管理的基本逻辑、基本概念、基本流程都不懂，好像大家都在急于“追求结果（出货）”，这样怎么可能会有好结果呢？

读书、研究跟结果之间还有个转换过程，这就是流程，而结果 KPI 则是流程 + 人的输出，所以 BSC 先讲结果，接着就是过程控制跟学习与成长。

BSC 也是结果（财务、客户）导向的，这是毫无疑问的，否则就不会有人买单，这也是可以理解的，但是，它毕竟强调了过程控制跟学习成长，这就是“平衡”。

当我们的企业管理者，尤其是高管们，过分地去强调结果的时候，底下的人就很容易去选择性地忘记、忽视过程与学习，所谓“上有所好，下必甚焉”，也就没有人去老老实实地学习、研究流程问题了，人们更多的是去追求所谓的结果，于是，在很多企业，我们经常看到这种现象：

◆ 为了精益生产（Lean）而生产+搞精益，Lean 一天就可以为企业“节省几百万元人民币”；

◆ 为了“到现场（Dirty your hands）”而到现场，好像手一脏，管理问题就解决了；

◆ 为了做项目而做项目，项目到处开花，却只开花不结果；

◆ 为了追料而追料，追料成了很多高管们乐此不疲的事情；

◆ 为了开会而开会，开会让老板觉得你“很忙”，老老实实地坐在那里就是没事干。

……

如此种种，作为一个企业，这跟自杀有什么区别？

供应链管理讲究的就是流程，环环相扣，扣起来了，那就是供应链，扣不起来，那就是一盘散沙，即使勉强堆起来也经不起风吹雨打，这个道理最浅显不过了。

我相信，“百年企业”绝对不是“只看结果”的企业。

（2017－7－12 发布于程晓华全面库存管理咨询订阅号【ITOOTD】）

阅读理解之五

TIM 咨询案例：你都搞不清楚谁是你的客户

广州 ABC 公司起家于 MP3 制造，后进入智能手表行业，是国内该行业的龙头企业，该公司原材料物料编码常用的大概 5000 个，成品有 500 多个 SKU 编码，其产品销售一半以上出口欧美市场，其中 WK 公司是其欧洲的主要客户之一。

经过 TIM（全面库存管理）审核发现，该公司在供应链管理方面的主要问题是：

1. 流程方面：上（新产品导入，New Product Introduction，NPI）上不去，量产爬坡艰难；下（产品生命周期结束，End of Life，EOL）下不来，呆滞库存严重，不断地出现“面多了加水，水多了加面”的情形；中间设计变更（Engineering Change，EC）失控，老料垂而不死，新料青黄不接；整个端到端的供应链管理没有一套清晰定义的业务逻辑，尤其是供应链计划方面，没有形成一套“一个数字流（One Number Flow）”的管控体系；

2. 组织架构方面：关键角色的职责定义不清晰，尤其是计划组织（他们叫 PMC，生产与物料控制）起不到核心管控作用；

3. 绩效管理方面：KPI 考核不合理，仅供应链管理部就有大大小小几十个 KPI，而且大多数还与个人、组织奖惩挂钩。

2014 年 3 月初，我在那里进行 TIM 第一阶段审核的时候发现一个缺料，是个智能手表屏，缺料报告上注明缺料原因是“Demand Upside（需求上量）”，客户原先需要这款屏 30K～40K/周，现在突然上量，变成 80K～100K/周，屏的供应商因为一个启动 IC

（集成电路）缺料，无法满足这么大的需求量。该 IC 正常情况下采购提前期是 30 个工作日，量大而没有预测的情况下，需要 60 个工作日。

我就问他们，这个“Demand Upside”是从什么时间开始的？ABC 公司董事长自告奋勇地说，增量是从 2 月初开始的，2 月 PO 突然从 1 月的 40K/周左右增加到 2 月的 80K/周，3 月则是 105K/周，4 月 100K/周，5 月的 PO 还没有正式收到，估计也得 100K/周左右……

我让他把 WK 公司的原始订单找出来看看，今年 1～4 月的都要。

结果他们找出来的 PO 显示抬头（买方 Buyer）都是“ABC EU Co.，Ltd”（ABC 欧洲销售公司），而不是 WK 公司！

看到这里，我大概明白背后的故事了……其真实情况如图 1－3 所示。

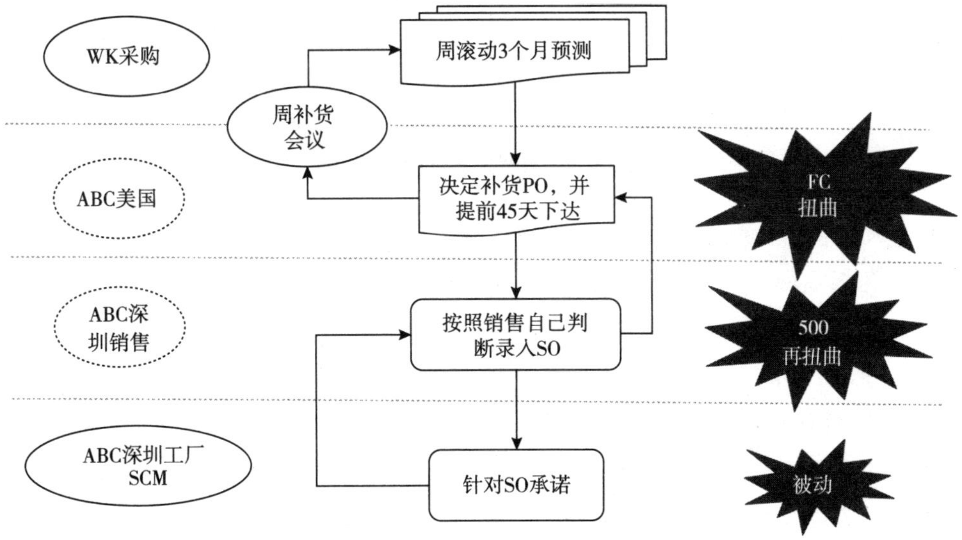

图 1－3　供应链管理现状图

事实是这样的：WK 公司的欧洲采购员每周都会发布 3 个月左右的滚动预测给 ABC 欧洲公司的销售代表，然后他们在欧洲每周开会讨论补货计划，会后由 ABC 欧洲销售代表提前 45 天下 PO（采购订单）给 ABC 广州公司的销售人员。ABC 广州公司的销售人员接到欧洲销售的 PO 后，再根据自己的判断决定录入 ERP 多少 SO（销售订单），最后找 ABC 广州工厂的供应链部门承诺出货。

整个过程就是扭曲、再扭曲，然后是被动！

我给他们出了一个很简单的方案，如图 1－4 所示，简单来说就是：

（1）WK 公司的滚动预测直接传到 ABC 欧洲及广州工厂供应链管理部，由广州供应链直接根据 WK 公司要求的库存水位（Min/Max）承诺补货计划；

（2）取消 ABC 欧洲公司的所谓 PO；

（3）取消ABC广州公司销售部的原有职能，他们以后只是负责打单、发货。

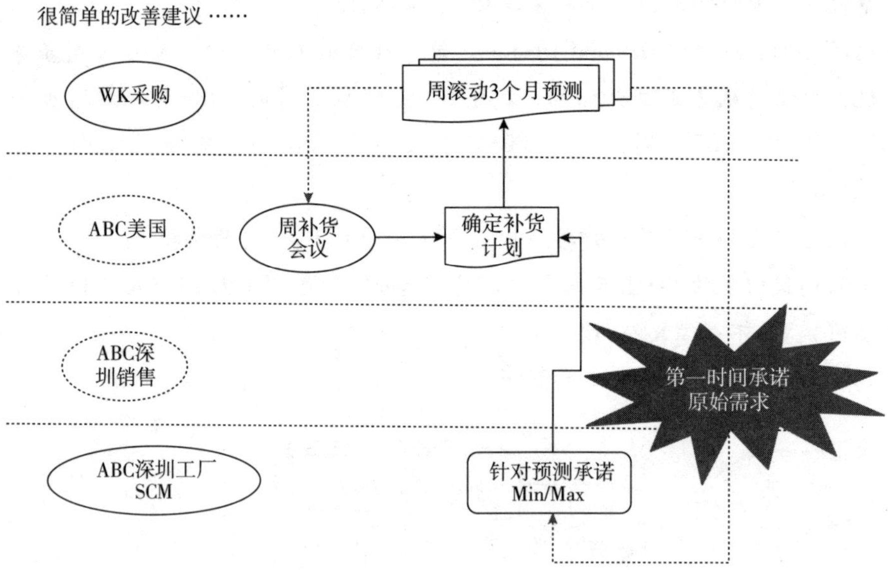

图1－4　调整后的供应链管理图

这个故事说明了一个什么问题呢？

（1）你到底知道不知道谁是你的客户？

（2）你跟你的客户玩的业务模式实质是什么？

按照SCOR（供应链运作参考模型）的定义，如图1－5所示，ABC广州工厂的客户是ABC欧洲公司，它的客户的客户才是WK公司；明明可以直接跟WK玩VMI（供应商管理库存）业务模式，非得经过ABC欧洲公司搞出个什么PO来，这就是问题的根本所在，玩了这么多年，不知道自己的客户是谁，也搞不清楚游戏规则。

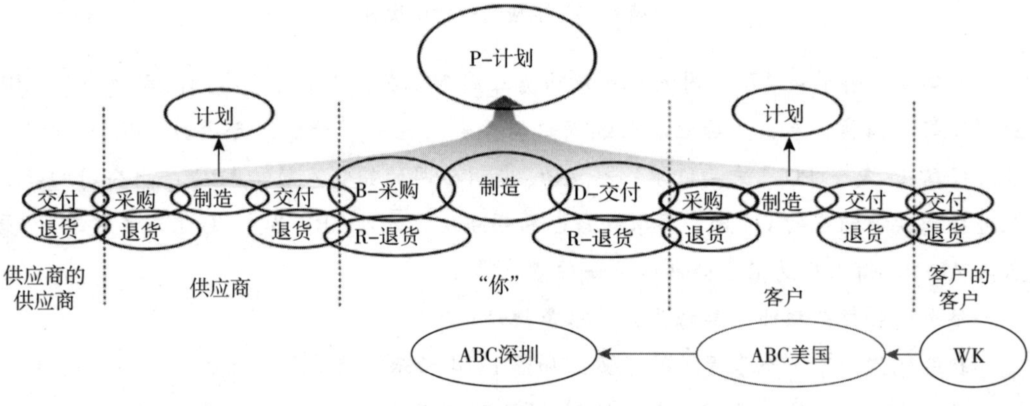

图1－5　客户的客户

后来，审核结束后，我们在TIM第二阶段总共设计、修改了13个供应链管理关键流程，清单如下表所示，取消了那些乱七八糟的KPI，只保留了6个，同时导入了以客户、产品为导向的计划管理组织及职责。TIM 第三阶段经过一年左右的夯实，其库存周转率（ITO）得到了根本性的改善，从 2014 年的年化 ITO 5 次左右提升至 2015 年的 8.6 次左右，其年销售额从 10 亿元左右提升到 2015 年的 14 亿元，平均库存从 2014 年的 1.5 亿元左右压缩到 2015 年的 1.3 亿元左右。

改善后的供应链管理关键流程清单

TIM 全面库存管理咨询第二阶段修改的关键流程名称 – Key Processes Changed
1. 业务控制流程的完善（包括主计划评审，批准，修改）
2. A 类机型 SKU 评审流程（快速反应）
3. 物料主数据维护流程
4. NPI 新产品导入控制流程
5. MRP 运算完毕后，采购 PO 下单、追料、交期回复，交货计划流程
6. PO + F/C 模式实施流程（包括培训）
7. 采购 PO（过期、无需求取消、新增加）维护及清理流程
8. EC 设计变更管理流程——供应链
9. 产能计划与排程控制流程
10. 销售订单维护及清理流程（过期未出货、新增加）
11. 研发物料的采购、追料和入库流程
12. EOL 产品生命周期管理流程
13. 客户退货品、返修品处理流程

实战练习

请列出你公司所有与库存控制及交付有关的流程清单

【知识点】 所谓流程（Process），谈的都是“怎么办（How）”，而不是“能办（Yes）”“不能办（No）”的问题。

近 10 年来，我以“全面库存管理（TIM）”咨询项目的名义审核了几十家制造业（包括几个集团公司的不同事业部、群等）的供应链管理流程，我发现他们的一个共同特点就是，从上到下，几乎没有人能够说出他们自己有哪些供应链管理流程；他们的流程大概都是东一点西一块的，没有一个集成的、环环相扣的供应链管理流程体系。

现在，请你闭上眼睛、静思一下，然后列一个清单出来，包括你公司所有与库存控制及交付有关的流程。

你看看自己能列出多少个流程，然后再到你公司的流程体系里面扒一扒，找一找，对照一下你实际列出了其中的几分之几。

第2章

为什么要库存控制

本章基本观点与底层逻辑

1. 库存是吞噬企业利润的杀手
2. 转就是赚
3. 库存控制的最终目的是让大家平静幸福地生活

我们在第一章定义库存控制的概念的时候就指出，库存控制的最终目的是全链条优化库存结构，降低整体呆滞库存（E&O），提高及时交付（OTD），最终提高企业库存周转率（ITO），从而实现提高企业现金流周转速度（C2C），提高股东投资回报率（ROI），提高合作伙伴及员工忠诚度之目的。

2.1 几个关键概念

我们先来理解定义中提到的几个概念。

1. E&O

E 是英文单词 Excess 的首字母，有“多余”“过量”的意思，在这里我们定义为：超出未来一定时期内需求的那部分库存称为“滞库存（Excess）”。

Excess 又分为：

◆ Excess on Hand，EOH，在手滞库存

◆ Excess on Order，EOO，在途滞库存

至于这个“未来一定时期”到底是多长时间，不同行业、不同企业应该有自己的规定，如 1 个月、3 个月、13 周等。

O 来自英文单词 Obsolete，有“废弃的”“过时的”的意思，在这里我们定义为：未来一定时期内看不到需求的那部分库存称为“呆死库存（Obsolete）”。

同样，Obsolete 又分为：

◆ Obsolete on Hand，OOH，在手呆死库存

◆ Obsolete on Order，OOO，在途呆死库存

2. OTD

这个指标实际上又分为两个子指标，一是 OTDD：On－time Delivery to Demand（针对客户原始需求的及时交付率）；二是 OTDC：On－time Delivery to Commitment（针对我们对客户承诺的及时交付率）。

OTD 通常都是按照订单行（PO Lines）来计算的。

那么，什么是库存周转率（ITO）呢?

顾名思义，库存周转率就是库存的周转效率。公式也很简单，就是用销售的物料成

本除以财务期末的平均库存。

这里要注意的是，库存周转率公式的分子是“销售的物料成本（Materials Cost of Sold，MCOS）”，而不是销售额。有很多公司用销售额做分子，计算的结果是自欺欺人的，特别是对于那些毛利率比较高的企业来讲。

那么，为什么要提高库存周转率呢？

2.2 （库存）转就是赚（钱）

我们知道，企业存在的根本目的在于“盈利”，而要盈利的前提就是企业必须是“健康”的，也就是说企业要有正的现金流。

提高库存周转率可以满足我们两方面的要求：一是帮助我们实现现金流的快速周转；二是帮助我们提高盈利能力，也就是提高资产回报率，实际上就是我们所说的“转就是赚”。我们从以下两个模型来说明这个“转”就是“赚”的道理。

第一，库存周转率与现金流之间的关系。俗话说，你有多少钱，你就干多大的事情。企业经营也是如此。比如，我们这个工厂今年预计的销售额是 1 亿元，我们的物料成本是 75%，也就是说你今年要卖掉 7500 万元物料（MCOS），其余 2500 万元是你的加工、管理成本和你的利润；而你的财务总监 CFO 告诉你，今年我们只能拿出 500 万元的现金（Cash）用于采购物料、生产成品、半成品的库存周转。那么你这个供应链经理就应该算一算了：我们今年的库存周转率必须要达到多少次才能既保证供应又保证不拖欠供应商的货款？

假设我们的成品发给客户后，平均应收账款周期（Account Receivable Days，ARD）是 60 天；供应商给我们发货后，平均应付款周期（Account Payable Days，APD）为 50 天，这样，问题就变成了我们手中应该平均持有多少天的库存（DOS）。

计算方法如此简单：

公式（1）：$C2C = ARD + DOS - APD$

式中，C2C 为现金周期；

公式（2）：$C2C \times (MCOS/365) = NWC$（经营现金需求）

本例：$(60 + DOS - 50) \times (7500/365) = 500$

所以，$DOS = 14.333$（天）

也就是说，你的平均库存持有量不能超过 14.333 天，你的年库存周转率必须超过 $365/14.333 = 25.46$（次）。

反之，如果在这一年中，库存控制得很好，比如你的年库存周转率达到了 30 次，那么你就只需要大约 450 万元的现金即可，结果就是：财务给的 500 万元的现金是绰绰有余的。也就是说提高了库存周转率，你就可以为企业节省宝贵的现金，现金流不断，你的企业就可以健康生存。具体计算，如图 2－1 所示。

第二，“转”就是“赚”的原因是，提高库存周转率可以提高资产回报率（ROI，

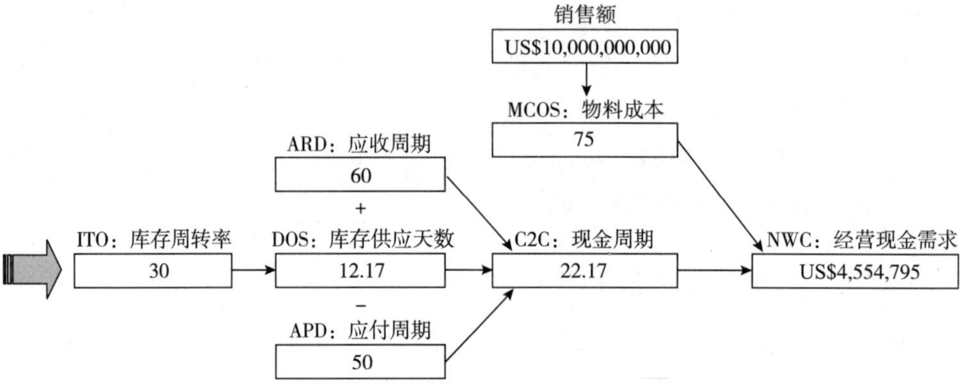

图 2－1 库存周转率 vs 现金周转模型

Return of Investment）。这个计算比较复杂，感兴趣的读者可以咨询自己公司的财务或其他财务专家，这里只讲其基本逻辑。

简单理解 ROI 就是：ROI = 利润/总投资

提高了库存周转率，就可以减少库存投资，这样总投资就会减少，即 ROI 的分母下降；同时，由于减少了库存，就可以减少库存持有成本，从而减少总的运营成本，利润就可以加大，即 ROI 的分子上升。所以提高库存周转率，既可以降低分母，又可以扩大分子，这对于提高 ROI 能起到杠杆性的放大作用。

还有个概念需要强调：库存持有成本（Inventory Carrying Cost，ICC）是指由于持有库存而导致的相关成本。根据公开数据，一般行业的年库存持有成本为 25% ~40%，如一般机械行业，大约为 25%；电子、通信行业要高一些，大约为 35%，甚至更高，尤其是消费电子行业。也就是说，如果你在年初花 100 元买了一个物料，持有一年，你要付出的代价大概是二三十元，它们的主要组成是：

（1）银行的贷款利息：比如年息率 8%，但实际计算这个成本时，我们一般按企业资产回报率，如你的企业平均投资回报率（ROI）为 10%，那么这 100 元的库存的机会成本就是 10 元；

（2）仓库租金：你需要为这 100 元的库存分摊仓库租金费用；

（3）管理费用：需要分摊的仓库管理人员的工资、设施折旧等费用，因为需要做除锈、防护、盘点、搬运等；

（4）贬值、报废成本：这 100 元的库存可能在年底已经不是 100 元了，可能会由于过时、设计变更（Engineering Change，EC）等导致其贬值、报废；

（5）税收与保险费用：因为持有库存，你需要交资产税、投保；

（6）其他由此带来的相关费用。

以上库存持有相关成本的分担，可以参考图 2－2，但要注意，不同的行业，其成本结构也是不一样的。问题的关键是，你必须有库存持有成本的概念，这是一块看不见，摸不着的成本。由于会计制度的原因，很少有企业对其单独核算，所以容易被忽视。

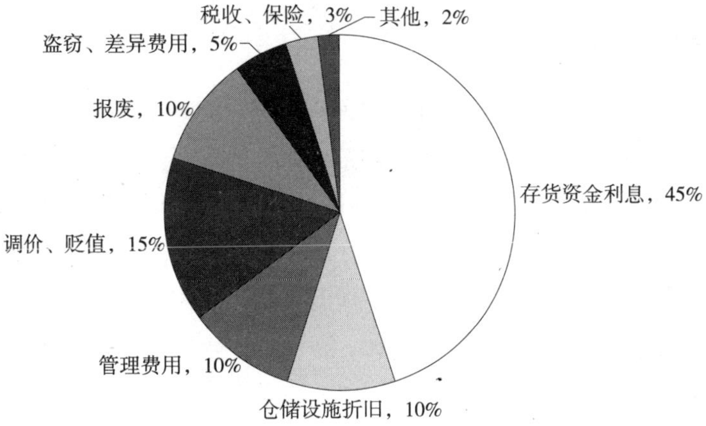

图 2 -2　库存持有成本结构

这其实也是很多企业的 CEO/COO 很少去探讨库存问题的原因，道理很简单：①国内的企业，很少有人去衡量库存持有成本，也没有人去计算什么库存周转率；②库存持有成本是看不见、摸不着的，短时间内不可能致命，似乎也不影响企业的日常运营。我的经验是，即使那些所谓的外资企业，有清晰的 KPI 定义，有 ITO 这个衡量指标，但往往在整个公司或者在 CEO 的考核体系里面，特别是奖金体系里面，占很小的比重，尤其是跟产值、营业利润（Operations Profit，OP）相比，如产值占 20% 的比重，利润可能是 40%，ITO 可能只是 10%，其他占 30%。

那么，如何才能提高总经理对库存控制的积极性呢？

我曾经服务过的一家企业增加了一个叫 PAI（税后营业利润）的 KPI，看起来颇有道理：

$$PAI = OP - NWC \times 2\%$$

相对于年资产回报率 12% 而言，2% 则是一个惩罚性的内部衡量利率。而我们知道，经营现金需求是与库存挂钩的，库存越高，你需要的 NWC 就越高，要付出的现金使用利息也就越高，最终导致 PAI 就越低。这是我目前为止所看到的比较合理、科学的 KPI 目标设定。

总之，需要大家记住这个基本道理："转就是赚!"提高库存周转率一方面可以让你的企业健康，有钱花；另一方面可以提高你的投资回报率，可以赚更多的钱，如图 2 -3 所示。

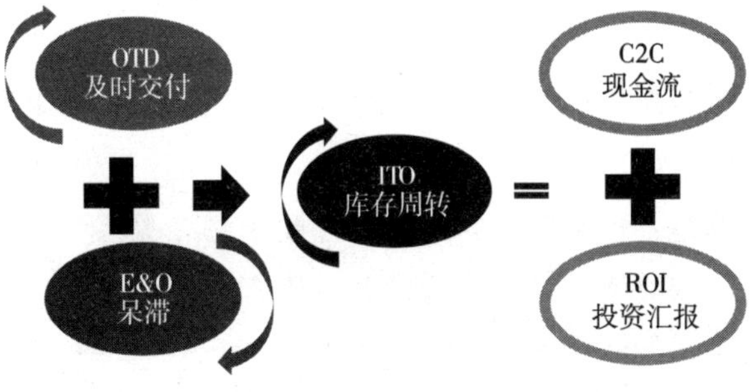

图 2 -3　转就是赚

2.3 合适就好

需要注意的是，在这里，我并没有说“库存周转率越高越好”。我们知道，中国有句古话叫“物极必反”，就是这个道理。任何事情都有其相反的一面，用经济学上的话讲叫边际递减效应：当你的付出小于换来的回报（边际成本效应下降）的时候，你干吗还要继续付出？库存周转率达到一定程度之后，你可能得到的好处，如运营所需现金流的减少比例会越来越小，而且不能出货的风险可能会越来越大。当然，这最终还是取决于你的供应链管理水平。所谓艺高人胆大，在保证一定的及时交付率（OTD）的前提下，持续地降低库存持有量就是一件好事。

库存周转率（ITO）对运营所需现金流（NWC）的递减效应可以简单地做如下证明：

$$NWC = C2C \times \frac{MCOS}{365}$$

$$C2C = ARD + DOS - APD = ARD + \frac{365}{ITO} - APD$$

$$NWC = C2C \times \frac{MCOS}{365} = \left(ARD + \frac{365}{ITO} - APD\right) \times \frac{MCOS}{365}$$

$$\Leftrightarrow NWC = (ARD - APD) \times \frac{MCOS}{365} + \frac{365}{ITO} \times \frac{MCOS}{365}$$

$$\Leftrightarrow NWC = (ARD - APD) \times \frac{MCOS}{365} + \frac{MCOS}{ITO}$$

因为 ARD、APD、MCOS 及 365 等都是固定的常数，为了便于理解，令：$C = (ARD - APD) \times \frac{MCOS}{365}$，其中 C 是常数，则上式简化为：

$$NWC = C + \frac{MCOS}{ITO}$$

从上式可以清楚地看到，NWC 与 ITO 存在一个比较简单的倒数关系，即随着 ITO 的增大，NWC 的需求增加是越来越少的。再严谨一点的话，就可以用 NWC 与 ITO 的导数关系来表示，即对上式进行求导：

$$\frac{dNWC}{dITO} = -\frac{2MCOS}{ITO^2}$$

这样就可以明显地看出，随着 ITO 的增加（dITO），NWC 减少的差值（dNWC）变得更小，它们是一种负幂函数关系。

那么接下来的问题是：什么叫“合适的库存周转率”呢？

简单的回答就是：取决于你“自己满意”的库存水平。

那什么是你自己满意的库存水平呢？

很简单，如本章的举例：①你的年销售物料成本为 7500 万元，你只能拿出 500 万元的库存资金，按照计算，只要平均库存持有量为 14 天左右就应该满意了。②如果同行业的平均库存持有水平为 20 天左右，而你做到了 20 天以下，基本应该是满意的。③与自己过去相比，假如你去年的年库存周转率为 10 次，今年的目标定到 12 次，结果你做到了 12 次或者 13 次，那么也就应该满意了。但是无论怎么满意，这里面一定要注意：

库存周转率是个系数，它是用销售的物料成本除以财务期末的平均库存；正因为是个系数，它看起来是公平的，也就是说在库存控制水平一样的情况下，你的销售物料成本越高，库存也应该越高；反之，销售越低，你的库存也应该跟着下降；另外，销售比较好的月份（旺季），其移动平均库存周转率往往要比销售比较差的时候好一些。也就是说，你的相对库存可能会是比较低的，从而导致当月库存周转率比较高。探究原因，读者可以从后续章节中寻找答案，或者自己思考。总之，所谓“合理”是一个相对的概念，没有一个绝对的标准说你的库存是否合理，合理与不合理取决于你自己的满意度（现金流情况）或者相对于那个领先者，如行业领袖或者行业标杆而言。

阅读理解之一

供应链管理的一个指标和几个公式

大家知道 OTD、ITO 及 E&O 是供应链管理最关键的 3 个指标，但我反复总结却发现，其实供应链管理只有一个指标，那就是 ITO。

E&O 的控制看起来是目的，但实际上 E&O 永远都会存在，通过控制 E&O 来优化库存结构，从而达到提高 OTD 的目的，同时优化流动资产，提高现金流利用率。

OTD 也不是目的，它只是手段，通过 OTD 降低库存，及时收回 AR（应收款），提高库存与现金流周转，这才是根本目的。

提高了库存周转率，库存占用资金减少，企业现金流得以提高，现金周期缩短（C2C），财务费用减少；同时库存下降，流动资产减少，总投资减少，库存持有成本下降，利润提升，所以，投资回报率（ROI）得以提高。

所以，从全面库存管理角度，我们可以用数学函数来表达供应链管理几个指标之间的关系：

$$OTD = f(E\&O)$$

$$ITO = f(OTD, E\&O)$$

$$C2C = a + f(ITO)$$

$$ROI = b + f(ITO)$$

这其中，E&O 跟 OTD 应该是线性关系，跟 ITO 也是；OTD 跟 ITO 应该是非线性关系。

所以，供应链管理的根本出发点是体系化地优化库存结构，包括供应商的库存，自己的库存，客户的库存，甚至是供应商的供应商的库存，客户的客户的库存。通过合理地利用库存资源，提高及时交付率及交付弹性，最终达到提高库存与现金周转率的目的，从而实现企业现金流的健康与投资回报率的提升。

这就是全面库存管理的精髓所在，盲目地排斥库存的说法和做法都是错误的，只有全面库存管理，才可能提升企业及整个产业链的竞争力。

（2014－11－19 发表于程晓华 TIM 全面库存管理博客）

阅读理解之二

供应链管理一个指标足矣

我在 2014 年写过一篇文章《供应链管理的一个指标和几个公式》，在该文中简单地论述了 E&O、OTD、ITO 三者之间的关系，我的结论是，整个供应链管理，一个指标足矣！

这个指标就是 ITO。

大约在 20 年前，我在 IBM 手下的一个计划经理就跟我谈过这个问题，他当时跟我讲，用一个 ITO 衡量整个供应链管理水平就足够了，其他的指标都没用。

我当时在理论和逻辑上并没有想明白，他也解释不清楚。

2014 年我写上述文章的时候，我认为自己是想明白了，即通过减少 E&O 来提高 OTD，以此提高 ITO，从而实现企业的 C2C（现金周转）及 ROI（投资回报率）。

后来接触到流程大师 Philip Kirby 的“*Process Mind*《流程思维》”一书，我进一步认识到，E&O、OTD 其实都是导航指标（Navigation Metrics），而 ITO 则是结果性指标（Result Metrics），当然，C2C、ROI 则是结果的结果了，如图 2－4 所示。

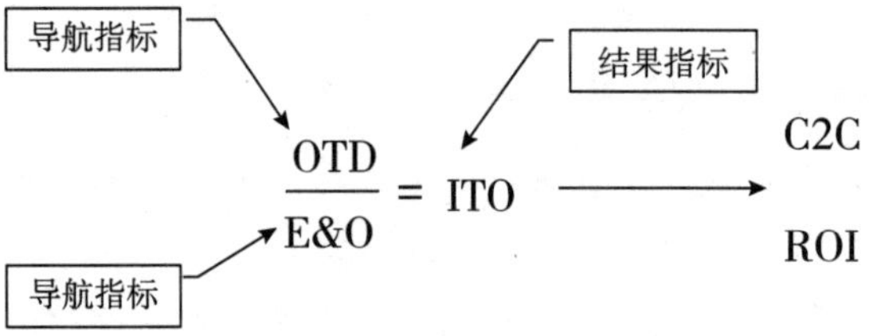

图 2－4　三个指标间的关系

由此至少可以证明，ITO 跟 E&O、OTD 不是一类的。

再后来，我接触到《多元统计学》这门课，其中有个理论是主成分分析（Principle Component Analysis，PCA），我就更加明白这个道理了，E&O、OTD、ITO 之间存在着大量的信息重叠，如图 2－5 所示。

即指标之间存在着强相关性（Correlation），即 E&O 少，OTD 肯定好，那么结果就是 ITO 肯定也高；反之，OTD 做得好，你就有机会去优化库存结构，从而减少 E&O 的发生，这样同样也可以提升 ITO，所以，如果非要有一个 KPI 去衡量供应链管理水平，在这三者之中，选择其中一个作为典型代表就可以了。但之所以我们推荐 ITO，是因为大家可能更习惯于“结果”而非“过程”。

由 PCA 理论也可以得出的结论是，如果这三个指标同时平行、同级参与供应链管理体系绩效考核的话，就会导致考核结果出问题，就很有可能出现“富者越富、穷者越穷”的情况，这三者的关系如图 2－6 所示。

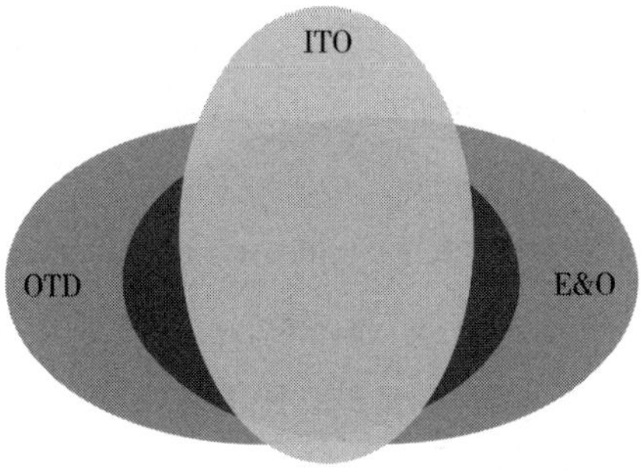

图 2－5 指标间信息重叠

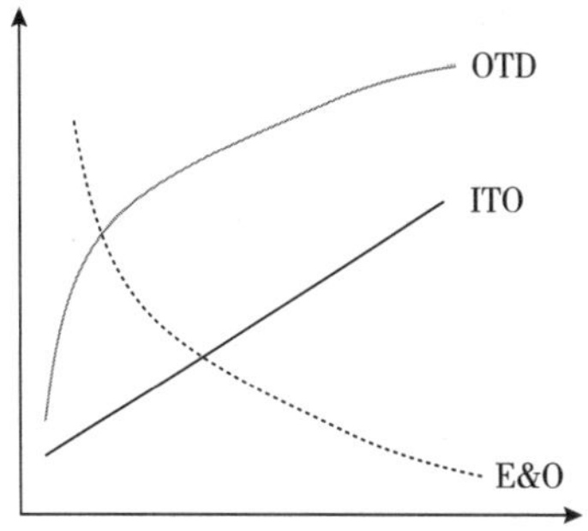

图 2－6 供应链 3 个关键指标之间的关系

（2021－11－10 发布于程晓华“TIM 全面库存管理咨询”订阅号）

阅读理解之三

简单理解单件产品的库存持有成本

我已经写过几篇关于库存持有成本（ICC）的文章了，但很多读者还是没有感觉，到底应该怎样简单地理解库存持有成本？库存持有成本能否与单件产品的成本直接挂钩？

回答是肯定的。

比如，一般行业的年库存持有成本比例在 25%～40%，很多公司的财务在提取月度库存持有成本的时候，都是按照 2% 来取值，也就是年度按照平均库存的 2%×12＝24% 来提取成本。

举例说明：某公司年销售手机 1 亿部，平均销售出厂价格 3000 元，其年产值就是 3000 亿元。

假设 1：手机平均物料 BOM 成本 80%，年销售物料成本为：3000 亿元×80%＝2400 亿元

假设 2：全年平均库存是 300 亿元；年化库存周转率为：2400 亿元÷300 亿元＝8 次；年库存持有成本为：300 亿元×24%＝72 亿元

那么，我们有两种方法计算每部手机的库存持有成本：

第一种：每部手机库存持有成本＝年库存持有成本比例÷年化库存周转率

＝24%÷8

＝3%

第二种：每部手机库存持有成本

=（年库存持有成本÷年销售手机台数）÷每部手机 BOM 成本

=（72亿元÷1亿元）÷（3000×80%）

=72÷2400

=3%

也就是说，每卖一台手机，里面就包含3%的库存持有成本，对本案例来讲就是72（3000×80%×3%）元。

我们再想一想，如果年化库存周转率不是8次，而是9次，利用第一种方法，可以计算出每部手机的库存持有成本为：24%÷9=2.67%，

那么，每卖一部手机，所包含的库存持有成本为：3000×80%×2.67%=64元

也就是说：你的库存周转率仅仅是从8提高了1次到9，每部手机的库存持有成本就会从72元降低到64元，每部手机节省成本8元，如果一年销售量为1亿部，那么，一年节省的库存持有成本就是8元×1亿部=8亿元。

坦白地讲，库存周转率从8到9，并没有那么困难，只是提升了12.5%嘛！但是，大家需要记住的是，库存周转率的一点点提升，换来的却是公司的巨大收益。本案例，除了节省8亿元成本，还有现金流的巨大收益：

（1）库存降低天数：365÷8－365÷9=5.07天

（2）每天平均销售物料成本：2400亿元÷365=6.5753亿元

（3）节省的现金流=①×②=33.333亿元

（2019－01－07发布于程晓华全面库存管理咨询订阅号【ITOOTD】）

阅读理解之四

供应链管理的最高境界就是为了让大家平静幸福地生活

前一阵，我的一个长期咨询客户的CEO给我及他的高管团队提出一个问题，那就是应该如何真正地衡量供应链管理团队的工作？除了传统的供应链管理KPI，还有哪些东西可以用于考核、衡量供应链管理的真实水平？

大家都知道，一般的公司都是采用SCOR（供应链管理运作参考模型）定义的KPI，无非就是反应性、可靠性、敏捷性、成本及资产，具体来讲有OTD（及时交付）、ITO（库存周转）、E&O（呆滞库存）等，它们还可以被细分为一级、二级，甚至是三级指标。

技术层面，这些其实都没什么可讨论的。从管理角度，不同的公司，即使模仿了SCOR，那些KPI看起来也是丰富多彩、五花八门，但只要在管理上肯下功夫，这些问题的逐步解决也不是什么难事。

毕竟，就是些数字嘛！

但是我想，供应链管理问题跟其他管理问题都是一样的，不能单纯地从统计量化

的角度去看问题，“我们还强调定性分析和定量分析的有机结合。这是因为数理统计方法只是从事物的数量表面去研究问题，不涉及事物本质的规定性。单纯的表面上的数量关系是否反映事物的本质？这本质究竟如何？必须依靠专门学科的研究才能下定论”。①

那么，供应链管理水平的衡量应该怎么去做定性分析呢？

如果你有机会到我的第一家长期咨询客户山东世纪阳光纸业集团那里看看，就会看到该公司董事长王东兴先生提出的一个口号：让劳动者幸福。应该是受王董这句话的影响，后来在我的培训演讲稿、文章，甚至在我的书里面都提到，供应链管理的最高境界就是为了“让大家平静、幸福地生活”，如图 2－7 所示。

What is honor of SCM people－我们（供应链管理）在追求什么？

No Surprise

让大家（客户、供应商、同事……家人和自己）平静、幸福地生活……

图 2－7　供应链管理的最高境界

这里说的“大家”包括客户、供应商、老板、手下、同事、自己和家人……总之，一切与你的供应链管理运作有些关系的人。

有人可能会说，这么大的事情，那应该是老板的责任吧？是的，但是，作为老板的参谋机构，我们供应链管理是真正的第一责任人去实现“让大家平静、幸福地生活”的愿望。数字指标可能很好看，但人在那里工作得很痛苦，上班就像坐牢，这样的工作还有什么意义？

如果你能静下心来，客观、冷静地仔细琢磨一下企业管理问题，如那些经常“加班吵架”的公司，他们的主要问题基本上都是供应链管理问题，也就是出货与库存的问题。

当然，要解决这些问题，只能靠持续改善：正确的商业逻辑，加卓越的供应链管理流程，加合适的人，剩下的就是那点钱的事儿了。

（2021－11－30 发布于程晓华全面库存管理咨询订阅号【ITOOTD】）

阅读理解之五

TIM 咨询案例：阳光纸业全面库存管理项目简介

作者注：山东世纪阳光纸业集团（以下简称阳光纸业）是我做的第一家 TIM 咨询客户，自 2013 年年初开始，一直到 2022 年都还有专题项目辅导。阳光纸业项目的成功

---

① 何晓群，应用回归分析（R 语言版）[M]. 北京：电子工业出版社，2017.

给予我极大的鼓舞，使我在推行全面库存管理（TIM）方法论方面更有信心，我也借此机会向该公司的高管层及供应链管理团队、IT、销售等团队表示衷心的感谢。

关于这个案例，阳光纸业供应链管理部的同事已经以“阳光纸业：六步策略优化供应链管理”为题发表于《商业评论网》，读者可以按照题目搜索，该项目也于2014年被山东齐鲁电视台以“精细化管理提升山东制造效率”做了专题报道，随后人民网等媒体也都有转载。

在这里只是用我的语言再给大家做个介绍：

阳光纸业是一家在我国香港上市的纸业公司，2012年前后，年造纸产能120万吨，其以独特的产品定位和差异化战略确立了在中国纸业细分市场行业的领先地位，成为亚洲较大的白面牛卡纸、轻涂白面牛卡纸、涂布白面牛卡纸及纸管原纸生产基地。

2012年，造纸行业整体经济效益出现较大下滑，企业生存令人担忧，库存问题逐渐显现，成为阳光纸业当时面临的最大挑战。当时的年化库存周转率只有5.7次，占压资金5.6亿元，而且库存结构非常不合理，库龄超过90天的库存占总库存的27%，呆滞库存高达29%，客户、销售人员一直抱怨不能及时兑现承诺或者承诺了也不能出货，供应链则整天抱怨预测不准确，客户经常甩单。

鉴于以上情况，公司推行了全面库存管理（TIM）项目，系统地优化了需求与供应链管理流程、组织及KPI，在降低库存、提高库存周转率的同时，优化库存结构，提高及时出货率，提高了客户满意度。

（1）组织架构方面进行了整合，重点突出了需求计划（销售订单专员岗位）的作用，销售订单专员岗位职责主要是专注于对客户订单的承诺、跟踪、成品库存结构策略的制定与实施、PLC（Product Life Cycle，产品生命周期）管理等。

（2）在商务与供应链管理之间清晰地画了一道杠，如图2-8所示，销售订单专员不再处理客户付款、信用、价格等问题，而是集中精力抓订单承诺，限时准确地给予客户承诺，并对承诺的履行情况进行跟踪，然后就是定期进行总结，分析出原因并制订纠正与预防措施，订单承诺达成率很快得到提高，半年左右的时间就已经由原来的36%提高到60%左右。

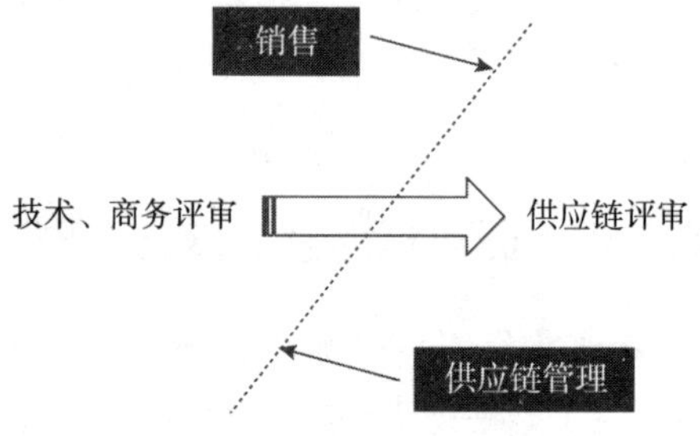

图2-8　商务与供应链分界线

（3）通过信息化提高供应链管理效率，IT部门基于现有的SAP平台，结合新的全面库存管理（TIM）流程及相关工具、理念，开发了一系列可视化分析平台，极大地提高了供应链管理的效率和质量。

（4）业务操作模式的转变，这也是根本性的转变。公司原来一直走“按单生产”的路子，但很多订单是“意向订单”，标准订单（有具体的SKU、时间、数量）的占比很少，在这种情况下，我们建立了“PO + VMI”模式，在大量的数据分析、判断的基础上，主动建立相关SKU的库存池，反而极大地提高了客户及时交付率，同时提高了库存周转率。

（5）聚焦于客户需求，销售订单专员由“按照生产线分工”转为“按照大区分工”。通过近一年实行，无论是销售还是客户，都给予了很高的评价，同时订单专员也渐渐熟悉了客户的需求情况和各生产线的生产情况，无论内外都有了很大的改善。

截至2015年4月，集团公司年库存周转率为13.9次，比2014年同期的9.7次提高4.2次，比2012年的5.7次提高8.2次，已达到业界最高水平；在销售额基本一致的情况下，库存金额比2012年年底降低约3亿元；账龄库存、呆死库存和DOS有了明显的改进，目前库龄>90天的库存占比为7%，比2011年同期的9%下降2%，比2012年年底的36%降低29%；呆死库存占比为0.2%，比2011年同期的0.61%下降0.41%，比2012年年底的25%降低24.8%；DOS>30天的库存占比目前为33%，比2011年同期的61%下降28%。

同时，在交付周期方面，订单平均交付周期为100个小时，比2011年同期的170个小时减少70个小时；订单承诺及时达成率目前为85%，比2011年同期的62%提高23%，其改善趋势如图2-9所示。

阳光集团供应链管理团队的心得体会①：

（1）一切从流程出发，明确职责，很多复杂的事情会变得简单。

（2）制订明确的经营方向和策略，坚持不懈地走下去，从实际出发制订具有企业特色的供应链管理模式，把简单的事情坚持做下去就会变成企业特有的绝招。

（3）供应链管理是一个链条：供应商的供应商－供应商－企业－客户－客户的客户，行业不同实际操作会有所不同，但逻辑基本是相同的。

（4）不断地进行复盘，即验证和检讨，保证供应链管理系统的每个环节不能脱离方向。

（5）目前是大数据时代，必须借助IT技术，做信息化的供应链，研究“互联网+”在传统行业的应用。加强与客户的互动，提高透明度和效率，将原来的生产推动销售，变为销售拉动生产，真正建立以客户需求为中心的全整合企业。

---

① 阳光纸业供应链管理部．阳光纸业：六步策略优化供应链管理［EB/OL］．商业评论网，2015-08-03.

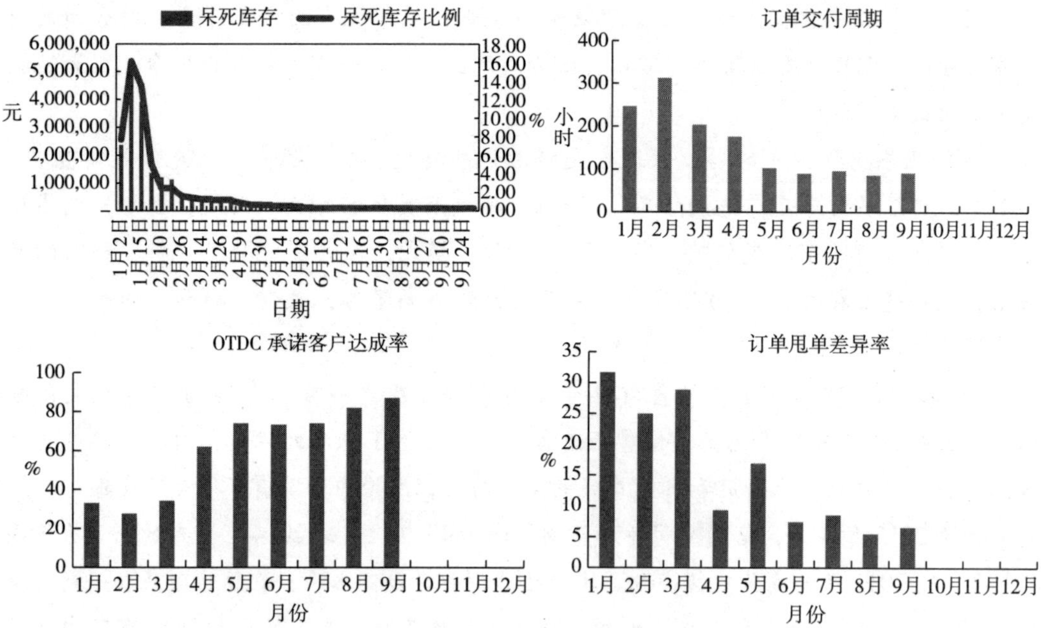

图2-9　供应链 KPI 改善趋势

实战练习之一

计算年化库存周转率

【知识点】当我们提到库存周转率的时候，通常是指年化的库存周转率（Annualized Inventory Turn-over），即当年截至某期（Period）的库存周转率的年化值，其数学公式为：

$$ITO = \frac{P\sum_{i=1}^{n} M_i}{\frac{1}{n}\sum_{i=1}^{n} I_i}$$

其中，i 是整数，n 为当期（当月、当周、当日等）数，M_i 为第 i 期的销售物料成本，I_i 为第 i 期的库存，P 表示总期数，当“期”为月时，$P=12$；当“期”为周时，$P=52$；当“期”为日时，$P=365$。

表2-1是某公司的销售物料成本及库存情况，请根据上面提到的公式计算表2-1中1~5月每期的年化库存周转率。

表2-1　根据销售物料成本及库存计算年化库存周转率　单位：百万元

期间（月）	1/31	2/28	3/31	4/30	5/31	6/30	7/31	8/31	9/30	10/31	11/30	12/31
销售物料成本（M_i）	100	100	100	200	220	200	200	200	200	100	100	100
期末库存（I_i）	80	90	90	250	280							
年化库存周转率（ITO）												

实战练习之二

根据库存周转率目标计算预计库存

【知识点】年度库存周转率的目标一旦确定，除非公司的业务模式发生重大的变化，否则就应该保持目标不变。这样可能出现的情况是，一旦前几个月没有达成目标，后期，即使你再努力也不可能达成全年的周转目标。

假设某公司 2022 年库存周转率目标是 30 次，请根据表 2－2 中的数据计算自 6 月到 12 月的预计库存（理论应该持有）金额。

表 2－2　　根据历史 ITO 目标计算预计库存　　单位：百万元

年化 ITO 目标：30

期间（月）	1/31	2/28	3/31	4/30	5/31	6/30	7/31	8/31	9/30	10/31	11/30	12/31
销售物料成本（M_i）	100	100	100	200	220	200	200	200	200	100	100	100
期末库存（I_i）	80	90	90	250	280							
年化库存周转率（ITO）												

实战练习之三

计算“（库存）转就是赚（钱）”

【知识点】“转就是赚”的意思是很明确的，即加速库存周转不仅能帮助企业创造现金流，降低运营资本需求，还能帮助企业提高投资回报率（利润），同时还能提高合作伙伴的忠诚度，获得更好的业务支持。

现有 A、B 两家汽车发电机制造公司，2021 年它们的销售额、物料成本、应收应付周期等完全相同，唯一不一样的是它们的库存周转率，在 2021 年的经营情况如表 2－3 所示，请根据表中的数据，计算并回答表中的问题。

表 2－3　　A/B 两家企业经营情况比较

项目	A 企业	B 企业
ARV－年销售额	¥3650000000	¥3650000000
MCOS－销售物料成本（M）	80%	80%
ARD－应收款加权平均天数	30	30
APD－应付款加权平均天数	70	70
ITO－年化库存周转率	8	12
请问：A/B 两家企业在 2021 年：	A 企业	B 企业
1. 平均库存持有天数（DOS）是多少？		

续表

项目	A 企业	B 企业
2. 平均库存金额（I）是多少？		
3. 现金流周转周期（C2C）是多少？		
4. 估计最低经营现金流需求（NWC）是多少？		
5. 假设 A/B 企业年库存持有成本都是 30%（ICC），请计算它们各自的年库存持有成本是多少？		

第3章

寻找库存控制的开关

本章基本观点与底层逻辑

1. 从库存角度全面透视供应链管理
2. 抓住流程的控制点就是抓住了牛鼻子
3. 供应链经理必须具有流程思维能力

我们已经明白了库存的形成原理，即进得多出得少，就会形成库存。这就如同水池子里面的水，只有同时控制住了进水开关与出水开关，我们才可能保持池子里面的水（库存）达到我们想要的水平。

同时，我们又说了，非正常的库存，即产生呆滞库存和不能及时交付问题是需求与供应链流程管理不协调的产物。

于是我们自然而然地想到，如果能够从需求与供应链的管理流程里面找出相关的“开关”，是否就可以把库存与交付问题解决呢?

需要引起大家关注的是，在这些年我审核过的企业中几乎没有哪家企业的供应链管理流程里是有控制点的，很多人根本不明白什么叫流程控制点。

我对流程控制点的定义是：“与本流程有关的每一个关键动作在执行过程中需要抓住或特别注意的关键点、风险点或 KPI，它也可能是业务规则或政策，也有可能是其他需要特别关注的例外情况。”

根据 SCOR 的流程，我们可以先画出“你”的企业的需求与供应链管理流程，如图 3－1 所示。

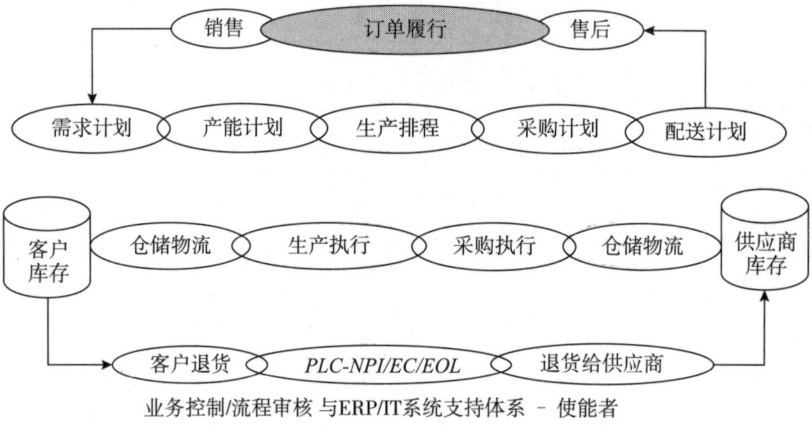

图 3－1　“你”的供应链管理流程

我们把流程分为以下几个部分：

第一，框架层，包括销售与售后管理两个流程。注意，这里的售后管理流程不是指售后维修，我们主要是从库存的角度来理解售后管理；

第二，计划层，包括需求计划、产能计划、物料计划、生产计划与配送、交货计划等；

第三，执行层，是指生产的执行、采购的执行以及仓储、运输、海关等物流的执行；

第四，PLC（产品生命周期）及善后处理，包含两个退货：退货给供应商（Return to Vendor，RTV）；授权客户退货（Returned Materials Authorization，RMA）流程，还有一个就是伴随着整个需求与供应链管理过程的设计变更流程（EC），如新产品的导入（NPI），老产品的生命周期结束（EOL）以及常规意义上的设计改变（EC），如零部件的取代等。

我们现在要做的就是，从各个具体流程中找出与库存控制有关的“开关”——流程的关键控制点，并且希望这些控制点尽可能是一些容易被量化的统计量。

3.1　销售

一提到销售，我们先想到客户，由客户我们想到两个方面：一是客户的订单（Customer Purchase Order，CPO）；二是预测。按照 MRP 的逻辑，客户的订单或者预测最终要变成主生产计划（Master Production Schedule，MPS）或者直接以独立需求、销售订单（Sales Order，SO）的形式录入 MRP，目的是进行 MRP 展开，从而产生原材料采购计划（Purchase Requisition，PR）和生产工单（Work Order，WO）；而一旦采购计划、生产工单产生了，库存也就随之产生。也就是说，订单与预测是 MRP 最原始的触发器。由此我们很容易联想到，预测数据的准确性（Forecast Accuracy，FA）就是销售这个流程的关键控制点，因为它直接影响未来库存的形成及出货。

这时肯定有人会说，我们即使知道了 FA 也没有用啊！也控制不了它啊！是的，不用说我们供应链管理作为供应组织（Supply Organization）很少接触市场与客户，即使是销售、市场、产品、品牌等需求组织（Demand Organization），在很大程度上也控制不了 FA。但是，如果我们对 FA 能做到心中有数，是不是就很有可能更好地应对它呢？

让我们来举例说明这个问题：员工小张、小钱、小孙三个人每次开会总是迟到，据统计，在过去的一年里，他们迟到的情况如下：

◆ 小张平均每次迟到 10 分钟，标准差为 8 分钟

◆ 小钱平均每次迟到 15 分钟，标准差为 5 分钟

◆ 小孙平均每次迟到 20 分钟，标准差为 1 分钟

请问，这三个人中谁最不靠谱呢？

单纯看迟到时间，小孙是最不靠谱的，平均迟到时间竟然高达 20 分钟！但问题是，他迟到得很有规律，波动率仅为 1/20 = 5%；而小张呢？尽管平均迟到时间只有 10 分钟，但其波动率非常高，竟然高达 80%！

我们知道，人的习惯很难改变，相信这三个人迟到的习惯也是如此，无论怎么批评教育，就是屡教不改。但通过这个统计分析，我们是不是对他们的行为就做到心中有“数”了呢？这个道理同样适应于我们对需求预测的把握上。

另外，关于这个FA，我们在本书第9章还将展开另外一个统计量平均绝对百分比误差（Mean Average Percentage Error，MAPE）及偏离率（Bias）的讨论，这里暂且不提；关于标准差（Standard Deviation，SD，俗称σ，西格玛）的定义及其应用，大家可以参考本书第5章的阅读理解之四或者查阅我的另一本专著《全面库存管理数学分析》第2章的内容。

另外，由客户的订单我们想到了一个呆滞库存责任问题。客户在1月18日给你1000件的订单，计划2月10日交货，结果到了2月9日，他突然打电话说取消订单，你该怎么办？或者他说要推迟到3月的某一天交货，你又该怎么办？有人可能说，客户的要求，你答应也得答应，不答应也得答应！但我们的问题是，你的供应商是否也是这么听你的话呢？你说要货就要，你说不要就不要了？如果是这样的话，那是最理想的，我们的库存也基本上可以做到“零”，你的库存和出货问题就变得很容易了。但实际情况是，客户的订单或者预测是随时发生改变的，由此我们就很容易想到一个协议问题：客户什么时间可以告诉我们说这批货要取消交货或者推后交货？如果晚于这个时间，客户应该承担什么样的责任？比如，客户原计划2月10日交货，如果在1月底的时候通知我取消订单，我是否可以接受呢？那个时候我们可能还没有完成这批货的生产，如果再早点通知，我们甚至还可能没有开始生产。这个时候，客户要求取消或者推后交货，我们可能是可以接受的。也就是说，我们跟客户之间应该有一个书面的责任约定，定义一个重新计划窗口（Rescheduling Windows），如图3－2所示。

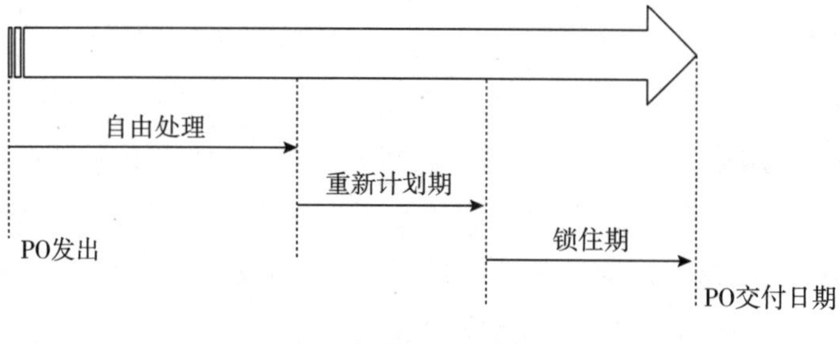

图3－2　重新计划窗口

反之，我们跟供应商之间也是同样的道理，这是约束供需双方的责任，也就规定了供需双方对交付与库存问题的一个游戏规则。我们认为这也是销售这个流程里面的一个控制点，尽管这个点很难统一量化。

3.2　售后服务

提到售后服务，我们更多的人想到的是维修，但如前面所说，我们这里主要谈的是库存问题。从售后角度讲，我们是否想过：客户的库存对我们自己的库存以及我们供应商的库存会有什么影响呢？

我们在分析 SCOR 的时候说到，你的交货实际上就是把成品库存转移到客户那里，也就是说，你的库存还没有最终实现被消费者购买；而你的客户对你的采购是基于他当时的库存情况以及他对于未来的需求预测，由此我们很容易想到，客户的库存可能会影响对我们的订货，从而影响我们的生产、采购库存，进而波及供应商的生产与采购。所以，这里面就会涉及以下几个问题：

（1）我们是否需要监控我们客户的库存情况？

（2）我们是否有能力、有条件监控客户的库存？

（3）我们的客户给了我们货款，我们就一定要发货给他吗？

这些问题让我们联想到供应链管理上的一个可怕的问题——长鞭效应（Bullwhip Effect）。

所以，从供应链管理战略角度看，客户库存持有量是个关键控制点。比如品牌客户补货到渠道（省级或地级代理商直至专卖店等）的库存以及那些真真假假的 VMI 库存。

3.3　需求计划与产能计划

我们知道，任何一家公司的产能（包括外包产能可得）在一定时期内都是相对稳定的，而需求则是多变的，没有任何一个行业、任何一个公司的产能是跟市场需求正好匹配的。也就是说，你的需求可能在一定时期会大于你的产能，但有时候也会小于你的产能，这就存在一个产能或多或少的问题。针对这个问题，我们通常要做的是“搬山填海、削峰填谷”的决策：

（1）我们要不要对未来大于产能的那部分需求（预测或客户订单）进行提前生产（Yes / No）？

（2）如果提前生产，那么，生产什么（What）？成品还是半成品？还是一部分关键半成品？

（3）如果提前生产，在什么时间开始生产（When）？

（4）提前生产多少（Quantity）？

（5）对于集团或全球布局的公司来讲，在哪里生产（Where）？

（6）如果提前生产，关键物料（Critical Parts List，CPL）是否可得？

一旦决定提前生产，那产生的结果就是我们在未来的不同时期会持有不同数量的缓冲库存，而这个缓冲库存的多少就决定了：

（1）预计满足客户原始需求的比例（OTD）

（2）预计产能利用率（CUR，Capacity Utilization Rate）

（3）预计库存持有天数（DOS）

它们之间的关系如图 3 - 3 所示。

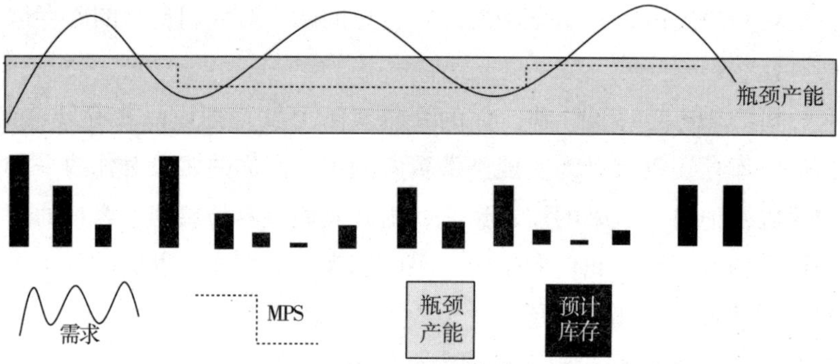

图 3-3　搬山填海图

所以，我们认为，这个缓冲库存 DOS 就是我们在需求计划与产能计划流程中的关键控制点。

通常情况下，我们所说的产能计划是指粗产能计划（Rough Cut Capacity Plan，RCCP），即基于需求，针对企业关键瓶颈产能进行的计划。

在这里有必要指出，粗产能计划并非"粗略的、大概的计划"，这里的粗是指我们仅仅对关键加工中心、瓶颈资源进行产能需求计算，我们假设：

瓶颈产能是唯一决定最终产出的因素，在瓶颈产能满足需求的情况下，其他加工中心的产能就不是问题。

对于瓶颈产能，我们不但不能粗略计算，恰好相反，我们需要对它进行"争分夺秒"的计算，详细情况可以参考本书第 7 章 7.2 节"关于产能的几个定义及其计算"。

关于瓶颈产能还需要大家注意：在产品与加工中心存在多对多的情况下，不同时期（日或周等）的瓶颈产能可能是不同的加工中心。在本书的第 7 章有这方面的"实战练习"，大家可以练习并体验一下这个瓶颈产能的变化。

3.4　物料计划

物料计划（MP）流程里面的关键控制点是什么呢？有人说是计划的准确性，有人说是计划的权威性等，因为采购和供应商总是抱怨我们修改计划。但是问题的关键是，你是如何衡量所谓的计划准确性与权威性的？经验告诉我们，这只是一厢情愿的考虑。然而现实中，我们的确经常会发生这样的事情：一边是仓库爆仓，财务都快没钱付工资了；一边是产线停产，工人没事可干；一边是办公室里灯火通明，连 CEO 也在帮着加班追料。这就是我们平常所说的，"该来的（物料）不来，不该来的（库存）都来了"。

那么为什么会出现这种现象呢？

这实际上就是一个库存齐套率（Full Kits Rate，FKR）的问题，而这个问题的改善在很大程度上取决于我们的物料计划水平。反之，我们可以用库存齐套率这个统计量来衡量我们的物料计划相关流程的执行水平，所以，我们认为，FKR 是物料计划流程的控制点。

FKR 是一个很重要的库存控制概念，后面我们会不断地用到它。同时，这里需要大家区分清楚的基本概念是，物料计划（MP）并非就是 MRP，MRP 也不能代表物料计划的全部，比较恰当的比喻是，如果说物料计划是个数学问题，那么 MRP 就是它的一个计算器而已。这是两个不同的流程，而且二者之间是包含关系。

3.5　生产排程

生产排程（Production Schedule，PS）在有些公司叫细排产（Detailed Production Schedule，DPS）。需要注意以下问题：

第一，很多教科书把生产排程也叫生产计划（PP）。甚至在很多公司，那些做生产排程的人也认为自己就是在做生产计划。这是完全错误的理解和做法。PP 是真正的计划，是往前看产能供应能不能满足未来的需求，如果不能满足，应该怎么办；而 PS 则是“安排”的意思，即已经知道了我们的需求是可以被满足的，只是安排一下哪个班、在哪条线、哪个加工中心生产而已，类似于传统上所说的“调度”。

第二，在很多公司，PS 绑架了 PP，甚至是 DP。什么意思呢？我们知道，通常情况下 MRP 的基本逻辑是 MPS→MRP→W/O→PS，即：主生产计划→MRP 运算→生产工单→排程，也就是说，我们通常是先有工单才有细排产。但在很多公司是先排产再反过来开工单，甚至是排产后才知道能不能承诺客户的需求，给出一个所谓的最佳承诺（Best Can Do，BCD）。

为什么会出现这种情况呢？我从多年的审核、辅导的这些客户中发现以下原因：

（1）他们不懂供应链计划，更不懂 MRP 基本逻辑；

（2）他们是以生产为中心（Production Centric）而不是以客户需求为中心（Demand Centric）。

这样就导致每当需要承诺客户的出货要求时，他们就必须先花费时间完成细排程模拟，然后才可能给出一个随时无法兑现的承诺。

与此相反，从供应链管理角度，我们其实是把生产制造当成我们内部的供应商，生产排程类似对内采购。所以，作为生产计划员，他们最关心的是自己下达的生产计划是否被有效地执行了，也就是一个内部的及时交货率问题。与之相关的问题就是能否及时发货。比如，计划今天下午 5 点之前入库成品 500 件，生产部是否按时完成呢？因为这会直接影响到公司能否及时交货，而这个问题与成品、半成品缓冲库存的建立又是密切相关的。所以，公司内部的生产及时达成率（Production On－time Delivery，P－OTD）就成为生产计划流程的控制点。

3.6　配送与交货计划

我们知道，如果客户要求你一批交货是 100 件，与要求你分批交货，比如分成 20 件、30 件、50 件三批交货，它们对成品、半成品库存的生产，原材料的采购是不一样的。也就是说，交货流程的关键控制点是成品的交货频率问题。

至于发票的开具，是分批开发票还是一次性开发票，会影响我们的应收款项，实际上也会影响我们的库存。

但这些问题在实践中往往都取决于与客户的业务模式，我们在这里不展开讨论。

3.7 采购执行流程

采购是指 Procurement、Buy，也就是指工厂下单采购，即执行采购员（Buyer）采购，而不是指寻源采购（Sourcing）。这是两种不同性质的采购，Procurement 谈判的重点是交付（Delivery），而 Souring 谈判的重点是条款（Terms & Conditions，T&C），即价格、付款条件等问题。

关于采购的执行，我们关心的是供应商能否按照采购订单（PO）承诺的时间和数量及时交货，这会直接影响我们的 MPS 及对客户的承诺。再有，由于客户的订单与预测时时刻刻在发生变化，那么，如同前面所论，我们也希望我们的供应商能够跟上“形势”的发展，我们可能要取消供应商的交货，或者要求提前、推迟交货。这在 MRP 的逻辑里面叫 Rescheduling，也就是重新计划。按照 MRP 的逻辑，我们需要什么就订购什么；客户的订单发生变化的时候，我们可能也要求供应商的交货跟着变。但问题的关键是，供应商是否答应我们的这种变化需求？他们可以满足我们的变化到什么程度？实际上就是一个供应商交货灵活度（Delivery Flexibility）的问题，也是影响我们库存与交付的一个关键的问题。

所以，对于执行采购来讲，供应商承诺及时达成率（Suppliers On – time Delivery to Commitment，S – OTDC）及供应商交付灵活度（Suppliers On – time Delivery to Demand，S – OTDD）就是流程控制的关键点。

3.8 生产执行

从库存控制的角度来看，生产车间在制（Work in Process，WIP）的大小及库存数据准确性是个大问题。WIP 过大，车间库存管理混乱，必然会影响对原材料的需求，同时也会影响成品、半成品的缓冲库存的持有量。所以，WIP 库存比例的大小及其准确性就成为生产执行控制的重点。

另外，供应链必须死死卡住生产车间过量生产这个恶习。而过量生产主要表现在：①实际生产超出工单量；②不按照工单或排程要求的顺序进行生产。

3.9 仓储物流

关于仓储物流，我认为它和库存与交付有关一个最关键的流程控制点就是库存数据的准确性（Inventory Data Accuracy，IDA）问题。你如果连自己手中有多少库存都不知道，那怎么去控制你的库存呢？这也是你的 ERP 是否可以成功运行的关键。

这里需要引申的一些问题是：

（1）有仓库（Warehouse）的地方就会有库存；有库位（Inventory Locations）也会有库存；

（2）库存不仅指传统的仓库里面的库存，还包括车间里的WIP，其实生产车间才是最大的也是最难管的仓库；

（3）库存还包括供应商与客户那里的库存；

（4）库存不仅指实物库存（Physical Stocks），还包括逻辑库存（信息库存），如未完成交付的采购订单（Open Purchase Order，OPO）、未完成生产的工单（Open Work Order，OWO）、未完成交付的销售订单（Open Sales Order，OSO）等；

（5）库存数据的准确性不仅指交易数据的准确性，还包括主数据准确性（Master Data Accuracy，MDA），如BOM、价格、采购提前期、加工周期等。

3.10 PLC及善后处理

作为退货流程，从可衡量的控制点角度，我们很难发现什么是可以控制的东西，我们只能说，无论是客户给你退货（RMA）还是你给供应商退货（RTV）都必须是“有计划的、及时的”，即存在一个账龄（Aging）的问题。

与PLC有关的三个关键流程是NPI、EC及EOL，与它们对应的控制点则分别是CPL（关键物料清单）及RPL（Risky Parts List，风险物料清单），我们将在本书第10章“库存控制与产品生命周期管理”展开论述。

这样，到目前为止，我们对“你的”需求与供应链管理的关键流程一一进行了梳理和分解，并从各个流程中找出了影响库存与交付的控制点，也就是我们认为的水龙头的开关，这是“牛鼻子”。

以上分析可以简单地总结为四张图（如图3－4～图3－7所示）。从下一章开始，我们将对各个控制点进行量化、定义，并通过相关案例、模型进行分析讨论。我们会从最基本的仓储管理流程开始，反向分析销售与需求管理流程，最后是ERP以及库存的规划与监控。

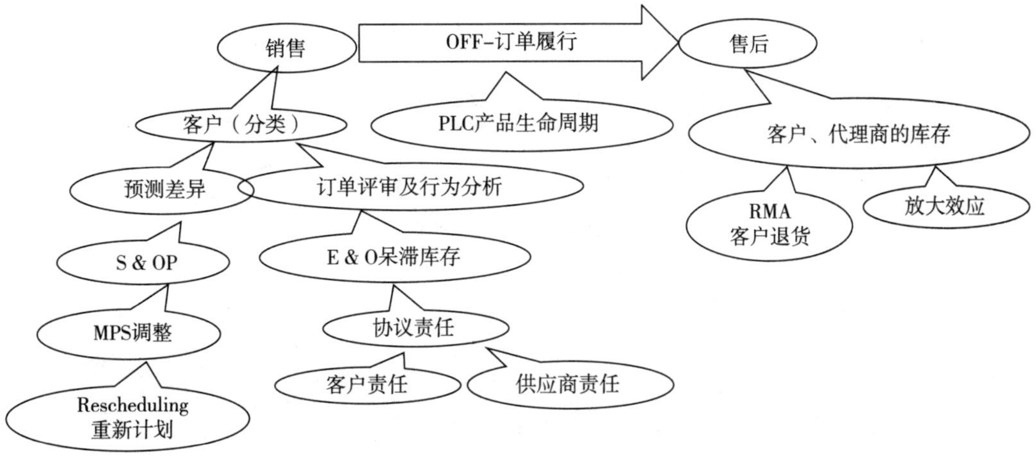

图3－4 与销售、订单履行、售后等流程有关的流程控制点

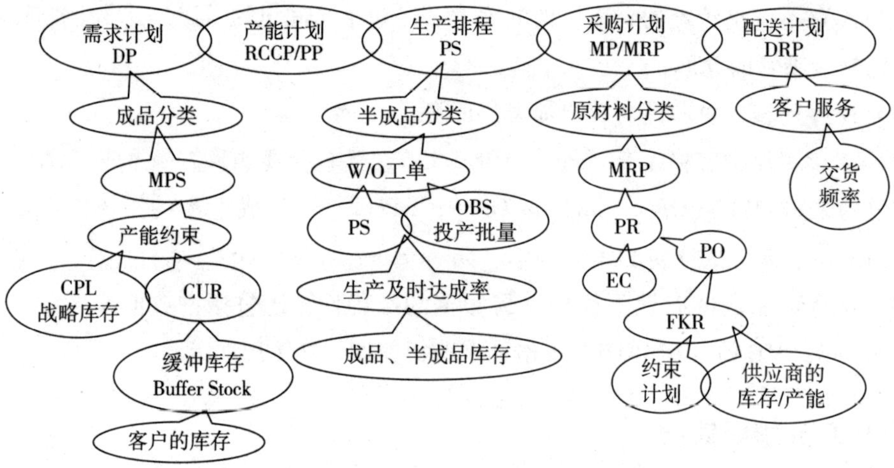

图3－5　与计划流程有关的流程控制点

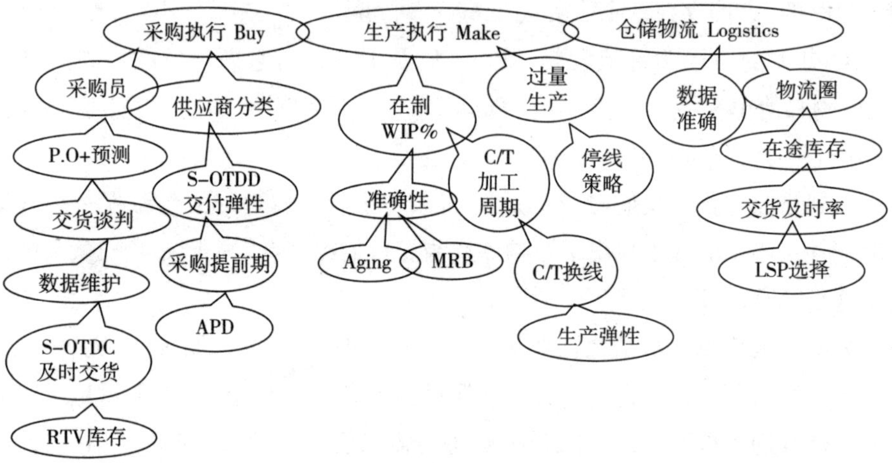

图3－6　与采购、生产、物流等执行流程有关的流程控制点

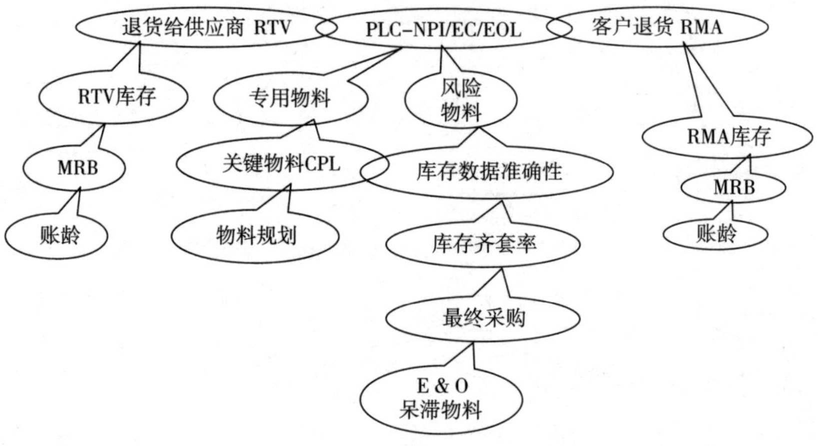

图3－7　与PLC及退货、设计变更等流程有关的流程控制点

阅读理解之一

那十个流程十二张表不是什么绝招儿

2008年在伟创力（Flextronics）担任手机事业部供应链管理总监期间，我在《物流技术与应用》杂志上第一次以文章的形式提出"全面库存管理（TIM）"的概念；2011年我在埃森哲（Accenture）做供应链管理咨询，与埃森哲卓越绩效研究院的徐方女士、埃森哲大中华区副总裁王晖先生共同发表了《优化中国制造业库存管理，成就卓越绩效》的白皮书，里面主要谈的还是全面库存管理；再后来，2012年10月开始，我自己做供应链管理咨询独立顾问，业务项目都是全面库存管理的项目，只关注供应链管理的时间与数量问题，也就是企业的库存与交付管控问题。

在这期间，我总结了TIM审核与流程设计的10个流程、12张表，如表3－1、3－2所示。

表3－1　TIM 10个流程

序号	全面库存管理审核与设计10个流程
1	ORG：供应链管理组织架构及其管控体系
2	ITO：库存规划与监控
3	S&OP：客户与产品分类及销售与运作计划管理
4	PLC：新产品导入、产品生命周期结束流程
5	MRP：物料计划、设计更改与MRP运算流程
6	T&C：供应商认证与合同履行、主数据维护
7	OTD：执行采购与交付管控流程
8	OTD：生产计划与控制流程
9	MRB：物料评审
10	CC：循环盘点

表3－2　TIM 12张表

序号	全面库存管理审核与设计12张表
1	TIM001：产品矩阵及物料主数据
2	TIM002：库存数据与呆滞、库龄分析报告
3	TIM003：ERP用户权限矩阵
4	TIM004：物料出入库数据
5	TIM005：销售或客户预测、客户订单及主生产计划
6	TIM006：MRP最新运算报告
7	TIM007：采购计划与采购执行管控报告
8	TIM008：供应商分类管理报告

续表

序号	全面库存管理审核与设计 12 张表
9	TIM009：客户分类报告
10	TIM010：客户订单管控报告
11	TIM011：生产工单及排程管控报告
12	TIM012：原材料分类管理及风险管理报告

很多人一直好奇于我提到的 10 个流程，12 张表，从我在伟创力期间就一直有人问我要，直到现在，还是不断地有人羞羞答答、拐弯抹角地问我要，好像这是什么“绝招儿”“秘籍”之类的东西。

我曾经写过一篇文章，题目就是《供应链管理，只有功夫没有绝招儿》，在文章里面我提到，“流程、ERP 都是死的，人是活的，客户的需求也是多变的，我们只有理解供应链管理的基本定义、概念，掌握基本的逻辑推理及数据分析能力，才可能做好供应链管理”；“刚入行的人是可以理解的，想学些招儿，快点进步，这是应当鼓励的，但万万不可投机取巧，你最终练的还是功夫”。

在这里，我还是要负责任地讲，我总结的那 10 个流程、12 张表“绝对”不是什么绝招儿：

1. 10 个流程

（1）我只是做与“库存、交付”有关的项目，甚至在我做物料经理、供应链总监的时候，我个人的兴趣也只是在这些方面，所以，我总结的这 10 个流程，其实都是与时间、数量有关，与寻源采购、价格谈判、采购降本等商务活动几乎没有关系；

（2）我总结了“10 个流程”，你也可以总结为 8 个或 20 个，这都没有关系，不要机械地认为“只有 10 个流程”；

（3）这 10 个流程涵盖了需求管理、S&OP（Sales & Operations Planning，销售与运作计划）、MRP 及采购管理、生产管理等端到端（从接单到出货，Demand to Delivery）的全部要素，如果你有一定的供应链管理经验，你一看就懂。

（4）不同的行业、企业、客户、产品及业务模式，即使都是需求管理，管法也不可能一样，我哪里有什么“标准流程”？即使是 SCOR（供应链管理运营参考模型）也是个参考模型，国家标准《供应链管理业务参考模型》（GB/T 25103—2010）也只是一个推荐标准而已。

2. 12 张表

还是那句话，如果你有一定的供应链管理经验，尤其是明白 MRP 的基本逻辑，那你一看就知道我要的数据是什么，如果没有，我发给你那 12 张表也是一点用都没有。况且，不同的企业使用不同的 ERP 平台，报告格式、字段定义都是不一样的，所以也就更谈不上什么“标准”二字了。

关键不在于那10个流程，12张表。那只是我正式审核客户之前，要让客户提前准备的资料而已，其目的有三：

（1）我要了解该企业有多少流程，你能提取多少数据，如果流程不完整，数据不全，本身就是个问题，你该说的没说，说明你的供应链管理体系本身就有设计缺陷；

（2）我要看，企业流程是这么说的，企业的数据是不是能证明你也是这么做的？这与“执行缺陷”有关；

（3）如果企业是这么说的，也是这么做的，但这样做是否合理？是否还可以持续改善？

说到这里，有人可能会问，那程老师你能否把你的审核大纲发给我学习一下？

（1）绝大多数人，即使看了，也不会有人请你去做商业审核的，这个我坦白地讲，是与所谓的个人品牌有关；

（2）就像我在第二本专著《决战库存——制造业供应链管理小说》里面讲的，审核是需要功夫和技巧的，没有那个功夫，就是给你一本武侠秘籍，你也练不出盖世武功来；

（3）我与很多人，尤其跟我审核过的客户项目组的人，反复讲过，把你现在所在的企业、现有的问题，真正地搞清楚了，弄明白了，就要耗费你很长的时间了，拿人家的钱（工资），要替人家消灾（及时出货、控制呆滞、提高库存周转率），否则，岂能对得起自己的良心？

（4）只有自己的工作到位了，才能对得起老板，通过独立思考、总结，如果你也可以独创出一套东西来，那就可以考虑到江湖上走走了，如做独立顾问。

俗话说，人在江湖漂，没有不挨刀。其实，挨不挨刀，最终还是要看自己的功夫。

我这么说，并不意味着我有什么“盖世武功”，只是，我干这一行有20多年了，即使没有真功夫，也有大把的时间耗在上面。至少我个人及我的客户们都认为，我是“没有瞎耽误工夫”的。

【注】2016年出版的《制造业库存控制技巧》第4版及2020年出版的《制造业全面库存管理》附录部分都有“全面库存管理审核样本”供大家参考。

（2019－11－3修改并发布于程晓华全面库存管理咨询订阅号【ITOOTD】）

阅读理解之二

任尔东南西北风，咬定流程不放松

菲利普·科比在《流程思维》一书中阐述了以下13条新旧思维悖论（Paradox）。

1. Go slow to go fast（慢就是快）.

2. Economies of flow versus economies of scale（流动经济 vs 批量经济）.

3. Processing one piece at a time is more profitable than the economics of quantity（i. e.，batch and queue）（单件流比批量处理更经济，如批量并等待）.

4. Measuring process variation is better than measuring results（衡量流程变异比衡量结果更好）.

5. Finding problems is better than ignoring them（发现问题比忽略问题要好）.

6. Pulling a string is more effective than pushing a string（拉着一根绳子比推着绳子更有效）.

7. Focus on cash flow instead of gross profit（聚焦于现金流而不是毛利）.

8. Focus on experimentation and learning instead of control and reliability（聚焦于试验和学习而不是控制和可靠）.

9. Use information that comes from，and is integrated with，the process，not separate from it（使用来自流程本身的信息而不是与流程割裂的信息）.

10. Managing discrete resources causes costs to go up，always，while managing the entire workflow causes costs to go down，always（管理离散资源总是导致成本上升而管理全工作流则总是导致成本下降）.

11. Concentrate on the capability of the process as opposed to performance targets（usually financial）（全神贯注于流程能力而不是绩效指标－通常是财务指标）.

12. A target has no value if you don't have a process that is capable of achieving the target（hello，stock analysts）（如果流程没有能力，目标毫无用处－嘿！股票分析员）.

13. Focus on customer value that increases shareholder value rather than focus on shareholder value that does not increase customer value（聚焦于客户价值从而提升股东价值，而不是相反）.

我对其中的 4 条感触颇深：

（1）流程变异（Process Variation）

（2）实验与学习（Experiments & Learning）

（3）流程能力（Process Capability）

（4）流程能力与目标（Process Capability vs Target）

这 4 条分别对应着上述 13 条中的第 4、8、11、12 条。

著者在第 4 条说，衡量流程的变异比衡量结果更好。

我在以前的文章《扪心自问，你是否曾经教过你的手下?》里谈过这个问题，很多经理的口头禅就是，“我只要结果，不看过程”。而菲利普在这里告诉你，你不仅仅要看过程，你还要衡量过程变异。

那问题就来了，作为经理，你是否曾经有过“衡量流程变异”的经历？

我们暂且跳过第 8 条来看第 11、12 条：

第 11 条说，你要聚焦于流程的能力而不是结果；

第12条说，如果你的流程没有能力帮助你实现目标，那么你定的目标毫无意义。

我的理解是，第4、11、12条表达的基本是一个意思：流程变异大，输出结果不稳定，你怎么可能有好结果？流程变异大说明你的流程能力不足，而流程能力不足，你所追求的结果也好，目标也罢，那都是毫无意义的空谈。

让我们再回到第8条：你要聚集于实验和学习而不是控制和可靠性。

有人说，这不是矛盾吗？刚谈完流程的可靠性，现在怎么又说不要去管什么“控制、可靠性”呢？

其实这不但不矛盾，反而是与前面3条的有机结合：通过不断地实验和学习，在失败中不断地总结经验教训，然后不断地提高个体与组织的能力，从而实现人枪（流程）合一，最终达到体系能力的可控、可靠，传说中的狙击手是用子弹喂出来的，就是这个意思。

从供应链管理角度，我们还可以对上述4条的意思进行展开：

很多人一直在抱怨市场、客户需求的不稳定性，这就像战士在抱怨敌人比自己狡猾一样，这有道理吗？

除非投降，否则，你要解决掉狡猾的敌人，唯一的办法就是苦练内功，只要练不死，就往死里练，其目的就是结果可控、可靠。

搞供应链管理的，面对着需求的不确定性，如果你还想吃这碗饭的话，那就应该停止抱怨，剩下唯一能做的，也是苦练内功。

只要能咬定流程不放松，你管它东南西北风！

面对同样狡猾的猎物，在同样恶劣的环境下，人家打了头野猪，而你连只兔子都打不着，这又能说明什么问题呢？

同样面对多变的需求、供应环境，人家的OTDD（满足客户原始需求的百分比）是60%，而你只做到了20%；同样是出货10亿美元，人家只产生了几百万元人民币的垃圾（呆死库存），而你却一报废就是几个亿，这就是——内功不足，技不如人。

（2021-6-23发布于程晓华全面库存管理咨询订阅号【ITOOTD】）

阅读理解之三

全面库存管理审核的技巧是什么？

我刚开始做全面库存管理（TIM）咨询独立顾问的几年，很多同行好奇于我的“TIM审核10个流程12张表”，他们总以为那是一些什么绝招儿之类的宝贝，就拐弯抹角地通过各种途径跟我“寻宝”，于是，我就一个个地跟同行解释说，那所谓的10个流程都是供应链日常运营流程，什么S&OP、MRP之类的，我只是把它们归纳成“10个”，以便于那些要被我审核的客户按图索骥地准备审核；至于那12张表，也是一个意思，跟那10个流程是配套的，你一看就明白的。后来，2017年，我还专门写了一篇文章叫《那十个流程十二张表不是什么绝招儿》来解释它们，再后来，2020 年，在我的书《制造业全面库存管理》里面，我又做了比较详细的论述，并在书的附录展示了一个全面库存管理审核大纲的样本。

2017 年我写过一篇文章《我不能代表 IBM 伟创力的供应链管理水平》，谈的就是供应链管理，批评的就是那种张口闭口“我在华为是怎么干的”“我们戴尔如何如何”“人家丰田是怎么回事”。

你在华为、戴尔、丰田等企业干过，你就应该感激那些老东家们，但这并不意味着，你在那里学到的经验就能放之四海而皆准，况且，极有可能，你在那些名企学到的可能就是些道听途说的江湖传说而已，并没有接触到真经，要么就是没有那个地位和机会，要么就是错过了。

正因为如此，我们大家都需要不断地学习提升，而书却是相对静止的，我的《制造业库存控制技巧》从 2007 年到 2016 年，将近 10 年的时间也就升级了 4 个版次，直到 2020 年，我又将其推倒重来，推出那本《制造业全面库存管理》，这期间，我在伟创力干了 4 年，在埃森哲干了 1 年半，自己干了 8 年多。

写到这里，肯定有很多读者不解了：那你这个“全面库存管理审核”到底有没有“不为人知的技巧”啊？

有啊！那就是：不断地在实践中总结、夯实的供应链管理基本功。

具备了一定的基本功，真正地打通了供应链管理的脉络，掌握了其基本的业务逻辑，剩下的事情也就好办了。伟大的数学家欧拉说过，沿着公式就能通向真理。

我的经验和理解是：对于供应链管理来讲，只要逻辑正确，你就能发现问题，但是，如果基本功不扎实，那你就很有可能被有意、无意地绕进去。一个简单的事实是，我们的供应链管理同行们，没有几个是真心地希望你去审核他们的，基本上都是被老板们逼的；他们更不会心甘情愿地承认问题所在，直到你能够通过数据 + 事实 + 逻辑推理，把他们逼到墙角。更有甚者，你即使把他逼到了墙角，他还是要挣扎几下。

（2021 - 1 - 20 发布于程晓华全面库存管理咨询订阅号【ITOOTD】）

实战练习

请列出你公司的所有与库存控制及交付有关的流程控制点

【知识点】我们在本章定义了什么是业务流程的控制点，同时，我们称流程的控制点为“开关”，意思很明显，抓住这些点就可能控制整个流程的操作，使我们至少在供应链日常运作中不会犯大的错误，能够基本保证供应链健康运营。

第 3 章的实战练习是“请列出你公司所有与库存控制及交付有关的流程清单”，在这里，我们既然明白了什么是流程控制点，那么，请你列出你认为目前公司存在的所有的供应链管理流程控制点清单。

第4章

库存控制与仓储管理

本章基本观点与底层逻辑

1. 仓库是个藏污纳垢的地方
2. 库存数据准确性是供应链管理的生命线

4.1 衡量与改善库存数据准确性

通过第 3 章的分析，我们知道，仓储物流管理流程与库存控制最关键的一个控制点就是库存数据的准确性（IDA）。

这本来是个很简单的问题，然而在这些年辅导过的企业中我发现，很多企业恰好忽视了这个问题。我们说，企业成功实施 ERP 系统有两个标志：一是动态库存数据准确性要达到95%以上；二是 MRP 运行结果是可信、可用的，也就是说你是用 MRP 来下达采购计划、生产工单，而不是手工计划。

问题是，我们很多企业花了很多钱，也实施了很好的 ERP 系统，可就是看不到效益，MRP 运行结果只是“仅供参考”。经验与教训告诉我们，库存数据不准确是关键的影响因素之一。

我们先来看一组数据：假设我们只有 4 种独立编码的原材料，而且我们只看它们在 RM 这个库位的情况，在某一个时刻的盘点数据等如表 4－1 所示。然后我们用不同的衡量方法来计算这 4 种原材料在 RM 这个库位的库存数据准确性。

表 4－1　原材料库存记录及盘点数据　库位（Inventory Location）编码：RM

物料编码	ERP 账面	单价	ERP 账面价值	盘点	数量差异	ABS（数量差异）	差异金额	ABS（差异金额）	ABS 数量差异（%）	计数容限（%）
100011	2000	1.5	3000	1998	(2)	2	($3)	$3	0.1	0.5
100012	1000	1.2	1200	990	(10)	10	($12)	$12	1.0	2.0
100013	500	0.35	175	520	20	20	$7	$7	4.0	3.0
100014	1000	0.1	100	1080	80	80	$8	$8	8.0	3.0
合计	4500		4475	4588	88	112	$0	$30	13.1	

第一种：金额盘盈盘亏抵消法。也就是把盘亏的金额加上盘盈的金额，正负抵消后取绝对值，然后除以 ERP 总账面价值，计算过程如下：

$$差异金额抵消后的绝对值 = abs(-3-12+7+8)=0$$

$$ERP 总账面价值 = 3000+1200+175+100=4475$$

$$库存数据的准确性：1-\frac{0}{4475}=100\%$$

第二种：金额绝对差异法。无论你是盘亏还是盘盈，我们都认为是差异，盘亏、盘盈的价值取绝对值相加，除以 ERP 总账面价值，其计算过程如下：

$$差异金额绝对值 = 3 + 12 + 7 + 8 = 30$$

$$ERP\ 总账面价值 = 4475$$

$$库存数据的准确性：1 - \frac{30}{4475} = 99.33\%$$

第三种：数量绝对差异法。无论是盘亏、盘盈，也不管是什么物料，其盘点差异数量的绝对值之和除以 ERP 库存总数量，其计算过程如下：

$$差异数量绝对值之和 = 2 + 10 + 20 + 80 = 112$$

$$ERP\ 库存总数量 = 2000 + 1000 + 500 + 1000 = 4500$$

$$库存数据的准确性：1 - \frac{112}{4500} = 97.51\%$$

第四种：数量绝对差异平均百分比法。对每个物料的盘点差异数量取绝对值，除以每个物料对应的 ERP 账面库存数量，然后总平均，其计算过程如下：

$$数量绝对差异 = \left(\frac{2}{2000} + \frac{10}{1000} + \frac{20}{500} + \frac{80}{1000}\right) \times \frac{1}{4} = 3.28\%$$

$$库存数据的准确性：1 - 3.28\% = 96.72\%$$

第五种：计数容限法。根据物料 ABC 设定其不同的计数容限，如 A 类物料（第一个物料 100011）计数容限为 0.5%；B 类物料（100012）设定 2% 的容限，只要盘点数量差异在 ±2% 范围之内，我们就认为这个物料的库存是准确的；同样道理，设定 C 类（100013 及 100014）为 3%。跟实际盘点结果对比，我们看到只有前两个物料的盘点差异在计数容限范围之内，这样，我们得出这 4 个物料的库存数据准确性为 50%。现在我们来看这个结果的比较，如表 4－2 所示。

表 4－2　　不同计算方法得到不同的库存准确性结果　　单位：（%）

不同算法	差异率	准确率
金额盘亏、盘盈抵消法	0.00	100.00
金额绝对差异法	0.67	99.33
数量绝对差异法	2.49	97.51
数量绝对差异平均百分比法	3.28	96.72
计数容限法	50.00	50.00

我们发现，结果差别还是蛮大的：同样的 4 种物料，不同的计算方法，其库存数据的准确性由 100% 变化到 50%。

现在的问题是，我们到底应该相信哪一个结果？

如果说你的库存数据准确性是 100%，那么我们认为你的库存数据是绝对准确的，其准确性是世界级的，应该是绝对可以相信的。而如果你的结果是 50% 的准确率，那么，谁会去相信你的库存数据呢？你的 MRP 运行结果就是绝对不可信的。

100% 库存数据准确性在现实中几乎是不可能发生的。那么库存数据准确性到底应该是多少，MRP 运算的结果才是可信的呢？

有一本书叫《The Oliver Weight ABCD Check List for Operational Excellence》，它里面提到库存数据准确性的标准至少要达到 95% 以上。

我相信这个 95% 是个经验值，大概是两个 σ 的水平。那么这个 95% 到底是指哪种计算方法呢？相信不同的人，会有不同的回答。

搞财务的人及高管们可能会喜欢第一个结果：总库存价值 4475 美元，盘点结果差异是 0，结果相当不错！

但是，如果我们按照这个结果去运算 MRP，做计划或者做采购的人是否担心可能会发生重复采购或者物料短缺呢？很明显，即使考虑了计数容限，也只有 50% 的准确性，相当于库存结果一半是不可信的。有人可能会讲，C 类的物料不准没关系，反正金额差异很小。

这就大错特错了。一个都不能少，无论是 A、B 还是 C。

做挖掘机、叉车的，大量的半成品不能及时发货，缺的往往不是发动机，也不是底盘，而是由于哪根轴没有及时到货，或者哪个标准件出现了意外的短缺；做手机生产的，缺的往往不是主板、集成电路，却常常吃亏在某个电容或者电阻上，甚至是某个包装用到的标签突然没料了；做服装的，大量的半成品待在车间里面无法入库、发货，原因可能是在等待一粒纽扣或者一根线。

为什么各行各业会经常出现这种看起来匪夷所思的缺料问题呢？道理很简单，你可能忽视了你认为并不重要的 C 类物料的库存数据准确性，也可能是因为你的 A、B、C 物料都是一个库存策略（第 5 章还会探讨这个问题），结果导致大量的 A 类、B 类物料砸在手里。

所以，关于库存数据准确性这个控制点，需要一种科学的衡量方法：库存数据应该是动态的、数量的准确，而且是衡量到每一种物料。基于这个要求，我们推荐计数容限法。

关于这个计数容限法，我曾经被多次问过一个问题：这个容限到底应该是多少才合适呢？

这个计数容限类似机械工程上讲的公差范围（Tolerance），你可以自行设置，其原因如下：

（1）理论上任何库存的物料都有可能有差异，尽管我们难以想象汽车发动机都有可能会有盘点差异，但是，针对这种物料，你能说让财务允许你的计数容限是 ±0.001%？

（2）与之相反，电子行业的很多半导体元器件尽管很贵，但是体积非常小，在生产过程中很容易被打飞、抛料，你说这类的物料计数容限能是 0 吗？这也不现实吧？

（3）一旦设定容限，超出了限制那就必须解释，必须写纠正与预防措施（Corrective and Preventive Actions Report，CPAR）。

我们明白了库存数据准确性的正确衡量方法，那么，接着就要看：为什么库存数据会出现如此大的差异？根据经验，原因主要有以下几个方面：

第一，ERP 主数据的设置与维护问题。我们知道，ERP 数据基本上分为两大类：一类主数据，如 BOM（Bill of Materials）、加工中心、工艺路线等。主数据一旦设定，我们就轻易不会更改它；另一类就是日常的交易数据。如果主数据出现问题，就自然会影响库存数据的准确性。如 BOM 说某个产品需要某个物料是 4 个/件，结果实际生产是每件产品需要这种物料 5 个/件，那么，你的库存数据就一定会出现问题：你按照每件 4 个的需求量进行投料，等到成品或半成品下线做回冲（Back Flush，MRP 在生产完工后扣减 WIP 的物料消耗）的时候，系统就会只扣掉 4 个物料，而你实际是用掉了 5 个，那么车间 WIP 就会出现物料短缺或者盘亏的情况。

另外，采购提前期（Lead Time，LT）、采购交付频率（Delivery Frequency）等，都属于主数据的范畴。这些数据不准确，都会影响库存数据的准确性。当然，这些主数据主要是影响在途库存（OPO）数据的准确性。

第二，由于收发货而导致的差异，也就是交易数据本身导致了库存的动态差异，这可能是人为的错误，更有可能是理论上称之为“物流与信息流分开了”，实践中我们所说的“借（料）就是偷”。

第三，由于呆滞、不良等原因的出现，相关人员没有及时调整库存而导致的差异，主要体现在物料评审委员会（Materials Review Board，MRB）物料没有被及时判定并转移到相应库位，导致库存状态不确定，MRP 结果存疑。

还有一种比较隐性的差异就是采购订单 PO 发出后，供应商承诺的数据没有被采购员及时维护，从而导致未来可用库存（Available to Promise，ATP）数据的差异。比如你的采购员发出订单后，一般情况下，应该要求你的供应商针对 PO 的每一行，在一定时间内予以承诺。如果供应商没有及时承诺，采购员就无法在 ERP 系统里面维护这个承诺；如果供应商承诺了，而采购员没有及时录入系统，那么你也无法及时得到这个未来可用库存的数据。而这个未来的库存数据恰好对于计划员来讲是非常重要的，尤其是当他需要给客户新的订单进行承诺的时候，同时这也是本书第 5 章中提到的“物料计划的三条曲线”中的第二条曲线。

与交易数据准确性有关的另外一个关键影响因素是生产投料方式的不同（Push or-Pull——推式发料还是拉式发料）而导致的差异，这个问题我们在本书第 7 章谈到关于车间在制（WIP）控制的时候有比较详细的论述。

针对以上库存可能出现差异的原因，我们可以采取措施进行预防、改善。对于主数据的错误，由于其相对稳定性导致其错误的隐蔽性，我们可能会采取定期评审的方法进行纠错。常用的方法是，把相关产品的 BOM 等进行定期审核，然后由相关工程师与采购、计划等管理人员进行逐一确认，以保证其准确性、合理性。确认的重点是：

◆ 经常发生库存差异的物料

◆ 倒冲有问题的物料

◆ 频繁发生 EC 的物料

◆ 其他疑似的

针对交易数据，对于整体库存数据准确性的提高，特别是对于预防、纠正动态数据的差异，到目前为止，我们发现，循环盘点（Cycle Counting，CC）或许是个无奈的办法，但也许是行之有效的一种解决方案。

CC 的原理很简单，我们举例来说明：

假设企业一共有 5000 种独立编码的物料，其中包括所有的原材料、成品、半成品。为了确保这 5000 种物料的库存数据是准确的，你可能需要对其经常盘点。但问题是，局限于人力、物力与时间资源，不可能每天都对所有的物料盘点一遍，那该怎么办呢？我们想到了对物料进行 ABC 分类。

所谓 ABC 分类法，就是根据 20/80 原则，对物料进行分类，一般的经验比例是：

A 类占总数量的 10% 左右，但其价值占比高，如 60% ~70%，甚至更高；

B 类占总数量的 20% 左右，其价值也占 20% ~30%；

C 类占总数量的 70% 左右，但其价值占比低，如 10% 左右。

需要注意的是，无论是这里提到的基于价值（成本）的 ABC 分类也好，还是后面我们将要用到的基于需求波动率的 XYZ 分类，它们都是一些相对的概念，不能因为你的物料不符合以上分布而导致做不出 ABC 或 XYZ 分类来。特别是 XYZ 分类，不同行业、产品的需求波动率相差巨大，不能机械地定义 XYZ 波动率的范围。

按照这个分类，该公司拥有的物料品种数量为：

A 类物料：$5000 \times 10\% = 500$（种）

B 类物料：$5000 \times 20\% = 1000$（种）

C 类物料：$5000 \times 70\% = 3500$（种）

我们可以设定如下规则：

A 类物料必须每个月完成一次全面盘点，那么每天需要盘点的个数为：

$$500 \div 30 \approx 17 \text{（个）}$$

B 类物料必须每两个月完成一次全面盘点，那么每天需要盘点的个数为：

$$1000 \div 60 \approx 17 \text{（个）}$$

C 类物料必须每个季度完成一次全面盘点，那么每天需要盘点的个数为：

$$3500 \div 90 \approx 39 \text{（个）}$$

这样，每天总共需要盘点的物料个数为：$17(A) + 17(B) + 39(C) = 73$（个）

如此循环，你的库存数据准确性就可以不断地得到提高，这就是 CC。实践证明，这是一个行之有效的持续改善库存数据准确性的可行方案。

但这里有几个问题需要注意：

第一，A 类、B 类、C 类不同物料的盘点频率的设定是因企业而异的，不一定 A 类必须月盘；如果你有足够的人手，也可对 A 类两周循环一次盘点，甚至周盘；对于 B 类、C 类物料也是同样道理。

第二，如果你使用 ERP 系统，A 类、B 类、C 类盘点频率可以直接定义在 ERP 系统的主数据里面，每天系统可以自动打印需要盘点的物料；否则就在 Excel 统计表格中做“打钩”处理了。

第三，盘点差异的处理。若发现了差异，你是在系统里面调账呢，还是找出差异原因，经层层审批，然后再调整库存呢?

这是一个两难的选择。

如果在日常 CC 中发现了差异，又找不出原因，财务与管理层可能就不会签字调账；即使找出了原因，层层审批也需要一段时间；而系统可能需要随时运算 MRP，这怎么办?

如果先调账，经验与教训告诉我们，以后就没有人去真正地分析差异产生的原因了。找不出真正的原因，你的整体库存数据准确性就很难得到提高。但是如果你明明知道了差异的存在而不先调账，还在运行 MRP，那么得出的结果肯定就是错误的。

所以这是一个两难的选择。在实际工作中应当具体分析，灵活处理：既不可发现差异马上调账，也不可等待整个流程审批。有些公司的审批需要一周甚至更长的时间，而从 MRP 的角度来讲就完全失去了调账的意义。比较折中的办法是授权不同的主管、经理，灵活确定是否需要马上做库存调整。

第四，在 CC 的基础上，企业还需要随机审核库存结果。也就是说，有人专门做 CC，这一般是仓储、生产部门的工作；有人专门做盘点结果审核，如物料计划、库存计划人员，甚至是物料经理等。我们应该承认，这种“再监督式”的随机审核是不增值的，但实际的情况又需要这么做。

第五，CC 的最终目的是取消财务组织的那个不增值的月底或季度底大盘点。

4.2　仓库、库位与货架、货位

仓库、库位、货架、货位是四个不同的概念。

仓库（Warehouse）一般指实体仓库。一个物流中心、一个车间、一个大房子等都是仓库。所谓“仓库重地”就是指这是一个物理上隔离的、只有授权才能进入的地方。

库位，也叫子库存（Sub - Inventory），意思是“库存存放的位置”。库位既可以是个实体的、与逻辑定义保持一致的仓库，也可以是实体与逻辑不一致的，即同一个实体仓库里面可能会被划分成不同的库位；同一个编码的原材料可能会储存在不同的库位，特别是当物料状态不同的时候，如保税、非保税，合格还是不合格等，所以，库位的主要目的是区分物料状态，它与单位、责任区分无关，特别是当不同的单位、事业部使用不同的物料代码区分物料的时候；库位太多会泛滥成灾，太少则不能满足供应链管理对物料状态的识别，所以，库位的设置必须经过供应链及财务部门的审批。

关于库位，如表4-3所示，是某公司设置的相关库位，供大家参考。

表4-3　库位类别样本

库位	描述	类型	是否参与MRP	责任人
9932DB6	物流中心：Central Hub	原材料	Y	MP
9932FDC	香港物流中心：HK DC	原材料	Y	MP
9932LWA	可选件逻辑仓：Logic WH for Alternative Item	原材料	Y	MP
9932NMP	非批量生产物料仓：Non Mass Production Mat WH	原材料	N	NPI
9932RIP	补货区：Replenishment Warehouse	原材料	Y	MP
9932SCR	RMA 客户退货仓：Customer Return WH	成品	N	DP
9932SF6	半成品仓：Semi Finished Goods WH	半成品	Y	PP
9932SFG	成品仓：Finished Goods Shipping WH	成品	Y	PP
9932SKB	看板仓：Supporting/Satellite Kanban	原材料	Y	MP
9932SMB	MRB 待处理仓：Material Review Board	MRB	N	ALL
9932SCP	报废品仓：Scrapped materials WH	报废	N	ALL
9932SRI	GR 收货区/仓：Receiving Warehouse	原材料	N	Buyer
9932SRS	返修退客户仓：Return to Customer Shipment	成品	N	DP
9932SRV	RTV 退货供应商仓：Return to Vendor Warehouse	MRB	N	Buyer
9932SSK	原材料仓：Raw Material Warehouse	原材料	Y	MP
9932SWB	SMT 在制仓：WIP warehouse - SMT	WIP	Y	PP
9932SWP	组装在制仓：WIP Warehouse - Assembly	WIP	Y	PP
9932SWR	在制返修仓：WIP Rework Location	WIP	N	PP

我们把货架细分可以形成货位（Bin）。一个仓库可以有很多个库位，每个库位都有货架，每个货架也可以细分为很多具体的货位。通常情况下，运行MRP的时候，只是库位与物料编码绑定参与MRP，MRP不认识仓库和货位。

阅读理解之一

仓库有多大，库存就有多高

在制造业有一种很奇怪的现象：似乎你有多大的仓库，就会堆满多少库存；不管你有多少个仓库（库位），你的每个仓库都是库存。

仓库有多大，库存就会有多高。

如同居家过日子，时间长了，再大的房子也觉得小了。

为什么会这样呢？从理论上讲，一个企业库存控制水平的高低与仓库的大小是没有必然联系的，至少MRP在计算物料需求的时候不可能考虑仓库面积大小，它更不会因为你的仓库面积很大而让你多买些料回来。

然而实际情况却是，仓库越大，库存越高。

我亲身经历的一个案例：2000 年，我们刚刚筹建北京工厂的时候，仓库面积大约 800 平方米，那时候仓库经理整天喊着原材料、成品没地方放，抱怨采购员买多了物料，抱怨生产的成品太多，有时候甚至还把多余的物料寄存到车间甚至是第三方物流服务商那里去。等到 2002 年公司搬家的时候，由于车间扩大，而总面积一定，只好把仓库缩小到 500 平方米左右。刚开始，物料多得没地方放，仓储经理还是抱怨了一段时间，但过了不到半年，物料不但没有被寄存到物流服务商那里，车间里面由于采用了电子看板系统，车间的货架也都撤销了，仓库不但有地方放物料，还有空余面积，定置化管理也比以前整齐多了，但总的产品种类、独立编码的物料个数、销售量等几乎都没有改变。

这是为什么呢？总结的原因大概有这么几方面：

第一，人都是不自觉的。制造业的采购与生产控制当然比居家过日子的采购要理性得多，特别是那些应用 ERP 比较成功的企业。但问题的关键在于，无论 ERP 怎么计划、统筹，最终都是由人去执行的。ERP 告诉你在 3 月 10 日进 50 台电机，采购员就有可能以种种理由在 3 月 5 日就进货了，而且还可能多进；即使进多了被 ERP 卡死入不了库，剩余的货也可以在仓库先找个地方放着，毕竟仓库面积很大，同事之间关系又好。同样的事情也能发生在生产制造上，本来计划好只生产 5000 件成品，可能最终生产了 6000 件甚至更多。除了传统的仓库，车间本身就是个藏污纳垢的大仓库。

那大家为什么要这么做呢？因为早采购，多采购，多生产，对大家来讲就多一些安全，反正有地方放；销售方面更没有压力，有东西卖不出去没关系，若有新的客户需求，没有货可发那才是最令人头痛的。至于说考核销售在成品库存方面的周转问题，按照程老师的观点：一是库存周转率不能分段考核；二是考核是事后的，没关系的。

如果一个企业的供应链管理能够真正地起作用，按理说这种过量采购、过量生产是不应该发生的，但是，问题就出在这里：又有多少家企业的供应链管理是真正起作用的？

第二，仓库越大，管理难度越大。仓库管理的一个关键问题就是如何保证库存数据的准确性。仓库面积大，定置管理可能就没有必要做得那么好，反正有的是地方，结果就有可能导致库存数据的混乱，而库存数据的混乱就完全可能导致 MRP 计划出现问题，最终就是该来的不来，不该来的都来了，库存越来越大，物料短缺的情况却越来越多，生产无计划，停产的次数就会越来越多，该发出的成品发不出去，形成了恶性循环。于是，库存膨胀就成为必然。

第三，仓库越大，划分的库位就可能越多。正是由于仓库面积足够大，人人都把仓库当成“唐僧肉”，特别是那些比较大的制造厂，部门、机构多，大家分工不一致，谁都想拥有自己的仓库区域（库位），甚至连人事和行政也要在仓库占有一席之地。于是，你会发现，每家的库位里面都有东西，即使仅仅体现在生产用料上：设计研发部门的库位里面会有很多谁也不知道能不能用的新材料，而且谁也不敢随便处理掉它们；

IQC（进货检验）部门会有很多永远也检不完的待检物料；MRB（物料评审委员会）会堆积越来越多的、永远下不了结论的而且是不能用的原材料、成品、半成品；采购部门说把要退给供应商的货先在仓库里面放一放吧，反正是我们欠供应商的钱；生产部门说你有那么大的仓库，我多生产点成品、半成品放在你那里还算过分吗？而仓库管理本身呢，由于仓库比较大，也懒得去做什么先进先出，早来的晚到的，就这么着吧！

所以，仓库本身没有错，错的是人！反之，如果仓库的实际面积很小呢？问题在客观上就会暴露出来。我们曾经把仓库放不下的原材料直接放到采购员与计划员的办公桌上，这种做法看似很不恰当，是违背人性化管理的，但实际上却很有效，以后采购员再也不敢提前进料了。

当然，仓库无论如何就只是个库存的载体而已，它能做的就是从客观上约束库存控制行为，要想从根本上解决库存与交付问题，还得靠3P1M。

（2005年5月发表于《机电商报》，2022年11月修改）

阅读理解之二

降低库存从仓库开始

经济形势不好，大家都更多地关注、讨论库存问题了。都说库存是万恶之源，库存是浪费，库存是犯罪，库存决定了公司的生命线——现金流，库存也决定了公司的资产回报率等。金融危机导致经济危机，最终转换为国人对库存的危机意识，坏事变成了好事，这不能不说是不幸中的万幸。

那么，我们应该如何着手控制库存、降低库存呢？

对于这个问题的回答，相信一定是“仁者见仁，智者见智”。有人说应该努力提高市场预测的准确性；有人说应该跟供应商多做一些VMI（供应商管理库存）；有人说我们应该学会停产，不要做得太多等。不同的人，不同的工作背景，面临不同的行业，不同的企业环境，个人观点不同是可以理解的。

我的观点是，降低库存，不妨先从仓库开始。

仓库自古以来就是个“藏污纳垢”之地。供应链、物流管理的所有结果，无论好坏，最终都体现在仓库里面。

那么，如何从仓库开始降低库存呢？

第一，盘点库存数据。库存控制的首要任务是先搞清楚自己手中有多少库存。账物不符是导致重复采购、呆滞或者无计划停线的根本原因之一。作为供应链管理者，你对仓库有多重视，就说明你对库存有多重视。有事没事组织大家（计划员、采购员等）多到仓库转转，随机抽查几个物料，顺手盘点一下，跟ERP核对一下，看看结果如何？如果都能对得上，再抽查几个，对不上的，就要分析原因，这时候你就会发现，原因真是五花八门。

◆ 物料被生产部或者供应商甚至是客户临时借走了

◆ 账面没有入库，实物入库了，或者相反

◆ 物料放错地方了，没有按照库位、货位堆放

◆ 来料短缺或者供应商多送了

◆ 录入错误

实在找不出差异的原因来，那就是被偷了。

第二，看先进先出（First in，First out，FIFO）。大多数行业是要求做到先进先出的，如果你发现有一个物料没有做到先进先出，那是为什么呢？

◆ 人为原因？疏忽？

◆ 没有及时正确地执行设计变更？有没有产生呆死库存？

◆ 生产部退料？为什么？生产计划改变？为什么要改？客户订单减少？为什么？

◆ 有物料品质问题？生产半成品、成品品质问题？有没有及时做出 MRB 决定？

◆ 如果客户订单减少或者产品出现品质问题，我们是否需要调整主生产计划（MPS）？是否需要重新运行 MRP？计划员是否知道？

第三，看收货（Goods Receiving，GR）。收货时间的长短似乎并不是一个关键问题，关键问题是今天一共收了多少货？

◆ 是否都是按照 PO 要求的时间、数量到货、收货的？

◆ 有没有早交货的？急料？为什么急？生产提前？客户订单要求提前交付？还是供应商早交货？采购员是否知道？

◆ 早交货是不是因为 MRP 重新计划没有成功导致的？为什么？

◆ 有没有今天没有按时到货（到期 PO 清单）的物料？采购员、计划员是否知道？

◆ 供应商为什么没有及时交货？供应商的产能问题？品质问题？我们是否没有及时给供应商预测或者 PO？

第四，看出货、发料（Goods Issuance，GI）

◆ 按照生产计划，今天总共应该发多少料到生产线？实际发了多少？是否缺料？

◆ 生产计划是否批准（有工单）？成品、半成品还有多少？为什么还要生产？

◆ 是否所有的料都应该发？（那些贵重物料）WIP 是多少（系统记录、实物）？已有的 WIP 能否满足今天的生产计划？为什么还要申请？

◆ 物料短缺的原因是什么？生产计划提前？为什么？供应商没有 OTD？为什么？

◆ 短缺的物料，系统记录是多少？原材料库位是多少？WIP 是多少？是否有 MRB？

当然你还可以问出很多其他问题，但无论如何，通过分析、分解、观察、研究仓储活动，你几乎可以发现供应链管理的所有主要问题：从需求管理到排产，从生产管理再到采购、供应商的管理以及仓储本身的管理。这些问题如果都能够得到比较圆满的解决，库存问题基本也就可以解决了。

（2009 年 4 月发表于 e－works）

阅读理解之三

“ERP 每天取点”是个看似简单的一把手工程

2003 年，还在北京某工厂做高级物料经理的时候，我就发现一个问题，我的员工在联合造假糊弄我，也同时糊弄了财务及老板们，他们在有意无意地做库存那个点。

简单来讲就是，平常库存可能很高，但接近月底，尤其是季度底的时候，库存下降就非常明显，远低于日常平均值；而当财务期末结账刚结束的第二天，一堆库存就会从天而降，令人不寒而栗。

为什么会这样呢?

因为当时的财务部门都是采用所谓的 5 点法计算年化库存周转率，即上一年的期末值（第四个季度末的值）与当年的四个季度底的库存值平均作为分母。而库存周转率的指标对于整个公司的考核都是至关重要的，事关我们每个人的升职、加薪。

于是在 2003 年的 8 月，我就在 e－works 上发表了一篇文章《如何精确地衡量现金与库存周转效率》，我提出一个很简单的方法，就是让 ERP 在每天半夜自己取个点，这样忠实地记录每天实时的库存价值，然后以其每天的平均值做分母计算库存周转率；后来，有位叫陈首炜的先生还在我的文章的基础上发表了一篇深入思考的文章，搞了个“加权平均库存”法，从财务资金占用衡量角度，陈先生的方法可能更有道理一些。

第一，我们知道，ERP 每天取点的做法毫无技术难度可言，这个我是咨询过无数 IT/ERP 专家的，但是，后来我发现，这么简单的事情，其实很不简单！包括我辅导过的很多客户，他们都做不到这一点。为什么呢?

2021 年的 6 月，我鼓起勇气写了一篇文章《传统的财会管理阻碍企业生产力发展的四点障碍》，我在里面提到了“死会计、活财务”，其原因为：ERP 每天取点法推行不下去的原因，绝大多数企业的财务不承认这种做法，他们还是死守着期末、期初那两个点，也就是说，这种做法得不到“官方认可”。

第二，也可能是根本原因，这种做法推行不下去，问题还是出在我们这些供应链管理同行自己身上。为什么呢?

如果真正地实现了 ERP 每天取点，那么，各种“妖魔鬼怪”就会都跑出来了！就像孙大圣大闹天宫一样，结果整得玉皇大帝都头痛！

所以，我说，这还真是个一把手工程。

（2022－5－30 发布于程晓华全面库存管理咨询订阅号【ITOOTD】）

第5章

库存控制与物料计划

本章基本观点与底层逻辑

1. 物料计划员的首要任务是齐套而不是追料
2. 不要一惊一乍的

5.1 齐套率（FKR）与重新计划

我们先在这里做个简单的澄清：采购计划是物料计划的一部分，因为 MRP 把所有的成品、半成品、原材料，甚至是虚拟件（Phantom）都称作“物料（Materials）”，所以，严格意义上讲，需求计划、生产计划都是物料计划。但实践中，人们往往习惯于把物料计划特指为原材料的采购计划。

通过上一章的学习，我们明确了库存数据准确性这个控制点，这样我们就有了库存控制的基础。最起码我们知道了有多少库存，接着就可以运行 MRP、下达采购计划（Purchase Requisition，PR）了。

在制造业，我们经常发现一种现象：生产急需的料，仓库里没有，生产不需要的料，仓库里爆仓，也就是业界常说的该来的（物料）不来，不该来的都来了。这实际上就是一个库存的齐套率（FKR）问题。

什么叫库存的齐套率？如何去衡量库存的齐套率？

先给大家看一个例子，如表 5 - 1 所示。

表 5 - 1　齐套率模拟

编码	BOM 用量	单价（元）	在手库存（个）	可齐套成品数量（个）
10001	1	28.8	10000	10000
10002	2	8.8	19000	9500
10003	3	3.5	22000	7333
10004	5	2.8	39800	7960
10005	8	0.8	98000	12250
10006	10	2.8	198800	19880
10007	0.2	0.9	5800	29000
10008	0.6	0.9	2180	3633
10009	20	0.1	88000	4400
10010	2	2	9000	4500
10011	6	1.6	45000	7500
10012	5	1.1	31500	6300
10013	8	0.5	100000	12500
10014	10	0.03	100000	10000
10015	12	0.01	100000	8333
10016	18	0.01	88000	4889

我们假设有一个产品叫 FG01，其 BOM 由 16 个物料组成，每个物料的 BOM 用量及在手库存量都是已知的，那么我们就很容易算出每个物料支撑成品生产的套数，即可齐套（成品）数量。

由表 5－1 可知，10008 这个物料只能支撑 3633 个成品的齐套生产，而其他的物料可齐套数量都大于这个数。而由表可知，我们的成品单件 BOM 成本是：131.72 元（BOM 用量×单价），所有物料库存总价值为：1474192 元（在手库存×单价），所以，我们认为，此时此刻，我们的 FKR 为：

$$\frac{131.72\times3633}{1474192}=\frac{478538.76}{1474192}=32.46\%$$

也就是说，尽管我们现在总库存价值为 1474192 元，但可能被有效地转换为成品出售的库存只占 32.46%，我们有近 70% 的资金在睡觉。

从 MRP 的逻辑上讲，所有的物料都应该是齐套来的。也就是说，如果现在有 100 万元的原材料库存，在不考虑损耗的情况下，就应该能够做出价值 100 万元（如每台的物料成本是 10 万元，就可以做出 10 台成品）的成品。但实际情况是，我们可能一台成品也做不出来，为什么会这样呢？有人说，我们今天发现的短缺，明天把它们补上不就齐套了吗？但问题是，等到了第二天你又会发现，第一天没有短缺的其他物料，今天却发生了短缺……总之你的库存是不齐套的，从财务角度讲，每天都有大量的资金在睡觉。

经过仔细分析会发现，这种现象在某种程度上是“正常的”，原因如下：

第一，由于客户需求或生产计划的改变导致 FKR 降低，或者是由于生产执行出了问题而加剧了不齐套。

你本来计划得很好，要齐套生产多少个不同的成品，MRP 也是按照你的成品生产计划要求原材料要齐套交货，而实际上原材料也是齐套到货的。但是，由于其中的某一种或几种成品可能会被提前生产或者过量生产，这样对于其他产品来讲，它们与被提前生产的成品的共用物料（Common Parts）可能就会出现短缺，这时候你需要运行 MRP 做重新计划（MRP Rescheduling），理论上短缺的物料也是可以通过追加的采购来齐套的，但实际上由于采购提前期、供应商交付弹性等因素的限制，你的整体库存实际上还是不齐套的。

第二，在制定 MRP 策略的时候，可能会人为设置库存不齐套，比如，设置 A 类物料的缓冲库存天数（DOS）是 5 天，B 类是 10 天，C 类是 20 天，目的是 A 类、B 类、C 类不同的物料持有不同的库存天数，从而有重点地控制库存，这样客观上就会导致库存是不齐套的。

第三，战略库存的设置。对于关键物料（CPL），可能会人为地设置比较高的库存以应对未来物料的可得性风险。

第四，由于品质不良、非正常消耗、最小包装等导致的不齐套。这很容易理解。

第五，库存数据不准确，导致重复采购或者紧急采购，这自然也会影响库存齐套情况。

总之，由于种种主客观因素，库存齐套率最终可能是很低的。尽管看起来很多原因是可以理解的，甚至是可以接受的，但从财务的角度讲，这是不可以的，这些宝贵的现金都去当“绿叶”了，不能当成“花儿”去赚钱，这怎么可以呢？

所以，我们还是应该尽可能地去提高库存齐套率，以实现资金的有效利用，因为毕竟按照 MRP 的逻辑，我们的库存都应该是齐套的。当然，我们并没有说库存齐套率越高越好，至少我们也没有说一定要去追求 100% 的库存齐套率：你总不至于为了片面地追求库存齐套率，而人为地提高总体库存水平，从而让大多数物料去与仅有的几个战略物料齐套吧？

更重要的是，我们必须充分地认识到，需求是时时刻刻都可能发生变化的，我们追求的库存齐套是个动态的齐套。

既然要尽可能提高库存齐套率，我们就应该针对这些看似正常的理由采取相应的措施。重点从供应商的角度来分析一下这个问题：

比如，我们有一批货，一共有 16 个物料，按计划需要在 6 月 18 日到厂。计划员下达 PR 后，采购员将其转换为 PO，然后发给不同的供应商。假设我们在 24 小时后得到所有供应商的承诺，我们发现结果如表 5－2 所示。

表 5－2　　计划到货 VS 供应商承诺

编码	供应商代	单价（元）	支交付	计划到货	供应商承诺	承诺差异	未来的库存价值（元）	比例（%）
10001	S005	28.8	2000	6/18	6/16	2	57600	7.5
10002	S006	8.8	8000	6/18	6/18	0	70400	9.2
10003	S003	3.5	80000	6/18	6/18	0	280000	36.6
10004	S004	2.8	1900	6/18	6/18	0	5320	0.7
10005	S005	0.8	12000	6/18	6/18	0	9600	1.3
10006	S006	2.8	68000	6/18	6/20	(2)	190400	24.9
10007	S007	0.9	68000	6/18	6/29	(11)	61200	8.0
10008	S005	0.9	800	6/18	6/25	(7)	720	0.1
10009	S006	0.1	50000	6/18	7/1	(13)	5000	0.7
10010	S007	2	15800	6/18	6/20	(2)	31600	4.1
10011	S008	1.6	5000	6/18	6/18	0	8000	1.0
10012	S009	1.1	2890	6/18	6/15	3	3179	0.4
10013	S010	0.5	39800	6/18	6/18	0	19900	2.6
10014	S011	0.03	500000	6/18	6/18	0	15000	2.0
10015	S012	0.01	380000	6/18	6/18	0	3800	0.5
10016	S013	0.01	290000	6/18	6/18	0	2900	0.4

大多数供应商可以按照我们要求的数量与日期交货；但有的供应商说只能在 6 月 20 日交货；有的甚至更晚，比如在 7 月 1 日才可以交货。

我们的理解是：因为有物料要晚交货，那么其他的物料无论是否及时交货，对我们来讲都是没有用的，因为是不齐套的，即使部分物料来了我们还是不能投入生产，而我们又不想额外地持有库存，怎么办？

于是，我们很自然地想到，把那些未来可能多余的物料推出去！这实际上是在做一个叫基于约束（来得最晚的物料）的重新计划的东西。我们已经预测会有缺料，那就干脆让它全缺吧。要来就都来，有一个不来的，其他的物料也就不要来了。

现在的问题是，我们仅仅考虑了新发出的 PO，并根据供应商对新发出的 PO 的承诺进行重新计划。现实情况是，我们的需求是连续的，我们在运行 MRP 时，必须还要考虑已经发出的 PO，也就是在途还没有完成交货的订单（OPO）。我们的重新计划实际上要基于在手、在途以及新补充的订单，进行综合处理。这样，问题就麻烦了：刚刚发出的订单，你要求供应商更改交货日期与数量是很容易做到的，因为事情刚刚发生 24 小时（因情况而异，你也可能给供应商比较长的时间，比如 PO 发出后 48 小时，尤其是考虑国内外的时差因素），供应商可能什么都还没有准备；但那些已经发出的在途 PO 呢？有的可能已经快要到了你 PO 原先规定的交货期了，这实际上就牵扯一个 MRP 重新计划的流程问题，还有一个采购执行问题。

采购执行问题我们将在第 6 章单独去谈，这里先谈重新计划的问题。

不管是因为缺料还是因为客户的需求发生了重大变化，我们可能都不得不修改主生产计划（MPS），甚至是修改已经承诺了客户的销售订单（SO），并重新运行 MRP 以产生 MRP 重新计划，其基本流程逻辑如图 5－1 所示。

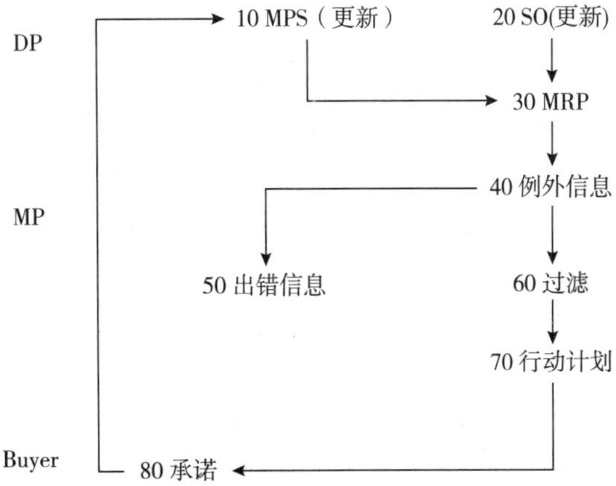

DP–需求计划，MP–物料计划，Buyer–执行采购员

图 5－1　MRP 重新计划基本逻辑

MRP 重新运行后会产生例外信息（Exceptional Message），经过必要的过滤（Filtering）形成行动计划（Actions Plan），该行动计划一般包括三种情况：要求提前到货（Pull in），要求推迟到货（Push out），或者干脆要求取消交货（Cancel）。

任何一家离散制造公司，其物料编码成千上万，每次 MRP 重新计划都有可能产生无数条例外信息，而实际需要采购去执行的信息没有那么多，这就需要过滤，从而使例外信息变成行动计划。而过滤是需要原则的，这些原则构成 MRP 重新计划流程的关键控制点，比如：

1. 时间方面

（1）原到货日期是明天，MRP 要求推迟到后天交货；

（2）原到货日期是在 n 个月之后的第 m 天，MRP 要求重新到货在第 n 个月的 m ± k 天，其中 n，m，k 都 >1，这些信息可能都不需要处理。

2. 数量与金额方面

我们都是遵循所谓的"二八原则"，或者按照 ABC 分类，那些小金额的未来库存，来就来吧，没有必要麻烦我们的采购员、供应商费事。

3. 特殊情况

通常情况下，我们认为 CPL（关键物料清单）通常不参与 MRP 重新计划，其例外信息仅供参考或是提醒作用，CPL 牵扯一个原材料的产品生命周期（PLC）的管理问题。

当我们提到 PLC 产品生命周期的时候，很多人就只是想到成品的 PLC 而往往忽视了原材料的产品生命周期管理问题，尤其是 CPL 的产品生命周期，这是需要重点关注的。道理很简单，因为当成品 EOL 的产品生命周期结束的时候，很多原材料却不一定跟着 EOL。其中，CPL 物料往往是那些用量比较大，价格比较高，可得性比较差的物料，这些物料对整体库存的影响又很大，所以，如何管理 CPL 的产品生命周期，如何设置合理的库存策略，包括下单、供应商产能预订等，就成为一个库存控制的重点。

而 CPL 的供应商往往是一些处于垄断地位的比较著名的厂家，如手机屏的主要供应商是韩国的三星等，半导体主流供应商则是高通、英飞凌等玩家。这些供应商的产能是相对固定的，产能需要提前预约，否则你就可能拿不到货，尤其是销售旺季的时候。如果说一般的物料对应一般的供应商，他可能可以完全服从你最终产品的波动，你可以做 Pull in /Push out（要求提前或推迟交付）甚至做 Cancel（取消订单），那么，对于 CPL 物料的很多供应商来讲，你这么做几乎是拿不到货的。很多人错误地认为这是采购谈判地位的问题，实则不然，这其实是一个计划的问题，或者说是一个如何下单的问题。

所以，从全面库存控制角度，对于 CPL 物料，你需要一个特殊的计划、采购流程来管控它们。关于这个问题，我们在本书的第 10 章还有进一步的论述。

5.2 CTB——清楚地知道能做多少

基于齐套率的概念，在供应链管理实践中，人们又发明了一个所谓的 CTB（Clear to Build，清楚地知道能做多少）的概念及其报告。

CTB 的输入有两个：

1. 在手库存 + 供应商承诺的未来的交付

2. MPS（主生产计划）或需求预测

如表 5 - 3 所示，还是那 16 个物料，我们增加了供应商承诺的交付日期及数量：

表5－3 物料库存及供应商承诺交付

编码	BOM用量	单价（元）	在手库存（个）	供应商承诺						
				6/6	6/13	6/20	6/27	7/4	7/11	7/18
10001	1	28.8	10000	8000	8000	2000	10000	—	—	—
10002	2	8.8	19000	—	8000	12000	—	16000	10000	—
10003	3	3.5	22000	10000	10000	18000	10000	18000	2000	20000
10004	5	2.8	39800	20000	—	—	—	8000	20000	18000
10005	8	0.8	98000	14000	4000	14000	16000	—	—	—
10006	10	2.8	198800	—	6000	—	—	—	—	—
10007	0.2	0.9	5800	20000	4000	20000	—	—	80000	—
10008	0.6	0.9	2180	4000	—	10000	—	—	—	—
10009	20	0.1	88000	40000	50000	12000	18000	—	4000	12000
10010	2	2	9000	30000	—	8000	20000	—	6000	6000
10011	6	1.6	45000	30000	—	16000	—	2000	6000	—
10012	5	1.1	31500	12000	55000	16000	—	—	—	—
10013	8	0.5	100000	300000	50000	2000	10000	2000	—	12000
10014	10	0.03	100000	80000	40000	4000	—	16000	6000	—
10015	12	0.01	100000	150000	—	4000	—	8000	2000	—
10016	18	0.01	88000	160000	300000	6000	8000	—	—	—

表5－4为未来的MPS。

表5－4 MPS

生产日期	6/6	6/13	6/20	6/27	7/4	7/11	7/18
MPS	5000	5000	5000	5000	8000	8000	8000

基于这两个输入，我们就可以产生一个输出，即CTB报告，如表5－5所示。

表5－5 CTB报告

编码	CTB						
	6/6	6/13	6/20	6/27	7/4	7/11	7/18
10001	13000	16000	13000	18000	10000	2000	(6000)
10002	9000	7000	9000	(1000)	(1000)	(7000)	(23000)
10003	17000	12000	15000	10000	4000	(18000)	(22000)
10004	34800	9800	(15200)	(40200)	(72200)	(92200)	(114200)
10005	72000	36000	10000	(14000)	(78000)	(142000)	(206000)
10006	148800	104800	54800	4800	(75200)	(155200)	(235200)
10007	24800	27800	46800	45800	44200	122600	121000
10008	3180	180	7180	4180	(620)	(5420)	(10220)
10009	28000	(22000)	(110000)	(192000)	(352000)	(508000)	(656000)

续表

	CTB						
编码	6/6	6/13	6/20	6/27	7/4	7/11	7/18
10010	29000	19000	17000	27000	11000	1000	(9000)
10011	45000	15000	1000	(29000)	(75000)	(117000)	(165000)
10012	18500	48500	39500	14500	(25500)	(65500)	(105500)
10013	360000	370000	332000	302000	240000	176000	124000
10014	130000	120000	74000	24000	(40000)	(114000)	(194000)
10015	190000	130000	74000	14000	(74000)	(168000)	(264000)
10016	158000	368000	284000	202000	58000	(86000)	(230000)

CTB 报告的逻辑非常简单：当天的库存（包括未来的承诺交付）可得减去当天的生产用量，剩下的库存结转第二天继续使用，直到出现负数——俗称“飘红（Excel 负数）”。

从表 5 - 5 我们可以看出，10009 这个料在 6/13 这周会出现缺料，缺口为 22000，因其 BOM 用量为 20，故有 22000/20 = 1100 个成品无法生产；到 6 月 20 日，我们又会出现 10004 这个料的短缺。

所以，CTB 其实就是告诉我们按照目前的生产计划，到哪天能生产多少成品，同时，CTB 输出一个副产品，那就是缺料报告（Shortage Report）。

5.3 ATP——可承诺数量

APICS（美国生产与库存）对 ATP 的定义是：The uncommitted portion of a company's inventory and planned production to support customer order promising.

中文意思：公司的库存及计划的生产中未被承诺的部分（俗称此时此刻的自由库存）去支持答复（承诺）客户订单。

我过去一直认为 ATP 是所有 MRP/ERP 软件的标准功能，直到近几年有 ERP 顾问告诉我，这个功能的实现是需要做二次开发的。我不懂 IT，但我总感觉这么简单的功能都要二次开发，无论是哪家的 ERP 都是说不过去的。

顾名思义，ATP 的主要作用是用于订单评审的时候给客户做承诺，可用于承诺客户的库存。

ATP 的典型应用场景是面向库存生产（Maketo Stock，MTS）。

ATP 首先是看客户要的成品库存有没有，其次是看未完成的工单，最后才是查原材料库存的可得，包括在手 + 在途未交付的承诺。在纯粹的 MTS 环境下，ATP 只是查看成品库存 + MPS 是否满足客户需求即可，这是基于一个假设，即默认 MPS 都是可以执行的；当成品库存 + MPS 在客户要求的期限内不能满足的时候，系统再去查原材料可得。

未来的原材料可得有两种逻辑：一是基于在 ERP 维护的供应商的实际承诺；二是默认，即只要是系统记录的原材料采购提前期 + 成品生产周期在客户要求的交付时间范围之内就认为是承诺没有问题。

我们不提倡使用“默认”去承诺客户，这对客户、对自己都是极不负责任的做法。

5.4　物料计划流程基本逻辑

其实，物料计划（MP）玩儿的就是个齐套，通俗地理解就是，尽管我的需求总是在变，但我还是希望，我需要的物料你能够保证随时供应，我不需要的你最好不要有库存，或者少点库存。

物料计划的基本逻辑如图5－2所示。

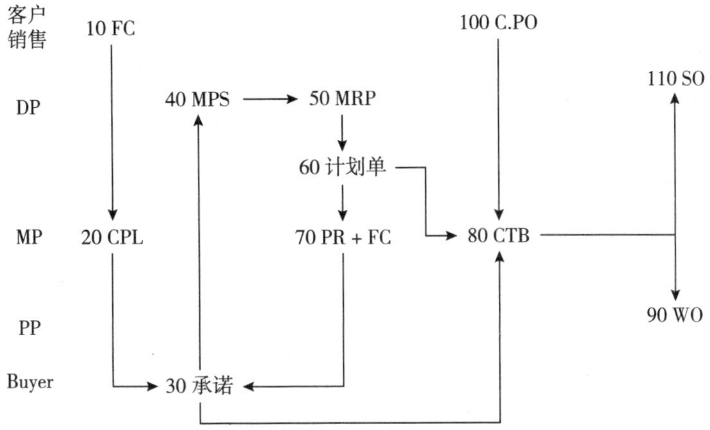

图5－2　物料计划基本逻辑图

物料计划的第一个输入往往是销售或者直接来自客户的预测（FC）。基于这个输入，物料计划员首先需要解决一个CPL（关键物料清单）可得性的问题，即万一需求就是按照预测发生了，CPL物料是否可得？什么时候，会有什么样的、多大的风险？这个问题的答案就是DP（需求计划）所需要的对MPS进行建议的输入。

接下来，通过S&OP评审，MPS形成终版，MRP一分解，就会产生新的PR＋FC（物料采购计划及预测）。PR＋FC需要他们的采购员（Buyer）转成PO＋FC去拿到供应商的承诺；基于这些承诺，物料计划员需要去检查计划单的CTB，然后决定是否安排生产，即释放并创建工单（WO）。

日常工作中，物料计划的第二个外部输入就是来自客户的订单（C.PO），即物料计划员需要根据在手库存及未来物料的可得性承诺客户新的需求，并形成销售订单（SO）。

以上过程中都有可能产生一个副产品——缺料报告。

阅读理解之一

拿不到货可能是个计划问题

很多人问我，程老师，我们是小公司，经常被那些“著名的供应商”，如三星、英特尔、松下等边缘化，下了订单却拿不到货，怎么解决这个问题？

我说，其实，即使大如富士康、伟创力、华为、TCL 等公司，在很多著名供应商那里不也是“小公司”吗？

这个问题很多人跟我探讨过，结合我过去在伟创力公司的经验以及他们的实际情况，我发现，其实很多公司拿不到货的原因，不是因为自己是小公司，也并非他们的采购不努力，而是他们的供应链计划有问题。

这也是很多公司在花巨资实施 ERP 之后，在客户服务水平、库存周转率等方面并没有根本性提高的原因，他们把所有的物料都采用“一个策略”来跑 MRP、做采购计划，就像在电子行业半导体跟包材享受一个待遇；在汽车行业，发动机跟标准件一个玩法，这自然而然会导致你的半导体、发动机拿不到货。

我们知道，通常情况下把物料分为 ABC 来管理，还可以按照不同的属性分为专用物料、共用物料、风险物料、战略物料等；同时考虑物料的可得性（Availability）等因素，我们可能还会定义出“超级 A”（AAA）的物料。我估计很多人讲的“拿不到货”都属于这个超级 A 的范畴。

如果你把超级 A 的物料计划、补货计划跟其他物料都是一个玩法，那么，无论是从原厂拿货，还是从经销商、代理商拿货，十有八九都是有危险的。

传统的 MRP 的补货方法一般是批对批（Lot for Lot），或者叫按需订货，其实就是“定期不定量”（Fixed Timing，Unfixed Quantity）的一种表现形式，这适用于大多数普通物料；订货方法里面还有几种组合，如“不定期定量”“定期定量”及混合状态下的“不定期不定量”。

我这里要讲的其实恰恰是那种被专家学者们认为“不好使”的“定期定量”法。

定期定量就是在固定的循环周期下，每次补充同样数量的库存。

专家学者们之所以认为此法“不好使”，是因为他们想当然认为这种方法只适用于物料需求稳定的情况下，而实际需求却是波动的，所以他们认为这个方法适用范围太小，不值得研究，当然更写不出论文来，因为这无法应用那些令人眼花缭乱的、一般人看不懂的高等数学，而没有这些东西，论文质量就是不高的。

其实这是因为他们没有实践经验，实际的供应链问题看起来很复杂，但正如约束理论的创始人高德拉特博士所讲，事情本身都有其“固有的简单性”（Inherent Simplicity）。超级 A 的问题看起来很复杂，解决方法其实很简单，你只要解决一个“定期定量”补货的问题就可以了。

因为你只要定期定量地给供应商下单，你的需求就是长期的、稳定的，对供应商来讲，这是天大的好事，因为它可以实现“均衡生产”（Leveled Production）。

当然，方法看起来很简单，其实还是要看物料需求的具体情况，如需求的连续性、波动性、产品生命周期（PLC）等，从而决定补货的周期、数量。同时，还要考虑能够承担的库存风险以及跟供应商的合作协议，最终做出判断，并定期检讨。

组织结构上，如果你的超级 A 物料数量比较多，总价值比较大，就需要专门的人去管理，并建立专门的管控流程。比如我在 F 公司管理手机供应链的时候，亲自从几万个物料编码里面，选出并定义了大概 30 个 AAA 物料，日常平均库存在 1 亿元左右，占我们总体库存大概 10% 的比例。这些物料的日常库存、下单、在途控制，我几乎每天都要过目，做些分析之类的工作，因为这些金子般贵重的物料的管理是不可以稍有闪失的。供应商也都是著名的企业，如 TI/ST/NXP 等；采购周期往往是上百天，一旦产生物料短缺，那就不是停产几天的事情了，可能要几周，甚至更长的时间；但是一旦产生呆滞库存，那也是灾难性的，压力之大是可以想象的，必须谨小慎微，算了又算。

总之，供应链管理过程中的很多问题，看起来是采购、生产，甚至是销售、客户、供应商的问题，其实大多是计划问题。如同一个人，大脑不灵，四肢再发达，又有什么用呢？

（2014 - 1 - 8 发表于《现代物流报》实战论道）

阅读理解之二

库存控制，干好了是应该的，干不好就是责任

有一天，广东一家客户的供应链总监给我打电话说，程老师，我想离开这家公司到别的地方去看看。

我问为什么呢？咱们的全面库存管理（TIM）咨询项目在你们那里刚结束不到两年，你把东西学到手了，有点资本了，就准备跳槽了？

他说您还真冤枉我了，程老师，我想在这里好好干，但老板不让啊！

我说你老板不是对你挺好的吗？当年咱们的 TIM 项目他也是全力支持的。

他说对的，程老师，只是，前几天一个产品突然 EOL（产品生命周期结束），客户大幅砍单，产生了 600 多万元的呆死库存，包括 OOO（在途呆死库存）里面的 200 多万元，一共就这么多，我们本来以为做得够好的了，结果呢，还是被老板罚了款，整个供应链管理部被罚款 6000 元，我个人掏了 3000 元。

所以，我说，你就感觉委屈了？就想走？

他说是啊，程老师，原先遇到这种事儿（产品突然挂掉）产生个几千万元的呆死库存也没啥大不了的，顶多就是罚我个两三千的，现在呢？经过咱们的项目训练，连我们老板都明白了，客户砍单仅仅是产生呆死库存的表面现象，而不是根因（Root Cause，又称真因），所以啊，现在我们的库存控制水平是越来越高了，老板也是越来越明白了，我们的罚款也就越来越多了。

罚款肯定是不对的，我说，我一直在跟你们老板讲，取消罚款，不要搞负激励，要正向激励。你不奖励，不涨工资，不给人家升职，这本身就已经是惩罚了，为啥还要从人家兜儿里往外掏钱呢？结果他非要说人家 HW 的任总还自己罚了自己 100 万元呢！

是啊，程老师，老板那个人就那么倔，他说，关键是人家任总不差那点钱，可我们

差啊！我被罚了款还不敢让老婆孩子知道，只好从每个月那点零花钱里面抠啊！以前还能偶尔陪您抽个大中华啥的，现在全是芙蓉王啊！

我说兄弟我完全能理解，我个人也自始至终地认为，罚款对人的工作积极性打击是巨大的，任总也罚了自己和团队的款，但这并不能表明他这么做就是对的，尽管现在大家都在向他们公司学习企业管理。

如果罚款能解决问题，那还要“管理”干什么？

我说咱们分析过你们以前那些动不动就几千万元的呆死案例，你们的款也罚了，但似乎并没有找到呆死库存产生的真正原因。大家都把责任往客户、销售身上一推，罚款一交，然后这事儿就这么过去了！

他说，可不就是这样吗？程老师，但那时候感觉还好，毕竟那是眼睁睁看着的几千万元呆死库存，谁不心痛？所以个人被罚点款也可以接受，但现在呢？呆死库存的数量级都不一样了，咋还罚呢?！想不通！

我就说，兄弟啊，谁让你是吃供应链管理这碗饭的呢？干我们这一行的，干好了是应该的，干不好，那就是责任啊！

你说几千万元呆死库存你看着心痛，那几百万元不也是一样？我们为什么不去多想想能不能做到几十万元乃至几万元的呆死库存呢？

这次产品突然挂掉，因此产生了600万元呆死库存，看起来比以前改善多了，但是，你们有没有从3P1M的角度做进一步的分析、研究？难道这次你们做的就那么完美，一点问题也没有？

他说，那倒不是，程老师，所以我有好几个手下跟我说过不止一次，咱们多亏不是在程老师手下打工，否则那还不得被他折磨死？

呵呵，我说，兄弟，我说的意思是，从几千万元降到几百万元的呆死库存，你不要指望着有人会来表扬你，甚至感谢你，干我们这一行的，你要学会自我安慰，你要告诉自己，这就是进步！而且还有很大的进步空间！你跟弟兄们再努努力，争取把每次产品EOL的呆死降低到更低的水平，这对自己、对团队都是一种巨大的成就感。

也是，程老师，他说，我们到现在还清楚地记着您给我们做的那个“流程、责任与自豪——供应链管理人员的职业发展”的演讲，您提到供应链管理人员的最高荣誉就是“No Surprise（没有吃惊）”“让大家（客户、供应商、同事……自己）平静、幸福地生活……”。

我说，那你还考虑要走吗？

他说，那……我再考虑考虑吧。

（2019－1－5发布于程晓华全面库存管理博客）

阅读理解之三

是你在紧张还是“MRP紧张”？

在分析供应链放大效应（Bullwhip Effect，长鞭效应）的时候，专家们给出了六种解释：一是需求的连续修正，说的是供应链末端的需求经过原始设备制造商（OEM）、零部件供应商、原材料供应商的层层修正，最后可能会变得越来越大；二是订货批量决策，也就是我们要谈的“MRP紧张”，意思是由于MRP是分段、分批补货，这样也可能导致供应链的放大效应；其他几个原因为价格波动以及短缺博弈导致的放大效应，还有就是库存责任失衡和应付环境变异。

我们在这里重点谈一下第二个方面：MRP紧张，即MRP的分段、分批订货到底是如何导致供应链的放大效应的呢？

美国生产与库存控制协会（American Production and Inventory Control Society，APICS）把这种紧张定义为系统紧张（System Nervousness），其定义如下：

The characteristic in an MRP system when minor changes in higher level (e. g. , level 0 or 1) records or the master production schedule cause significant timing or quantity changes in lower level (e. g. , level 5 or 6) schedules and orders（摘自APICS Dictionary），中文意思是：这是MRP系统的一种特性，当高层（指BOM层次，如第0或第1层）需求或MPS项目发生微小变化的时候，就会导致底层（如第5或第6层，取决于产品复杂度，作者注）需求的排程及订单在时间或数量上发生显著变化。

特别是在“Regeneration MRP Environment”（再生MRP环境），也叫Total Plant MRP（全厂MRP）下，MPS随随便便一个小的改动就会导致无数条交易（Transaction）记录的重新产生，因为在这种运行环境下，MRP需要重新做所有BOM的层层爆破分解及库存扣减，直至最底层的独立采购项目，也就是上面提到的第5或第6层，从而产生无数的重新计划信息，这本身就是MRP系统的一种“紧张”。

在这种“系统紧张”本身就客观存在的情况下，如果你再在BOM的不同层次设置“安全库存”或“损耗系数”，就会导致紧张基础上的放大效应：不同层次的安全库存会被层层加码放大，具体可以参考下面的例子：

假设某公司A产品的计划BOM层次为0~6层，每层BOM用量都是1个，假设每层设3%的安全库存，其MPS在某一时段的需求为100个，那么，按照这种设置，MRP运算完之后，最底层的需求为$100\times(1+3\%)^7=122.99$个，这是一种人为制造的放大效应。

接着，如果修改该时段需求，从100变为105个，重新跑MRP，这时候，最底层的需求变为$105\times(1+3\%)^7=129.14$个，比原先的需求增加了$129.14-122.99=6.15$个，也就是说，第0层的需求只增加了5个，但是最底层（6）的需求却增加了6.15个！放大效应被进一步放大！

如果再考虑在某一个或几个BOM层次设置“批量生产”或“经济采购批量”，那么，这种放大效应就会进一步加剧！

但接下来的问题就是，MRP 紧张本身是客观存在的，因为这是由 MRP 本身的设计逻辑决定的，但这个紧张要起到破坏性的放大作用，其前提是因为设置了不同层次的安全库存或批量采购策略，否则 MRP 再怎么紧张，这个放大作用在理论上也不会产生。

究其原因，不是系统在紧张，是“人在紧张”，供应链管理，一半是技术，一半是管理，就是这个意思：

（1）为什么要设置安全库存？是因为你怕缺料、怕超损、怕这个、怕那个……越怕就会越紧张，越紧张就越会做错事。

（2）为什么要置“批量生产”“经济采购批量”？是因为你一厢情愿地认为这样可以提高设备利用率或者降低采购价格，但可能忘记了“买得便宜用得贵”这个道理。

（3）即使你不紧张，没有设安全库存，有人也会紧张，比如你的供应商，因为 PO 一旦发出，那就是一个确定的指令，供应商就得严格按照你要求的日期、数量准备交货，因为你要考核他的 OTD；为了满足这个及时交货率，他可能准备一定数量的成品、半成品及原材料的安全库存，这又回到了专家们谈到的第一条——需求修正。

（4）需求从 100 变成了 105，是不是就一定要重新跑 MRP 呢？肯定的回答是“不一定”！因为谁也不能保证零库存，你这稍稍一改，整个供应链可能就混乱了，会产生无数条重新计划信息，本来不紧张的环节，可能就变得紧张了。

也许有人会说，把 PO 采购变成 VMI 模式，这个问题不就解决了吗？

没那么简单！

如果说 PO 采购还可以看出你的紧张程度的话，若改成 VMI 模式，那么，你的紧张程度都无法衡量了，那就更乱套了！

VMI 不是随便玩的，玩好了，大家都有好处，玩不好，那就是缺货、停线，加呆死库存！那么，是否有办法来解决或者至少缓解这种供应链的放大效应呢？

前面说了，不是“系统在紧张”，是人在紧张，只要人不紧张了，放大效应也就可以慢慢地消除了。

（原稿写于 2007 - 3 - 5，二次修改于 2018 - 2 - 12）

阅读理解之四

15分钟掌握12个极简统计学分析方法

——玩好一二三四五就能上山打老虎

我的新书《全面库存管理数学分析》于 2022 年 1 月上市后，很多读者反馈说“看不懂”。这件事一直搞得我很郁闷，但我也很理解，其实很多人，也包括我在内，上大学时的 3 门“高等数学”（高等数学、线性代数、概率与数理统计，一般工科生的必修课，在这里，包括在我的书里统称“高等数学”）可能都没有学好，光去应付考试了，考完了也就完了，根本谈不上应用的问题，尤其是工作时间一长，除了会算个平均值之外，其他的都还给老师了。

但是，从事供应链管理工作，尤其是做最核心的供应链计划管理，必须跟数据打交道，要不断地分析数据，挖掘并提炼其背后可能存在的有价值的信号，必要的时候，还需要我们自己用 Excel、R 语言等工具做一些简单的统计预测，这就不可避免地要用到一些“高等数学”的知识，尽管很简单，但是，你必须熟练掌握，达到熟能生巧的程度。

如果《全面库存管理数学分析》让你感到头疼的话，我建议你先耐着性子，结合 Excel，花个十几分钟的时间，把我这篇文章看完，如果你能产生一些兴趣，就可以继续去读我那本书，学到更多的实用数据分析工具和方法论，但如果你连这个都没有兴趣，甚至连这个东西也搞不懂，那书不读也罢。

我们小时候都知道的一首儿歌，叫“一二三四五，上山打老虎”，我们这里就用 y =（1，2，3，4，5）这组数来举例，我相信，你如果能够真正搞懂这个一二三四五，你就真的敢上山打老虎（玩供应链数据分析工作）了！

我们假设这个 y =（1，2，3，4，5）是某个公司过去 1 ~5 月，即 x =（1，2，3，4，5）的出货量，这里的 x 代表时间、期间，y 代表期间出货量。

我在这里一共列了 12 个小问题，代表 12 个数学公式及数据分析方法论：

1. 过去 5 个月的出货（算术）平均值（average / mean）

这个问题很简单，估计 99.999% 的人都会算，答案是（1 +2 +3 +4 +5)/5 =3，对应的 Excel 函数公式是 average（）。

但是大家不要小看这个简单的算术平均值（简称均值）计算，这是你对客户需求做到心中有“数”的第一步，这也是我的书第一章反复强调的内容——平均值很重要。

按照我个人在供应链管理领域管人、管事的经验来看，如果你不看电脑、手机，随口就能说出你所负责的某个产品、仓储单元（Store Keeping Unit，SKU）或者型号，每周大概的平均需求，你就基本上做到了心中有“数”，有个大概的数。

你可以马上用这个“平均值”测试你周围的人，结果可能会让你很失望！

2. 截尾（0.2）平均值（trimmed mean）

知道这个截尾平均值的人会有多少呢？我心里不太有数，因为，如果不是学习 R 语言，我以前也不知道有这么个东西，所以，我相信很多人也不知道［我这是在做“极大似然估计”（Maximum Likelihood Estimation，MLE)，《全面库存管理数学分析》第 4 章的内容］，尽管很多人都听说过它的应用，类似“去掉一个最高分，去掉一个最低分，大 S 的得分是……”。

这个定义在供应链管理中也是很有用的，比如在评估客户历史需求的时候，我们可能人为地去掉那些看似不正常的极大值、极小值，至于比例，你自己决定，Excel 公式是 trimmean（），其中 trim 本身有修剪的意思，mean 其实跟 average 一样，都是平均值的意思，至于为什么在 Excel 里面它不是用 trimaverage（）来做这个表达式，我们就不得而知了。

我们这个例子 y =（1，2，3，4，5），数据量很小，数据本身也很整齐，无论是 trim =0.2 还是0.1，0.3，0.4，结果都是3，但如果你把那个5换成6，再试一下这四个比例，它们的结果就不一样了。如果你感兴趣的话，可以模拟更多的数据看看这个公式到底表达了什么意思。

3. 中位值（Median）

顾名思义，中位值就是处于序列中间位置的那个值，在我们这个例子中，一共有5个数，3就是那个中位值，因为它前面有“两个哥哥”，后面有“两个妹妹”，它是老三嘛！

中位值的 Excel 公式是 median ()。

我的理解，这个中位值还有保持“中立”的意思，不管“哥哥妹妹”怎么胡闹，它还是它，永远保持不变。它不像算术平均值 average，属于墙头草，“哥哥妹妹”一闹腾，它也跟着折腾，所以它才有个外号叫“被平均”。比如，你把这个12345改成12346，中位值还是3，但平均值就从3变成3.2了。所以，很多时候，我们宁肯相信中位值，因为这个平均值不太靠谱。

比较理想的情况是这个中位值和平均值是一样的，或者大小差不多，这样的数据结构分布比较好，甚至可能就是正态分布。

4. 四分位差（Interquartile Range，IQR）

在分析一组数据、一个时间序列的时候，我们通常可以把数据平均分成4段，这样每段数据占总数据个数的25%，估计“四分”就是这个意思，而“四分”之后，自然就是“五裂”，也就是4段5个点，而这5个点我们可以分别命名为 Q_0、Q_1、Q_2、Q_3、Q_4。Q_0最小（min），Q_4最大（max），其他几个分别处于25%，50%，75%的位置，如此一来，那个 Q_2就是老三。

所谓四分位差（Interquartile Range，IQR），就是 $IQR = Q_3 - Q_1$，在我们这个12345的例子里，$IQR = Q_3 - Q_1 = 4 - 2 = 2$。

在 Excel 里面有一种图形叫箱型图（boxplot），其原理就是 IQR。

5. 异常值（Outlier，最小异常值、最大异常值）

所谓异常就是不正常，而正常与不正常是相对而言的，既然是相对而言，那就得有个相对的尺度，这个尺度就是最大异常值及最小异常值，范围内的叫“正常值”，范围之外的则是异常值。

这个范围定义为：大于 Q3 +1.5IQR 或小于 Q1 -1.5IQR

针对我们的例子 y =（1，2，3，4，5），最大异常值就是 Q3 +1.5IQR =4 +1.5 ×2 =7，最小异常值就是 Q1 -1.5IQR =2 -1.5 ×2 = -1，也就是说 y 里面没有异常值。但如果把5换成8，则8必是“异常”，感兴趣的读者可以用 Excel 套一下那个公式试试看。

需要搞清楚的是，这个异常值跟第2个问题提到的截尾均值里面的“截尾”部分不是一个概念，被“截尾”掉的数值不一定是“异常值”，而异常值则应该是被截尾的对象。关于这个结论，我自己并没有进行过严谨的数学论证，但大家不妨选择一些奇妙的数字，然后用 Excel 模拟验证一下。

6. 方差（Variance）

顾名思义，方差就是“差的平方”，统计学上的方差是指一组数中的每个数减掉其平均值之后差的平方的平均值。

回到我们的举例：y＝（1，2，3，4，5），其平均值是3，y－3之后的差为：（－2，－1，0，1，2），差的平方为（4，1，0，1，4），其和为10，其平均值为10/5＝2或10/(5－1)＝2.5都可以，表现在 Excel 公式中，一个是 var. p（），var. s（），其中的 p、s 分别代表总体、样本的意思。在实际应用中，哪个都可以，因为它们是反映数据的相对离散程度，不同的数组之间只要用同一个公式进行计算并对比衡量即可。

7. 标准差

直接对方差开根号就得到标准差。针对我们的例子，可以得到的标准差就是根(2)＝1.414或根（2.5）＝1.581，或者用 Excel 公式 stdev. p（）、stdev. s（）计算标准差，两个结果都可以。

这个标准差其实就是传说中的σ，一个σ就是一个标准差。如果你认为需求分布符合正态分布，均值±1σ就能覆盖68%左右的数据分布，均值±2σ覆盖95%左右的数据分布，均值±3σ覆盖99%左右的数据分布；如果你不认为需求分布符合正态分布，那就是随机分布，但没有关系，即使这样，均值±2σ也能覆盖75%左右的数据分布，均值±3σ也能覆盖89%左右的数据分布，这是根据马尔可夫不等式（《全面库存管理数学分析》第三章的内容）得出的结论。

8. 需求波动率

标准差除以算术平均值就是波动率，统计学上叫变异系数（Coefficient of Variation，CV）。这个 CV 对于我们分析客户或市场需求非常重要，是需求分类的重要指标之一。

针对我们的12345，其需求波动率为1.414/3＝0.471或1.581/3＝0.527。

同样，这个需求波动率是相对而言的，不同产品或者同一产品来自不同的客户、不同的分销中心，其需求波动率可能是不一样的，在《制造业全面库存管理》里面，这个波动率被用来做 XYZ 分类。

波动率也是衡量需求聚集效应的一个非常直观的指标，被合并了的需求的波动率小于合并前单个需求的波动率之和。

9. 一阶差分值（Difference）

所谓的一阶差分值就是一组数内部相减，老二减老大，老三减老二，减到最后即可。很简单，我们的例子得到的一阶差分结果就是（1，1，1，1）。

一阶差分的意义是什么呢？

还是针对我们的例子，y＝(1,2,3,4,5）是一条斜线，而差分后的序列（1，1，1，

1）则是一条水平的直线。从供应链管理角度，你是喜欢你的客户给你的需求是斜线呢还是近似水平的直线好一些？

从统计预测角度，不言而喻，水平的直线更好预测一些，因为需求相对平稳。只是需要大家注意的是，统计学上讲的“平稳”可能跟大家想象的不太一致。这个平稳的英文单词是 stationary，它是指需求的移动平均值相对稳定，尽管一定期间内的需求可能是起起伏伏的，但这个需求并没有明显的上升或下降的趋势，这就是“需求平稳”，它跟“稳定”不是一个意思。

10. 需求的趋势函数（trend function）

针对时间轴 x =（1，2，3，4，5），出货量 y =（1，2，3，4，5）的函数表达式是什么？

我们可以用两种方法得到结果：一是用 Excel 作折线图，添加趋势线，选择“线性”，显示公式，我们得到 $y=x$；二是在 Excel 里面用 index［linest（）］求出 $y=ax+b$ 中的 a 的值为 1，$b=0$。

函数与方程思想是数学思想宝库的重要组成部分，供应链管理也需要一些函数与方程思维（有关这部分，包括后面两个知识点的详细内容，大家可以参考《全面库存管理数学分析》第六章）。

11. 需求函数的一阶导数（derivation）

需求函数是 $y=x$，其一阶导数就是 $y'=1$，如果你跟上面的第 9 个问题联系起来看，就会发现，这个一阶导数跟一阶差分值是相等的，都是 1，这是为什么呢？

道理很简单，不是很严谨的理解，无限差分就是微分，微分之后即可求导数。无论是一阶差分还是这个一阶导数，都是表示需求的增长速度。

12. 预测第 6 期的需求值

有了前面的工作，这个第 6 期，即 6 月的需求预测就很简单了。我们可以用 3 种方法来完成这个统计预测：

第一，差分预测法：根据第 9 个问题点，我们得到的差分序列是（1，1，1，1），是一条水平的直线，那么，很自然地，我们就“趋势外推”，运用差分的方程 $y_6-y_5=y_6-5=1$ 求得 $y_6=5+1=6$。

第二，利用趋势函数：$y=x$，当 $x=6$ 的时候，$y=x=6$

第三，利用一阶导数：我们知道该函数的一阶导数就是代表着需求增速，而这个值是 1，那么，同样地，我们用 $y_5+1=y_6=5+1=6$。

当然，简单省事的统计预测方法还有平均值法，即 $y_6=3$ 或者干脆取上一期的值作为下一期的预测，即 $y_6=y_5=5$。

除此之外，你也可以考虑用移动平均法，包括我在一篇文章里提到的“自然加权平均法”来预测 6 月的需求。

但是，无论哪个预测结果，还是那句话，对于统计预测，你信则有之，不信则无。

综上所述，我相信，绝大多数的读者都可以弄懂这12个知识点，但是，从弄懂到运用，再到轻松驾驭，可能需要一个过程，你必须下点功夫才行。所以，不要小看这个12345，弄好了，你一样可以用它去打老虎！你甚至可以认为，这就是《全面库存管理数学分析》的极简版本。

（2022-6-12发布于程晓华全面库存管理咨询订阅号【ITOOTD】）

阅读理解之五

TIM咨询案例：SY汽车电器公司的物料计划挑战

SY汽车零部件有限公司成立于2008年，是集研发、制造和销售汽车用起动机、发电机和新能源驱动电机一体的高新技术企业。

该公司在供应链管理方面的主要挑战：

（1）主要客户大都是汽车厂、柴油机厂等强势客户。

（2）主要客户的业务模式基本是走“寄售”（Consignment）。

（3）给客户补货基本上是“被动式”补货，“时间短、任务急”。

（4）由于是“寄售”模式，放在客户那里的库存经常被“无理由退货”。

（5）还有30%左右的销售额来自国外几家大客户。

多年来，该公司库存周转率一直徘徊在4~5，2016年年底，全面库存管理项目实施半年以后，该公司库存周转率历史上第一次突破7，库存绝对值历史上第一次跌破2亿元，给客户承诺的及时交付率从62%提升到90%左右；国外客户及时交付率由2015年的80.9%，提升到2016年的97.8%，客户反馈非常积极。

该项目过程：

2015年年底先是完成两天的“制造业库存控制技术与策略”课程培训；培训结束后，该公司从当月开始成立内部项目组，首先自己整改。

2016年3月全面库存管理（TIM）咨询项目正式启动第一阶段，流程审核与数据交叉验证，时间为一周，共审查、验证大大小小68个问题。

2016年5月开始项目第二阶段，针对第一阶段发现的问题，我们进行了流程、组织架构、ERP与KPI优化设计，时间持续两周，共修改、优化3个层次、20个流程，包括6个日常运营管理流程、7个技术支持流程以及运营策略设计与维护方面的6个流程。

该公司经常遇到类似以下的问题：

你怎么处理这个订单？客户经常说的一句话就是：你（供应商）自己看着办！

2018年3月10日，销售部突然接到某客户一个意向订单，要某型号发电机3000台，每台价值大约3000元，要求在3月31日之前全部交付。

该型号发电机为此客户专用机型，零部件最长采购周期45天，其历史销售数据如图5-3所示。

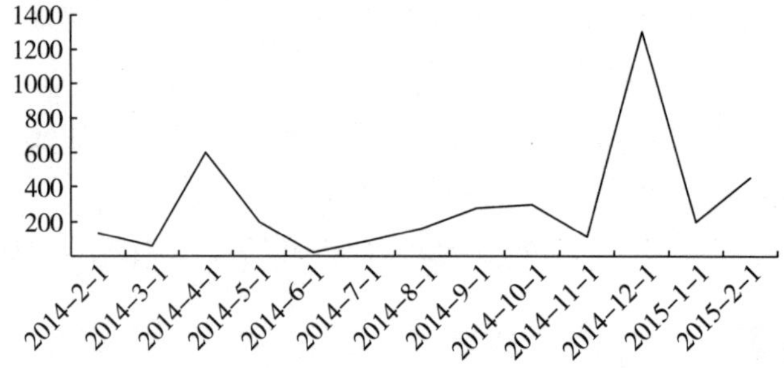

图 5-3　某发电机历史销售数据

问题：

◆ 如果你是该公司供应链总监，你会做出什么样的决定？告诉客户没问题？

◆ 采购部门要不要开始着手准备物料？为什么？

◆ 如果要准备，应该如何准备？

针对该公司经常遇到的挑战情形，并结合该公司的 SAP 实施情况，我们在供应链运营管理策略方面重点强化了以下几项：

（1）S&OP 销售与运作计划流程，坚持每周例会，销售由被动参加到主动参与。

（2）物料分类管理流程，尤其在半成品分类管理方面，充分利用不同半成品的共用度特性，制订不同的生产与库存策略。

（3）MRP 策略方面，则是针对不同客户的不同业务模式，对国内业务实施 SAP 40 策略（具有最终组装的计划，Planning with final assembly），国外业务实施 SAP 52（按库存生产和最后组装进行计划）策略。

应该说，TIM 项目在该公司的实施还是比较成功的，如果再坚持固化个一两年，该公司的供应链管理水平很有可能成为行业标杆，国内外客户的积极反馈就是很好的证明，只可惜，后来该公司搬迁至河北某地，人员青黄不接，骨干流失严重，TIM 项目也就终止了。

该公司 TIM 项目的经验教训是，项目组成员一定要有后备力量，即使人走了，但是流程、组织、KPI 等还在，否则，很多供应链管理的基本定义、基本逻辑不能贯彻。虽然说“地球离了谁都一样转”，实则不然。

实战练习之一

MRP 基本逻辑

【知识点】MRP 的基本逻辑就是 1+1=2，倒过来讲：我需要 2 个，手中已经有一个了，外面还有一个 PO 没有交付，所以，我还需要买 2-1-1=0 个。

假设我们公司只有一个产品，其 BOM 结构如图 5-4 所示。

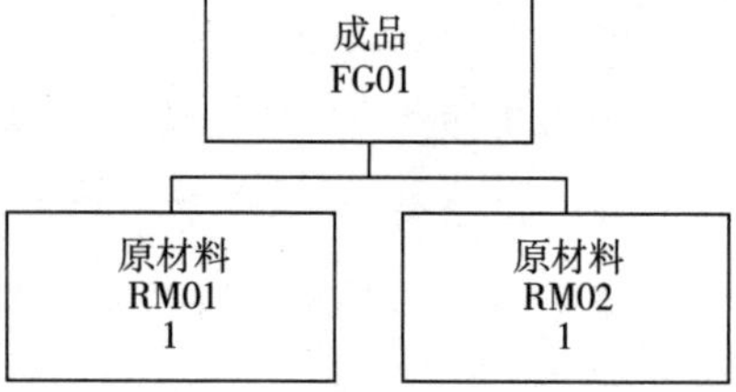

图 5-4　产品 BOM

目前 FG01 的 MPS、库存及其原材料的库存状态如表 5－6 所示，请问：

表 5－6　物料 MRP 模拟

FG01－MPS	在手	在制	在途	wk1	wk2	wk3	备注
FG01	3	1	0	10	10	10	
RM01	2		1	?	?	?	在制已投料
RM02	2		1	?	?	?	在制没投料

1. MRP 运行后，表中的？部分的数据应该是什么？

2. 假设 wk1 结束后实际出货只有 8 个，保持未来两周 MPS 需求（10，10）不变，MRP 重新运算之后通常会出现什么例外信息？

实战练习之二

物料分类 ABC/XYZ

【知识点】如果你连物料管理 ABC 分类都不知道，你要么赶紧百度，要么就转行；但是如果你不知道物料的 XYZ 分类，某种程度上是可以原谅的。XYZ 分类的依据是需求波动率，而需求波动率的公式就是历史上或未来一段时期内的需求标准差（σ）除以需求平均值（average）；如果你想了解更多，还要按照采购提前期区分的 EFG 分类，按照 BOM 共用度划分的 PQR 分类，按照物料物理尺寸大小划分的 LMS 分类以及标准件与非标件（S/NS）、PLC 阶段（NPI 物料还是 EOL 物料）等分类方法等，但常用的还是 ABC/XYZ。

请按照你对 ABC/XYZ 的理解，把表 5－7 中的物料进行分类。

表 5－7　物料分类

物料	wk1	wk2	wk3	wk4	wk5	wk6	wk7	wk8	wk9	wk10	价格	ABC	XYZ
P1	108	300	—	115	101	—	588	105	—	10	¥10	?	?
P2	58	70	61	40	48	66	46	88	55	31	¥10	?	?
P3	10	1	3	50	—	9	9	7	9	18	¥10	?	?
P4	8	9	4	7	10	6	8	11	10	9	¥10	?	?
P5	11	—	3	79	2	—	—	8	—	13	¥10	?	?

实战练习之三

物料计划的三条曲线

【知识点】所谓物料计划的三条曲线是指计划（Plan）、承诺（Commit）、实际到货（Deliver），这三条曲线永远拟合不到一起去，所以导致物料计划这个流程以及物料计划员（MP，Materials Planner）这个职位的存在是有道理的。

我们原计划有一批物料要求 6 月 18 日交付到厂，结果供应商的承诺有些是满足不了要求的，相关信息如表 5－8 所示。

表 5－8 计划及承诺分析

物料编码	供应商代	单价	Open	计划到货	供应商承诺	承诺差异	未来库存价值	占比（%）
10001	S005	$0.82	2000	6/18	6/18	0	1640	0.5
10002	S006	$0.88	8000	6/18	6/18	0	7040	2.3
10003	S003	$1.85	80000	6/18	6/18	0	148000	49.3
10004	S004	$28.87	4000	6/18	6/18	0	115480	38.5
10005	S005	$0.83	12000	6/18	6/18	0	9960	3.3
10006	S006	$0.08	40000	6/18	6/18	0	3200	1.1
10007	S007	$0.05	50000	6/18	7/1	(13)	2500	0.8
10012	S012	$1.01	3600	6/18	6/18	0	3636	1.2
10013	S013	$1.07	8000	6/18	6/18	0	8560	2.9
						小计	300016	100

你是 MP，针对这种情况，你会采取哪些措施？

（1）要求老板出面继续追料？

（2）要求 DP（需求计划员）调整主生产计划？如果供应链主管批准调整主生产计划，会产生什么后果？

（3）针对采购员的抱怨"计划员动动嘴，采购员跑断腿"，你能想到什么办法减少他们的这些抱怨？

（4）采购员抱怨归抱怨，该做的事情还得去做，问题是，作为 MP，你怎么知道（衡量）采购员做了还是没有做？做到什么程度了？

（5）如果采购员做得让你不满意，没有达到重新计划要求，你作为 MP 会怎么办？你觉得除了表 5－8 中的信息，你还需要什么信息来跟采购员谈这个重新计划成功还是不成功的事情？

（6）作为 MP，你觉得采购员应该是个什么样的定位？他们就是追料的吗？

（7）作为 MP，针对表中的这几个物料，你是否有能力评估出第三条曲线（到货）？实践中，你觉得是否需要这种评估？

第6章

库存控制与采购管理

本章基本观点与底层逻辑

1. 执行采购是供应商的虚拟供应链经理
2. 弹性交付不是以牺牲供应商的库存为代价

6.1 执行采购的两个流程控制点

在分析采购执行这个流程的时候，我们提到，供应商的承诺及时交货率 S－OTDC 以及供应商交货的灵活度 S－OTDD 是影响库存与交付问题的关键点。

我们在第 5 章中又提到，采购 PO 发出之后，可能需要对已经在途的 PO 进行重新计划，以满足客户订单的变化。

现在的关键问题是供应商是否听你的话，或者采购员如何让你的供应商听话。

在进一步探讨以上问题之前，我们先简单地分析一下采购员这个角色。

作为采购员，他们最担心的问题是什么呢？

有人说，采购员担心库存多了不好交代。是这样的吗？我们知道，一旦发现高库存，最多让采购员写一个不痛不痒的 CPAR（纠正与预防措施），然后你又能怎么样呢？库存该高还是高。况且，我们通常认为，库存是由计划产生的。

但是，一旦生产线突然因为物料短缺而停止生产，全公司的人都会知道，工人会跳起来骂人，老板也会找你的事，觉得你怎么连买个东西都买不回来？这时候采购员的压力可就大了。所以，我们认为，采购员更担心的问题不是库存问题，而是物料短缺问题，尤其是突发的物料短缺。

采购员的这种担心，具体表现在：

第一，担心物料不够用，半夜里生产线的人给我打电话（半夜“机”叫）。

第二，担心 ERP 的数据可能不准，导致我负责的物料突然出现差异。

第三，已经发出的订单在运输、清关过程中出现问题，导致晚到货。

还担心物料一旦来了，出现品质不良怎么办？补货可能是来不及的！

还担心……

人在压力下行为会变形，而行为一旦变形，库存就可能跟着发生变形。于是，作为采购员，他们可能会采取很多自己认为合情合理的措施……

比如：

◆ 让供应商提前发货：原计划 1 月 20 日交货，让供应商 1 月 10 日之前就赶紧交货；

◆ 不执行 MRP 重新计划的建议，找出不能取消的借口，也不可推迟交货，其典型表现为：明明采购提前期是 90 天，结果前两天刚下的 PO，今天就说供应商已经生产出成品库存了。

大家知道，在力所能及的情况下，供应商一般都会配合采购员的工作的，一是早发货可以早收款；二是因为大家的地位不同。在这种情况下，如果你使用了 ERP，逻辑上 ERP 是可以通过主数据的设置来控制你早交货的（Early Delivery），ERP 可以拒收你的货。但采购员们总有办法：我跟仓库搞好关系，货来了，你可以不收，但它毕竟来了啊，那就放到仓库闲置吧，反正你也不会让供应商或者货运代理再把货拉回去，更不会让那些物料放在大街上风吹日晒吧！

这让我们联想到组织行为学里一句很经典的话：有些时候，组织内部存在一定的冲突反而是件好事，没有冲突，做经理的还要故意去制造一些冲突呢。大家整天在一起工作，时间长了，关系、感情都有了，都是患难兄弟，谁还好意思去难为谁呢？

那么，作为管理者，我们该怎么办呢？

如果说，通过流程以及 ERP 的权限设置能够在一定程度上避免这种早交货的情况，那么，你怎么知道采购员没有努力去执行 MRP 要求取消、推后交货或者提前交货的建议呢？

◆ 我努力了，但我搞不定这个供应商；

◆ 不好意思，一忙我忘了这么做了；

◆ 你今天让我推后交货，明天又催我交货……我觉得这些物料我们早晚会用得着的……

因此，管理人员至少应该想个比较科学的办法考核采购员。比如，考核采购员对 MRP 重新计划执行的成功率。

我们知道，PO 一般都是分行的，我们是否可以按照每一个采购员手中 PO 的行数来看：

◆ 到底有多少行 PO 需要取消交货，你成功地做到了多少行；

◆ 需要提前交货多少行，你实现了多少行；

◆ 需要推后交货多少行，你最终推后了多少行。

以上问题举例如表 6－1 所示。

表 6－1　　采购员业绩考核

计划提前							
采购员		按行			按价值		
		总数（行）	成功（行）	成功率（%）	总数（元）	成功（元）	成功率（%）
1	P1	78	10	12.82	9600000	6000000	62.50
2	P2	100	20	20.00	1000000	380000	38.00
总计		178	30	16.85	1060000	638000	60.19
计划推后							
采购员		按行			按价值		
		总数（行）	成功（行）	成功率（%）	总数（元）	成功（元）	成功率（%）
1	P1	50	15	30.00	580000	50000	8.62
2	P2	88	45	51.14	880000	480000	54.55
总计		138	60	43.48	146000	53000	36.30

续表

计划取消							
采购员		按行			按价值		
		总数（行）	成功（行）	成功率（%）	总数（元）	成功（元）	成功率（%）
1	P1	20	9	45.00	1000000	600000	60.00
2	P2	15	12	80.00	2800000	580000	20.71
总计		35	21	60.00	250000	120000	48.00

如表6-1所示，假设我们有两个采购员P1和P2，P1手中有78行PO需要提前交货，结果他只成功地提前了10行；有50行需要推后交货，他只实现了15行；有20行需要取消交货，结果他只取消了9行的交货。

同样的道理，我们可以算出P2这个采购员的业绩：提前交货的成功率为20%（按行），推后交货为51%，取消的成功率为80%。

由此，我们就可以比较不同采购员执行MRP重新计划的情况，从而考核他们的业绩，以此来达到原材料库存控制的目的。

这种衡量和考核其实是不得已而为之，而且，实践中还会面临一种风险，即采购员为了KPI好看，可能自己会关闭PO或者修改供应商的承诺，而供应商并不知情（供应商在SRM系统承诺需求然后SRM反写ERP的情形除外）。

我们还是多帮帮供应商吧。

如果把表6-1中的P1、P2换成供应商的代码，我们是否就可以用来考核不同供应商的交货灵活度了呢？

回答是肯定的。那么，如何提高供应商的交货灵活度呢？

我们在给供应商下PO单以后，供应商需要采购、准备生产并做最终发货；供应商的供应商也同样存在着一个采购、生产、发货的过程，即二级采购。也就是说，很大程度上，供应商的交付弹性取决于它的采购、生产、发货周期以及二级采购的整个周期。如果供应商有一定的成品或者原材料储备，整个采购周期就会缩短，这样你就可能提前得到重新计划所需要的物料，但这样做的前提是你需要给供应商一个比较准确的预测。即使预测不准确，你作为客户能承担一定的呆死库存责任也可以。另外一种办法就是帮助供应商想方设法缩短生产周期，如由面向订单生产（Make to Order，MTO）的方式改为面向订单组装（Assembly to Order，ATO），这其实也是根据你的预测来做，但与前一种方法不同的是，供应商不需要建立成品库存，它只需要建立一部分半成品库存即可，这有可能在减少供应商库存风险的前提下，提高交货弹性。供应商可能不只你一个客户，也就是说，如果你取消订单的话，它的半成品可能会被用来为其他的客户组装成品。这里的关键是，如果你需求的产品在供应商那里是大路货，也就是非特殊定制的物料，理论上在供应商发货之前，你是随时可以取消或者要求推后交货的，因为这对供应商来讲不存在库存报废的风险，但会增加库存持有的成本；你如果能够在供应商开始生产之前提出取消或者推后交货，那么成功率会更高一些，也就是说，提高供应商的交货弹性，不仅是供应商自己的事情，也反映你的预测准确与否，你是否及时地进行了 MRP 重新计划。

以上我们主要谈的是采购执行这个流程里面关于供应商交货弹性的问题。在这个流程里面，还有个关键的控制点就是供应商的及时交货率。如何保证供应商的交货及时呢？

我们说，做物料、做采购的人，最大的失败就是，在谁也不知道的情况下，生产线突然因为物料的短缺导致了停线。比如，下班前，生产计划员会提前安排明天的生产计划。在找大家反复确认物料的时候，大家都会说没有问题，你就下计划吧！结果呢，生产可能会在第二天某个时候突然停线待料。一看，发现是某个物料该来的没来，问采购员怎么回事，答复往往是，早就跟供应商沟通好了的，说好了要来的……

那么，如何尽可能地避免这个意外短缺情况的发生呢？

我们想到了 CC，库存的循环盘点法，只不过这里指对在途 PO 的循环盘点，因为在途 PO（OPO）本身也是一种库存。

CC 物料盘点的原则就是保证在一定周期内，按照设定的频率，对所有的物料进行盘点，保证一个不漏。把这个原理用到 PO 的追踪上也是一样的。我们知道，一般情况下，在 PO 发出后，到货之前，采购员与供应商只沟通两次，即 PO 发出时与供应商确认交货承诺，交货期快到了，与供应商打个电话再次确认。但问题是，不同的物料，其采购提前期是不一样的，有的可能是 5 天，有的是 10 天，有的可能是 3 个月甚至更长，这本身就决定了采购的风险以及物料可得性是不一样的。PO 发出后会面临一系列的风险：你的 PO 发出以后，供应商的供应商可能会存在物料、产能的问题；供应商即使拿到了物料，自己还可能会出现产能问题；在生产的过程中，还可能存在着品质问题；货发出之后，可能还会有清关、运输的问题等。这些因素都有可能导致物料交货不及时，所以，采购追踪的过程就是一个风险的预防与控制的过程，这就决定了你必须对发出的 PO 进行周期的循环盘点，以保证 PO 在你的绝对掌控之中。这是一个很有价值的过程，早一天知道你的货可能会被推迟交货，你就会早一天去通过约束计划主动地调整你自己家的生产和交付承诺。

6.2　与供应商的呆死库存责任划分问题

我们都想从供应商那里获得好处，尤其是弹性交付方面，我们希望供应商能够“听话”。但是，我们也都知道，买的永远没有卖的精。无数的企业都在犯一个低级的错误，那就是借着自己所谓的强势地位，跟（弱势）供应商不讲道理，比如，即使是由于自己的错误而产生了呆死库存，也不承担呆死库存的责任。

这是一种非常糟糕的做法，这种恶习彻底败坏了“江湖规矩”，使得供应链玩起来越来越没有互信，越来越步履艰难。在顺风顺水的时候看不出什么大问题，但一有风吹草动，死的肯定是需求方。

我一直认为，宁肯得罪一些不讲道理的客户，也不要得罪供应商。

而要跟供应商和平共处的前提是，作为客户，你得讲道理，对供应商来讲，最大的道理莫过于合理划分并承担呆死库存责任。

下面我们以一个具体的例子来进一步探讨这个问题。

如图 6 - 1，C 公司从 S 公司采购的产品 PA 的 BOM，为了简单起见，我们设定每个零部件的 BOM 用量皆为 1 个。

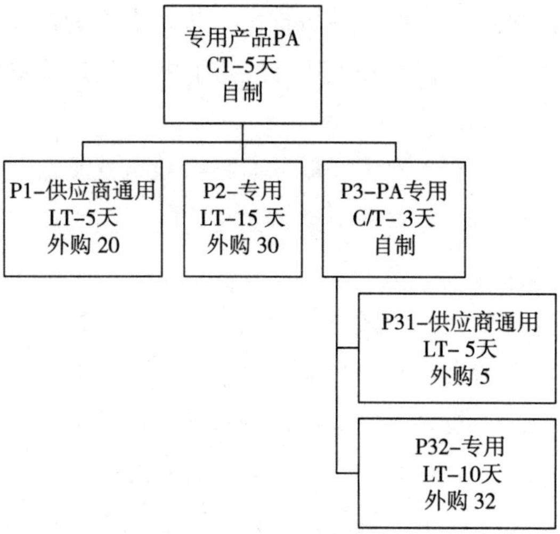

图 6 - 1　产品 PA 的 BOM

从图 6 - 1 我们可以看出：该产品 PA 是客户 C 专用，生产周期（CT，Cycle Time）是 5 天；S 需要外购 4 个零件（从图左到图右下角，分别是 P1，P2，P31，P32），其中两个是专用（P2，P32），专用采购件 P2 采购提前期（LT）最长，是 15 天；S 还需要用外购的两个零件（P31，P32）自制一个 C 专用的部件 P3。

C 公司与 S 公司合同约定的供需模式为：

（1）订单 + 预测（PO + FC 模式）；

（2）供应商面向预测采购（Buy to Forecast）备库，客户对专用物料承担采购提前期之内的在手库存及在途库存（OPO）呆死库存责任；

（3）供应商面向订单生产（MTO），客户只对成品的 PO 负责；

（4）预测是周滚动，颗粒度是周，跨度为 6 周；

（5）订单是随时下达的，要求供应商接单后必须 7 天之内完成出货。

客观上讲，我们认为这个合同约定还是讲道理的，对双方应该都是比较公平的。但即使这样，也不排除 S 公司会产生大量的呆死库存。实践中我们看到大量的案例，顺风顺水的时候，大家都好，而需求一有波动，特别是突然出现 EOL 的时候，总有供应商哭着喊着找客户买单。如表 6 - 2 所示，是 PA 这个产品的预测瀑布记录（Forecast Waterfall），该记录显示，在第 12 周的时候，C 公司的需求突然全部变为 0。

表 6 - 2　预测瀑布记录

期间	wk1	wk2	wk3	wk4	wk5	wk6	wk7	wk8	wk9	wk10	wk11	wk12	wk13	wk14	wk15	wk16
wk1	300	380	590	998	1000	1200										
wk2		529	1469	1611	472	1090	1446									
wk3			1740	880	999	1535	1789	665								
wk4				880	1200	1785	457	1163	1100							

续表

期间	wk1	wk2	wk3	wk4	wk5	wk6	wk7	wk8	wk9	wk10	wk11	wk12	wk13	wk14	wk15	wk16
wk5					1200	1880	1693	2000	1880	290						
wk6						1031	1940	1570	1899	2300	1575					
wk7							275	1406	2280	1309	1700	1633				
wk8								1692	1561	1280	1090	1582	1632			
wk9									1133	398	1367	1000	387	715		
wk10										608	508	390	200	50	80	
wk11											200	852	380	50	80	—
wk12												—	—	—	—	—
出货	200	550	1300	888	1588	1190	1288	1600	1300	1200	200					

这个时候 S 公司手中很可能有“一大堆”呆死库存。他们会责怪客户 C 公司，怎么也不提前说一声，这产品就突然 EOL 了呢？

针对 S 公司产生的呆死库存，作为客户的 C 公司应该怎么办呢？

现实中我们看到的情况大概分这么几类：

第一，C 告诉 S，所有的呆死库存责任都由 S 承担，理由是你已经赚了我们很多钱，这点事你就自己承担吧；如果你非要让我们 C 公司承担也可以，但是，明年就不要再来投标了。顺便说一下，国内的很多企业把生产类原材料采购（Production Procurement，PP）跟设备、项目等通用类采购（General Procurement，GP）一样对待，都把招投标当成了法宝，岂不知，对于 PP 来讲，招投标本身是一种破坏供应链的极端短视行为。

第二，5∶5 开，即呆死库存责任一家一半。

比较专业的情况则是 C 跟 S 坐下来谈，严格按照合同约定处理呆死库存责任，该谁承担多少就承担多少。

针对本案例，专用物料 P2 的采购提前期是 15 天，当成 3 周来看的话，我们可以根据预测瀑布记录倒推到第 9 周、第 10 周、第 11 周的需求预测。我们看到：

第 9 周的预测前 3 周需求总和为：1133 + 398 + 1367 = 2898

第 10 周的预测前 3 周需求总和为：608 + 508 + 390 = 1506

第 11 周的预测前 3 周需求总和为：200 + 852 + 380 = 1432

而这 3 周总共出货量为：1300 + 1200 + 200 = 2700

所以，C 作为客户应该承担的呆死库存责任为：2898 - 2700 = 128

我们称这种计算呆死库存责任的方法叫“最大预测法”（Max Forecast）。这种方法的一个假设是，供应商严格地履行了合同约定，严格地按照预测来买料。但实际情况是，S 可能还有大量的 P2 砸在手中。

这种情况下，C 作为客户已经仁至义尽了，剩下的呆死库存垃圾就让供应商 S 和着眼泪自己去吃掉吧！否则，它的供应链管理水平永远不会提高。

针对这种现象，2014 年我写过一篇文章叫《从三国人物看企业产品生命周期管理》，里面写到，“诸葛一生，六出祁山，尽管每次都是以‘撤退’（而不是失败）告终，但每次撤退，无论是什么原因造成的，都能做到井然有序，圆满退出战场。第四次撤退途中还顺手设伏兵，把魏国名将张郃给干掉了。这就是 EOL 做得好！有计划、有步骤、按部就班地撤退，退而不败，有水平”。

也就是说，那些供应链管理水平差的公司，看起来很能打硬仗，尤其是产品需求上量的时候，他们敢打敢拼，脑力不足体力补，靠加班加点、累死累活也能把市场需求满足了。但一遇到需求下降的时候，他们就束手无策了，这就叫不会撤退。

那什么叫供应链呢？

你和你的客户，客户的客户，你的供应商，供应商的供应商，大家是真正的命运共同体，必须共荣辱、同进退，其中任何一个环节掉了链子都有可能产生巨大的灾难。

那些只会打冲锋而不会撤退的供应商必须淘汰。当然，这里的前提是，你作为人家的客户，必须是客观的、公平的，尤其是不能强行逼着供应商取消订单。

6.3 业界恶习——调料与 PO 权威性问题

理想很丰满，但现实却很骨感。

由于客户对你不讲道理，你回过头来就欺负你的供应商，理由是，客户就是这么对你的。如果说呆死库存的责任处理问题直接影响了供应商的利润，那么业界的恶习，“调料”问题就直接掐死了供应商的现金流。

什么叫“调料”呢？

简单点理解就是给供应商下了 PO 却不让供应商按照 PO 上的时间和数量出货，直到供应商接到所谓的“调令（调料计划）”为止。

竟然还有公司无耻地说，这叫“按需调料”，甚至还称之为“业界最佳实践”。

但是，即使这样欺负供应商，这些公司的库存周转率及客户服务水平并没有提高，反而比业界标杆公司差得很远，这又是为什么呢？

仔细想想，道理不难理解：这种所谓的调料其实是一种掩耳盗铃、自欺欺人的做法。

我经常问这些公司的人，如果你是供应商，接到了这个 PO 又不让你出货，同时，又不知道什么时候才能接到调料计划，你会怎么办呢？做还是不做？做的话，做多少？啥时候开始做？闭着眼做？

更关键的是，那个调料计划一来就是急的！今天下令，恨不得马上就得出货，作为供应商，你怎么办呢？我得到的回答往往是，这是供应商的事情，他们必须得配合我们的需求。

他们甚至反问我，如果我按照 PO 进货了，我的客户不给我那么多单，我怎么办？我又问他们，对待高通、三星之类的供应商，你们也在跟他们玩调料吗？

这个时候他们就都不吱声了，这本身就说明，他们骨子里还是残存着一点羞耻之心的。这就是俗话说的，老太太吃柿子，专拣软的捏。

这种“调料”的恶习普遍地存在于业界，简直顽固不化。

调料的最终结果是毁掉了你的供应商，毁掉了你自己的供应链，毁掉了你自己的竞争力。为什么呢？

调料最大的危害就是让自己的公司丧失了在供应链计划方面的能力，一旦出现需求的风吹草动，公司毫无反应能力，长此以往，这个公司最终将被毁在这里。

这并非危言耸听。越来越多的供应链管理领先的公司已经认识到，供应链的计划能力是一个企业区别于竞争对手的核心能力，这在快消行业体现得尤为明显，典型的案例如宝洁与沃尔玛的协同计划、预测与补货（Collaborative Planning，Forecasting & Replenishment，CPFR）。

要解决调料问题：

第一，这个问题必须引起公司 CEO 及高管们的重视，从思想上真正地认识到调料的害处。

第二，摒弃那些鼓吹调料的人，尤其那些还企图把调料 IT 化的人和咨询公司。

第三，基于物料分类（如 ABC/XYZ 等），根据不同的物料属性，实施不同的采购与库存策略：要么是真正的 PO 模型，要么是 PO + FC（订单 + 预测），要么是正规的 VMI/JIT，尽管，VMI 也不是随便玩的。

6.4 关于执行采购流程的审核点

从第三方审核的角度，对于执行采购这个流程，我们还需要注意以下几个问题：

1. 供应商绩效评估与奖惩

一般的公司都会有一个供应商的业绩评估流程，这是供应商关系管理（Supplier Relationship Management，SRM）很重要的一个环节。一般公司的供应商评估无非是运用 QCDS（Quality - 质量，Cost - 成本，Delivery - 交付，Service - 服务）方法，这没有什么问题，问题的关键有两方面：一是 QCDS 是否有客观、原始的数据源？二是即使评估结果没有问题，在对供应商的奖惩问题上，如采购份额的改变等，到底谁说的算？有没有一个内部协同机制？

2. 商品分类流程、依据、责任人

商品分类管理也是采购管理的一个重要组成部分，企业必须有一个流程来指导商品分类。一般的商品分类依据是季度花费、可得性或者技术依赖度等区分四象限（战略、重要、一般、瓶颈等）。根据不同的商品分类，企业可以制定不同的采购与库存策略，并将之固化到 ERP 新系统。

3. 采购提前期缩短计划

采购管理不仅是下单追货的管理，其增值的地方是如何跟供应商合作，降低采购成本，缩短采购提前期。企业需要一个相关的流程来监控这个过程，并持续改进。但这并不意味着可以随便缩短采购提前期，实际情况是，除非你跟供应商的业务模式发生大的变化或者供应商的生产工艺产生了革命性的改变，否则采购提前期很难有大的改善。

4. 供应链透明度——客户库存 vs 供应商库存

供应链透明度是指供应链需求与库存的可视化问题，需要关注的问题是：企业发布需求（预测、PO 等信息）或者跟供应商共享需求信息的渠道是什么？企业是如何知道客户、供应商库存信息的？

5. 关键供应商、独家供应商（Sole vs Single）识别流程与日常管理

企业是如何识别关键供应商的？企业是采用独家供应商策略还是多家策略？为什么？独家供应商的风险是如何管控的？

6. 关键物料（CPL）的识别与管理流程

从采购管理的角度，采购部门如何从供应市场识别潜在的关键物料，并对之进行管理。比如，采购部门对不同的商品种类，根据各种信息判断它们的价格与采购提前期走势，从而识别自己公司所用的物料里面，哪些可能是潜在的关键物料。

7. 缺料预防与日常管理、逐级反馈机制

采购部门的主要职责不是天天忙于追料，而是怎么预防缺料。作为企业的关键部门，采购部必须建立一套程序化的机制来防止物料短缺的产生。当然，在实际生活中，物料的短缺可能防不胜防，关键的问题是，一旦发现要出现物料短缺，怎么系统化地做出快速反应，这是关键。

8. 采购与供应链风险管理流程

供应链的风险管理已经成为现代企业不得不越来越重视的部分，尤其是近几年来频繁发生的地震、海啸、地区冲突等，使得风险管理在供应链领域变得更加迫切。供应链管理风险分为外部风险及内部管理风险。作为一个企业，必须有一个流程来定义、区分这些风险，并建立紧急预案反应机制。

9. AP 加权平均周期 vs 实际周期

AP 就是 Account Payable，就是给供应商的应付款。许多人可能会奇怪，这应付款的周期跟库存控制有什么关系呢？

应付款周期越长，供应商的配合度可能就会越低；供应商配合度越低，你所得到的服务，如及时交付、交付灵活度可能就会越低；你得到的服务越差，产线停产或者呆滞的风险就会越大，库存可能就会越高；你的库存越高，现金压力就会越大；现金压力越大，你给供应商付款周期就会更长！

最终是个恶性循环。

6.5 谈谈 VMI

提起 VMI（供应商管理库存），似乎每个人都懂，因为大多数的企业要么“被

VMI”过，要么逼着供应商做过“伪 VMI”，至少是道听途说过这个东西。

理论上 VMI 是个好东西，实践中 VMI 绝非传说的那么简单或那么理想。

在做进一步讨论之前，我们先通过一张图来看一下到底什么是 VMI。

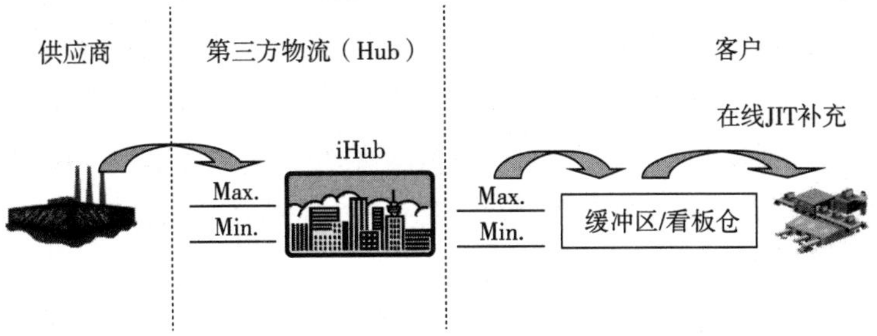

图 6－2　标准 VMI 形式

我个人认为，标准的 VMI 至少形式上应该如图 6－2 所示：

第一，这是三方的事情，供应商、客户，还有第三方物流（3rd Party Logistics Hub，3PL Hub）。

第二，有清晰定义的界线（物权转移，Title Transfer），供应商与 Hub 之间，Hub 与客户之间。

信息流及逻辑上，VMI 要做到以下 13 条（至少）信息的交换，如图 6－3 所示。

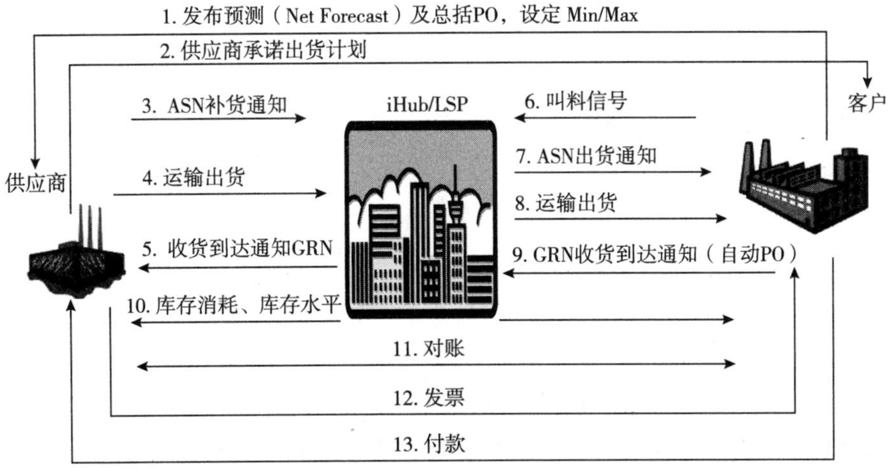

图 6－3　标准 VMI 信息流及逻辑

信息流的及时性、有效性、准确性是 VMI 实施成功的基本保证。

以上是我们先给大家一个 VMI 的基本概念。

现在聊聊现实中 VMI 的利与弊。

关于 VMI 的好处，专家学者们已经有了无数的论述，但坦白地讲，我认为很多论述都是无关痛痒的，对于指导制造业的库存控制没有太大的实际意义。如有专家说，

VMI 的最大好处是彻底改变了传统的库存管理方式，把传统的由需求方对库存的管理，完全交权给供应商去管理，似乎供应商得到了多少便宜；甚至有专家在讲 VMI 是供应链管理条件下的最好的库存管理方式，由此产生了排斥传统库存控制方式的无数理由。

其实，VMI 并没有像大多数没有实际工作经验的专家学者们所讲的那样：

第一，需求波动太大的物料其实是不适合做 VMI 的。需求波动率越大，Min 的水位就越高，库存产生呆死风险的概率也就越大，供应商的库存持有成本就会越高。

第二，并不是所有的企业都可以实施 VMI，恰好相反，大多数企业做不了 VMI，因为不懂得怎么补货。VMI 的每次补货其实都是个“小 S&OP”的过程，而大多数公司其实并不具备 S&OP 流程的运作能力。

第三，VMI 做不好还不如不做，要么是缺料，要么就是呆滞，你想得到好处，就需要承担风险。

第四，VMI 在给整车厂、整机厂带来好处的同时，并没有给零部件厂商带来多大的库存降低。

实践中，我们发现，很多所谓的 VMI 合作，其实大多是打着 VMI 的幌子在欺负供应商，我称之为“伪 VMI”。

伪 VMI 的具体表现为：

第一，补货的主动权不在供应商那里，相反，这个权利还是控制在客户那里，供应商还得紧张地按照客户的指令生产与补货，VMI 供应商承诺的不是 Min/Max，而是客户的预测或要货指令。

第二，一旦产生账龄、呆滞库存，客户方往往无条件退货，因为这是个 VMI，尽管库存是由于客户方导致的。

第三，技术上，VMI 三方没有实现 IT 无缝连接，供应商无法实时看到自己的库存状态及消耗情况，直到财务对账或月结的时候。

第四，很多 VMI，其库存不是放在第三方 Hub，大多数直接放在客户的仓库里，这样很容易导致物权转移职责不清晰，一旦发生危险，如火灾、盗窃等，供应商往往“颗粒无归”，因为缺少第三方专业操作及监管。

当然，现实中还有其他很多稀奇古怪的做法，我们在这里不再列举。

在这种情况下，VMI 的供应商怎么可能得到什么好处呢？

其实 VMI 的本意是好的。我们知道，传统的 PO 采购模式是只有供应商得到了客户的 PO 单，才开始准备生产。当然这并不是问题，问题的关键在于，客户给的采购提前期往往可能小于你的原材料采购加上生产周期，这就有可能导致你紧张，而一紧张就有可能多准备原材料库存或者成品、半成品库存，于是库存的放大效应也就产生了。而 VMI 是告诉你一个需求的大体范围（Min/Max），由于这个范围的建立，你不需要随时准备应付客户的紧急需求，从而提前准备大量的原材料、成品、半成品库存，你只要按照 Min/Max 把库存控制在一定范围内即可。这实际上是给了你一个“喘息”的机会，可以从容地安排生产与发货。我想这可能也是那些专家学者们理解的“把库存控制权交给供应商”的好处吧。

另外，通过 VMI 模式的建立，客户的需求与库存的实际消耗变得可视化了。你要控制 Min/Max 的多少，就必须知道客户未来的需求预测以及当前库存在 HUB 里面有多少，这样你就可以做到心中有“数”，不至于盲目地建立额外的库存。可惜的是，在实践中这些好处因为种种原因都被抹杀了。

据我个人观察，那些逼着供应商做“伪 VMI”的企业，他们自己内部的需求与供应链管理流程体系都没有整合明白，哪里有能力、有资格去整合外部资源？所以，我对我的 TIM 咨询客户的建议是，首先必须尊重 PO，其次是 PO + FC（订单 + 预测），最后是考虑对合适的料、合适的供应商逐步实施 VMI。

阅读理解之一

不要随便玩弄采购提前期

2014 年下半年，我连续审核、培训了几家制造业客户（含包装、电子制造、汽车零部件及重工等行业），发现了一个共同的问题，大家对采购提前期（LT）的认识普遍存在着很大的误区，有的简直就是在玩弄采购提前期。

大概来讲有以下几个方面的问题：

（1）采购提前期不是来自供应商的询价单（Request for Quotation，RFQ），而是由采购方自己估计的。

（2）强迫供应商缩短采购提前期。

（3）ERP 系统尽管采用了供应商 RFQ 里面的采购提前期，但被随意修改，供应商修改了采购提前期，但采购方也不更新系统。

（4）价格与采购提前期分离。

以上问题的共同特点是，不尊重供应商的采购提前期。理由往往是，买个东西还需要这么长的时间？或者压根儿就不明白，价格与采购提前期是联系在一起的。

首先，采购提前期不是凭空产生的，山东人有句话，“吃碗面条儿还有个先来后到呢”，说的就是个采购提前期问题。

正常的采购提前期是指从采购下单（PO）到某地交货的时间，具体取决于交付条款（Delivery Term），到底是 EXW、FOB 还是 DDU、DDP，同样是 20 天，各有所指，中间是有差异的，具体细节大家可以参考相关国际贸易术语（INCOTERM），这里不再赘述。

从下单到交付到某地的时间，一般包括供应商的生产及物流时间，有的还包括供应商的采购提前期，这要看你跟供应商的采购业务模式是什么。

总之，采购提前期是一个客观存在，并非采购方说是多长就是多长，更不是你想多长就是多长。

很多企业一直在想方设法缩短供应商的采购提前期，这个想法没有错，但你应该清楚，这不是随随便便的事情，更不能强迫。

采购提前期还受该类商品需求淡旺季的影响，所以我们经常看到一些特殊的商品，在旺季的时候，供应商往往会主动提出延长采购提前期，这是供应商负责任的一种表现。

不尊重采购提前期的后果往往是，要不就是物料短缺，要不就是呆滞库存的产生。当然，这并不是说，采购提前期就一定是供应商说了算，作为采购方，这里面还有个对采购提前期确认的过程，这也很关键，这也是采购管理流程的一部分。

最后，给大家出个题目，你自己看看是否“买得便宜，用得贵”？

某元器件，年用量预测为 100 万个，A 供应商报价 US $5.00，采购提前期 30 天；B 供应商报价 US $4.98，采购提前期 40 天，问，你最终决定买谁的？或者你给谁的采购份额应该更多一些？

（2014－11－14 发表于程晓华 TIM 全面库存管理博客）

阅读理解之二

不要随便玩弄采购订单

2014 年 11 月，我写了一篇文章《不要随便玩弄采购提前期》，当时写此文的初衷是，在我审核的制造业客户当中发现了一个比较普遍的现象，就是大家都不太尊重供应商报来的采购提前期。

更有甚者，某大型制造业的人告诉我，他们公司请了几个供应链管理专家在推行供应链改善，其中最重要的一个措施就是逼着那些采购提前期长的原材料供应商缩短采购提前期，从而减少库存，提高供应链反应速度。

他说他尽管不是做供应链管理出身的，但总觉得这是个问题，他问我怎么看这个问题。

这些年不尊重采购提前期、不尊重采购订单、不尊重供应商的现象比比皆是！具体表现就是，给供应商下了 PO，但是不让人家出货，早晚等着他去调料，至于什么时间“调”，不得而知，直到明天的确要生产了，今晚才告诉供应商：赶紧的！

政府提出要保护产业链、供应链的安全和健康，并于 2020 年 7 月颁布了《保障中小企业款项支付条例》。其中规定，货款不得超过 60 天。

其实，对于绝大多数供应商来讲，应收款仅仅占用其现金流的一部分，或者说，这仅仅是看得见的一部分。对于大多数处于弱势地位的供应商来讲，爆仓的库存才是耗费其现金流的最大部分。

有人跟我说，我们也不愿意这样啊，但是，我们的客户就这么跟我们玩的啊！我们也只好跟供应商这么玩嘛！

这的确是根源之一，即有些龙头企业的做法本身极为不妥。

那么，导致企业不尊重采购订单的另外的根源是什么呢？那就是企业本身的问题了，具体说来就是，由于这些企业本身的供应链管理能力弱而导致的一种对供应商极端不负责任的行为。

（2020－11－28 发布于程晓华全面库存管理咨询订阅号【ITOOTD】）

阅读理解之三

交付弹性不是通过牺牲供应商的库存来实现的

很多人一提到交付弹性，首先想到的就是让供应商备库存，然后自己再在成品、半成品方面弄点缓冲或者安全库存，以为这样就可以实现所谓的弹性交付了。

这是对交付弹性的误解，因为交付弹性不是通过牺牲库存来实现的，至少不完全是。现实中我们看到的现象是，库存越高（周转率越差）的企业，其客户服务水平（交付弹性）越差。

交付弹性，又称交付灵活度，简单理解就是指供应商对客户不断变化、波动的需求能够灵活应对的能力；说大了点，就是如何以供应链核心企业为主，构建集成的敏捷供应链（Agile Supply Chain）管理体系。

但一提到“敏捷供应链”，很多人就会说，这个题目太大，专家学者们搞了太多理论性的东西，大家都觉得很难实现。

我们不去研究那么大的东西，我们专注于交付弹性本身。

交付与库存，库存与交付，从来都是一个问题，所以交付弹性离不开库存。所以，有人又马上想到了 VMI，说是通过 VMI，这个问题不就解决了吗？

我有一个客户的新任供应链总监跟我说，程老师，你搞啥“全面库存管理”？还搞了那么多的流程，做了那么多的数据分析，有啥用？让我们所有的供应商都给我们做 VMI 不就完事了吗？

我对他说，你对供应链管理其实是通了九窍，还有“一窍不通”。

任何理论、做法都有其一定的适应范围或者叫局限性，VMI 也不例外，并不是所有的物料、所有的供应商都能做 VMI 的。

VMI 做不好的结果就是，搞死供应商，搞死自己，搞死你的客户，整个链条就会崩溃。但现实中确实有很多企业“被 VMI”或者做成“伪 VMI”了，这是他们的“商业模式”问题，我们不去多谈。

我个人的经验总结是，要想提高交付弹性，主要是要先搞好自己的两个能力。

第一，流程能力。我讲的流程能力不是指生产流程，是指企业供应链管理流程。我总结了 10 个供应链管理的关键流程（见本书第 4 章阅读理解之一），这是我给制造业客户做全面库存管理审核、优化设计，乃至第三阶段“重复检讨、持续改善”的基础。

在这些年的全面库存管理审核实践中，我发现，很多企业其实不需要刻意地去搞什么“弹性交付”，只要他们把这十几个流程的关键控制点抓住了，夯实了，弹性交付就不成问题了。

比如，最简单的“库存数据准确性”，很多企业做不好，这与执行循环盘点的流程有关，也与物料评审流程有关（如物料状态悬而未决，不知道可用不可用），也与我总结的第七个流程，生产计划与控制流程有关。

库存数据不准确，跑出来的MRP结果没人敢信，即使做VMI/JIT，供应商也不相信你发布的预测，你哪来的弹性交付？

保证库存数据的准确性是供应链管理最起码、最根本的能力要求，这个都做不到，其他的就不要谈了。

再比如，我提到的第五个流程，“T&C——合作伙伴（客户、供应商）合同与执行”。在有些客户那里审核，我就发现，他们跟供应商签订的合同、协议条款（Terms & Conditions，T&C）不清不楚，尤其是库存呆滞责任方面，硬性规定供应商必须备多少库存，一方面，你的目的是“弹性交付”；另一方面又没有在合同里面规定你自己必须承担的责任，怎么可能实现呢？供应商听你的，是因为他怕你，但你要知道，买的永远没有卖的精，你看得过来吗？

再说S&OP流程，连起码的产品生命周期（PLC）分析、管控都没有，你的主生产计划（MPS）都不知道是怎么来的，“大概、可能”是销售让你怎么弄，你就怎么弄，完全是“被动供应链”，怎么实现给你客户的弹性交付？又如何让你的供应商给你弹性交付？

第二，组织能力，主要体现在我提到的第一个流程审核中，“ORG——组织结构设计与优化、关键流程审批矩阵与ERP系统安全”。

在审核客户的组织架构过程中，我发现存在着五花八门的问题，其中比较典型的问题是：

（1）角色职责规定大而空，让人无所适从。比如，有个客户在对物料计划员的职责描述中，几乎每一行都提到“确保”“保证”“必须”……听说这还是国内某著名咨询公司给做的，我认为这是提要求、喊口号，不是职责。

（2）责、权、利不统一，一个简单的例子就是，我是库存计划员，但我没有（在ERP系统）看价格、成本的权利。

（3）不同岗位之间的职责、权限没有有机地串起来，各自为政，没有形成供应链。

凡此种种，导致企业的供应链管理做不到令行禁止，客户需求稍有风吹草动，整个团队立马乱成一锅粥。什么弹性交付啊？能以巨大的加班追料、加点生产为代价，把货发出去就不错了。这是组织能力问题，但组织能力问题往往是流程能力有问题。

组织能力还牵扯组织内部的个体能力问题，如供应链的主管们、计划员、采购员们，他们个人的经验、理论水平等，但这些不在我审核范围之内，道理很简单，如果一个企业的供应链管理组织、流程能力都有了，剩下的事情，只要肯学、肯干，都好办，就是怎么样“重复检讨、持续提高”的问题了。供应链管理不是什么高科技，难的是怎样通过流程、组织、IT 等，把各个节点、节点上的人和事串联起来，形成一个集成的体系。

（2016 - 4 - 10 发布于程晓华全面库存管理博客）

实战练习

一个典型的风险采购导致呆死库存的案例

【编者按：风险采购，俗称“风采”，英语叫 Risk Buy。既然叫风险采购，那就一定有风险。唯一不同的是，不同的人，在不同的组织，运用不同的流程体系，可能导致不同的风险（结果）而已；本案例尽管来自汽车零部件行业，但仔细研究就会发现，各行各业，其实都有它的影子。】

SunR 公司给 GW 的 A 款汽车供应电子零部件 PK，在 2020 年下半年前后拿到 GW 提供的四版全年预测（主要用于备半导体等长周期物料），同时 GW 滚动更新 N + 4 需求给零件商，N 是下个月的正式订单，用于生产成品，“4”是用于备原材料。2020 年 11 月底 GW 提供了 N + 4 之后，SunR 为了预防因代工厂春节前后工人流失造成缺货断供，SunR 的计划员小段做了风险备货申请，也就是建议直接给代工厂下 3 个月的成品 PK 的订单（2020 年 12 月至 2021 年 2 月），要求代工厂在春节前完成生产交付到三方库。

但在 2021 年 2 月份底，GW 因 A 款车型亏本突然宣布停产，尽管 SunR 公司也及时叫停并取消了代工厂那边的剩余订单，但至今仍然留下了 3000 台左右的成品呆滞，价值 90 万元左右。呆滞料索赔工作艰难漫长，尽管 GW 没有对 SunR 的成品呆滞提出异议，但 4 个多月过去了，也没有给出赔偿方案，只是告知他们将尽量继续装车来消耗这些成品（实际中的困难是通知停产后还得考虑其他零件商是否能供应相应数量的部件）。

下面是 SunR 公司计划员小段针对本案例的一些说明：

（1）因公司 ERP 中 PR（采购计划）都没上线，当前 PR 都是在 OA 上走审批，难免流程有漏洞，但这是由 COO、CFO、CEO 一致审批通过的，而且销售也赞成风险备货，所以小段认为风险备货在流程上是没有问题的。

（2）GW 公司从 2020 年 7 月到 11 月先后给的四版预测都一直呈上升趋势，但 GW 整车销售出现亏损（因半导体等电子料现货溢价）不是突发的，GW 如果有意向停产，至少可以在 2020 年某个时间给供应商释放信息叫停备货，而不是在 11 月还增长预测，然后在 2021 年 2 月说因亏损突然 EOP（End of Production，结束生产）。这是信息流的不对称造成的库存浪费，也可以说是我们的销售没能及时获取重要信息。

（3）当时的情况是 2 月缺货的风险远高于呆滞的风险（没有人会预料到来年突然

停产），而且计划员小段也确实意识到备货就会有呆滞风险，所以要求销售与GW确认，做备货后如果产生呆滞库存，呆滞成本需要GW承担。而从销售（Johnson Chen）在OA的回复来看，销售只是在猜测，即使短期库存高，全年仍然可以消耗，也就是说“理论上不会有风险”，且销售只是口头跟GW沟通，没有邮件往来留下证据，给索赔造成被动。销售显然是有些大意了。

SunR新上任的CEO对这些成品呆滞极为不满，质疑小段当时为什么会提风险备货申请，为什么在没有看到GW给销售邮件确认的情况下敢于备货。

小段表示不能接受领导的上述观点。

计划员就应该去挑战销售给的预测，但是销售跟客户间沟通是否到位这难道也要计划员来监督吗？小段申请的PR已经完全走了内部合法流程，对外交流中留下证据这种事销售应该更敏感。退一步讲，即使GW不同意承担呆滞成本，小段还是会提风险备货，因为计划员面临的风险是双向的，不是多就是少，不是早就是晚，当时的情况就是缺货风险远高于呆滞风险（在对GW有停产意向毫不知情的情况下）。CEO显然仅仅根据结果来判断之前的决策合理与否。但做计划不是碰运气，不能因为面临小概率的潜在风险就不能做决策。

接下来我们通过OA的记录来查看整个事件的详细过程：

2020年11月20日，计划员小段针对其给GW公司配套的PK产品在其OA系统提交风险采购备库申请：

（1）要求数量是9800台。

（2）其中包括12月的需求5000台（有客户订单）要求12月15日之前入第三方库。

（3）剩余4800台属于2021年1～2月的预测需求，要求在12月底之前全部入库。

（4）风险备库理由：为应对1～2月春节期间供应商产能紧张，建议12月正常备货，1～2月按GW公司的预测进行风险备库。

（5）计划员同时提请销售与客户沟通确保这4800台即使在2021年客户需求下降的情况下也要消耗掉这些备库；并请相关部门在12月15日之前与客户沟通确认是否有EC（设计变更）风险。

接下来是某位领导的批示：春节期间供应商产能紧张是事实，请支持。

然后是销售的答复：逻辑上应该这样做；即使由于客户排产原因产生适量呆滞，按照与客户2021年的订单，也应该能消耗完，理论上没有风险。

最后是OA显示：有6人已经同意，但现在其中4人已经离职；抄送5人，其中3人也已经离职。

问题：

1. 针对这个案例，如果让你来调查这件事情，你能够想到哪些问题？

2. 这些问题都与哪些流程有关？

（2021-7-28发布于程晓华全面库存管理咨询订阅号【ITOOTD】）

第7章

库存控制与生产管理

本章基本观点与底层逻辑

1. 生产是供应链的内部供应商
2. 过量生产“罪大恶极”
3. 记住那个简洁优雅的 n 不等式

7.1 解析一个案例：老虎咬天，无处下口

我们在分析生产计划以及生产执行流程的时候提到，成品、半成品的缓冲库存量是整体库存控制的一个关键；我们还知道 FKR（库存齐套率）的概念。如果现在有 100 万元在手原材料库存，最终却连一台成品都做不出来，原因就是你的库存是不齐套的。

基于这个道理，我们想，如果我们多做一台成品作为缓冲库存，假设这台成品的物料成本是 10 万元，我们可能付出的库存代价要远远超过 10 万元。比如你的库存齐套率是 50%，那么就相当于，要生产一台物料成本为 10 万元的成品，可能要付出 20 万元的库存代价，这个计算当然不是很严谨，但至少可以说明，我们要做一台成品，所付出的库存成本的代价肯定不单单是一台成品的物料成本。

我们先来看一个案例：D 公司是东北地区的一家非常著名的民营建筑机械公司，产品主要有水泥输送泵、挖掘机、塔式起重机、铺路机等；公司成立于 1990 年，近几年来发展速度非常快，产品系列迅速增多，员工也由成立之初的几百人发展到今天的几千人；公司于 2000 年开始实施 ERP，是世界排名前几位的 ERP 系统，但直到现在也不是很成功，主要表现在：

公司现有独立编码的原材料大约 60000 种，但是常用的也就 40000 种左右，成品物料编码 80 多个。

公司在 2004 年 1 ~8 月销售额为 40 亿元，到 8 月底在手库存总额为 25 亿元；其中原材料库存大约占 40%；半成品库存占 40% 左右；成品库存占 20%；还有在途库存大约 5 亿元，主要是主机等关键进口料件。

库存管理非常混乱，包括 WIP（车间在制）在内，动态库存数据准确性不到 50%。

生产计划全是手工，生产计划及时达成率不到 50%；最让公司计划人员头疼的是主生产计划（MPS）经常受到公司高层的干扰。为了拿到客户的订单，公司老总从来不去考虑产能问题，导致无法承诺交货时间，为此，客户投诉越来越多，造成公司员工的压力非常大。

MRP 无法运行，采购订单每月由采购员根据月底盘点数据自己计算，自己下单，每月批量下单 1 ~2 次，有紧急需求的情况下，则是随时下单补货。

2004年由于受到国家宏观调控影响，基建规模缩小，银行紧缩银根，这对公司的现金周转更是雪上加霜，公司领导终于开始关注库存问题了，董事长亲自下令，要求计划、采购、财务人员必须在未来3个月之内把库存降低50%，理由很简单，我们每个月的销售额大约5亿元，3个月之后就可以将原来的25亿元库存降到15亿元；公司的相关管理人员感到很为难，有种“老虎咬天，无处下口”的感觉。

问题：

（1）你认为D公司未来3个月内降低总体库存50%的目标是否可以实现？为什么？

（2）针对D公司的现状，你认为应该如何着手控制库存的继续膨胀？

（3）公司发展到今天这种状态，你认为可能的原因是什么？

这个案例经过了无数次的课堂辩论，尽管学员来自不同的行业，有信心做到3个月内降低总库存50%的人总是有的，但是，我与大多数人一样，对此没有足够的信心。

下面我们抽丝剥茧地分析这个案例：领导的要求是目前库存25亿元，每月可以实现销售额5亿元，所以3个月后，库存是可以降低50%左右的。领导的理由很充分，即 $25-3\times5=10$。因此，大家有以下几方面的考虑。

1. 考虑成品库存。既然每个月可以实现大约5亿元的销售额，我们手中的这 $25\times20\%=5$ 亿元成品总是可以销售掉吧？但问题是，未来3个月的客户需求是否就肯定是我们手中的这5亿元的成品库存呢？我们不知道，但我们可以肯定的是，既然我们有80多种成品，我们的成品库存就不一定是客户正好需要的，客户也可能会产生新的订货。当然，为了消化老库存，我们可以采取一些促销措施，如打折、型号改装等。但到底能够起多大作用，我们也不得而知。

2. 看半成品库存25亿元 $\times40\%=10$ 亿元，有人说先把这些半成品齐套起来，但问题是如何知道这些半成品到底短缺哪些物料呢？由于其库存数据不准确，没有人知道到底短缺哪些物料；而且有些半成品时间放得长了，很多物料、部件可能早已发生设计变更，你需要对半成品上的零部件逐一做实物清点，否则根本就不可能齐套采购。尽管从长远来讲，必须这么做，但在3个月之内要完成这个工作，几乎是不可能的。公司的实际情况是，由于谁也不知道真正的库存齐套情况，只要有了底盘、发动机，他们的生产计划就会下达，组装到了半途，一旦发现了缺料，这些半成品就会被放到车间的某个角落，然后接着干下一台。时间长了，也就没人管了。更大的问题是，如同成品库存一样，你费了很大的劲儿好不容易把这些半成品做成了成品，它们是否就是未来3个月客户所需要的产品呢？相信是没人知道的。而且在这个恶性循环的过程中，还会发生原材料库存的放大效应问题：车间物料越是短缺，车间生产的压力就会越大；车间的压力越大，物料计划、采购员等被盲目跟催的压力就越大，如此周而复始，进一步加剧了物料短缺，陷入恶性循环。我们说了，人在压力比较大的时候行为是会变形的，而行为一旦变形，库存就会跟着变形了。在这种情况下，新的重复采购、盲目采购就会越来越严重。

3. 看D公司的原材料库存25亿元×40% =10亿元：由于库存数据一团糟，他们的采购计划不是用MRP来随时根据客户订单的变化而变化，而采取的是月底集中盘点，然后根据盘点结果来做原材料的补充计划。这就会出现以下问题：

（1）原材料可能会被不断地重复采购，相信其月底盘点结果也不会太准确。

（2）由于实物盘点只是每月进行一次，采购计划的下达与实际客户订单的变化之间就会存在严重的偏离，采购计划的变化跟不上客户订单的变化，结果可能就是采购的物料用不上，而车间需要的物料还是没有。这又会造成紧急采购的恶性循环，从而导致新一轮的库存放大效应。

因此，原材料的库存至少在短期内不可能减少，反而会不断地增加。

关于原材料的采购，大家还需要注意的一个问题是，这家公司的采购计划（PR）是由采购员（Buyer）而不是由专门的采购计划员（MP）做的。

（3）领导的问题——也是最大的问题，不断干扰MPS（主生产计划）。由于老板的干扰，计划员在下达生产计划的时候或者录入MPS的时候，并没有过多地考虑产能与物料短缺的约束，这会人为地加大对原材料的需求，从而人为地放大库存。

按照MRP的要求，在录入MPS或者承诺客户追加订单的时候，MRP给你提供了一个ATP（承诺可得）的功能。其实ATP是一个很容易理解，但是对于从源头上控制库存又是一个很重要的功能。说它容易理解，是因为在追加客户订单的时候，MRP会建议你每次检查剩余产能以及未来物料的可得性，以判断是否可以接单。但问题是，如果人为地绕过了这个功能，或者不去理会ATP的提醒，硬性录入这么多的计划，MRP只能按照你的需求运算物料的需求。这样问题就来了：有了物料，但产能可能不够，你的库存会被积压；有了产能，但是有些物料可能得不到，同样会产生库存的积压。

所以，这15亿元的成品、半成品库存是导致该公司库存失控的根本原因。我们可以认为这15亿元就是过量生产，而过量生产的“罪魁祸首”就是他们公司的老板。我们之所以用“罪魁祸首”这个词，是因为过量生产不仅放大了原材料需求，导致在库存爆仓的情况下，还需要大量的紧急采购，还导致了巨大的产能浪费，结果就是，真正的订单来了却生产不了，因为大家一直都在忙于生产“废品”。所谓的废品就是指客户不需要的东西，也叫浪费。

总之，我们认为，这个D公司的库存几乎不可能在3个月内降低50%。实际的结果是，截至2004年年底，这个公司的库存不但没有实现降低到目标25亿元，反而继续膨胀，最终达到了30多亿元的库存。当然，这是符合库存的“惯性”规律的。

什么叫库存的惯性呢？就是说，库存一旦形成，如果想降低库存，就必须允许库存继续上升一段时间，然后，在采取了有力、有效措施的前提下，才可能慢慢地把库存降低下来。

通过D公司的案例，我们重点要说明的问题是：

（1）成品、半成品缓冲库存量的多少是生产这个流程的关键控制点，我们必须认识到库存齐套率这个内部的放大器对库存的放大效应，特别是过量生产带来的库存恶性循环，如紧急采购、重复采购、盲目采购等。

(2) 销售与主生产计划的无缝连接是控制整体库存的一个关键，这也是销售及运作计划流程（S&OP）要起的作用。但问题的关键也往往是这里，没有几家公司的 S&OP 流程是有效的，其中的关键原因就是，要么公司董事长、CEO 不重视、不参与，要么就是瞎指挥，就像该案例中的这位老板。

(3) 本案例中的一个很突出的问题就是 D 公司的库存数据不准确。我们也相信，大多数公司的库存数据最不准确的地方一定是车间在制（WIP）。

那么应该如何控制 WIP 及其库存数据准确性呢？我们可以运用两种不同的控制逻辑：

第一，推式（Push），简单理解就是发料到生产工单。推式方法理论上是成立的，甚至是完美的，但在实际应用中问题却很多，几乎是不可能实现的。原因是推式的理论基础或者假设是“一单一清”，即完工一单，生产报工、物料消耗等都要清理一次，尤其是剩余原材料必须盘点、退仓。

这在理论上是没有问题的，这也是那些成本会计企图搞清楚生产成本的一个重要的想法，而且很多公司的 ERP 实施都是这么做的。但是，理论上越是完美的事物，它被修剪、抽象得就越厉害，也就是说这种模式越是偏离实际。道理有三：

一是不同产品或不同工单间共用物料的存在。如图 7－1 所示，3 张工单（WO）存在着 3 个共用物料（B1，B2，B3），它们在逻辑上是按照 BOM 用量及计划的工单数量被发到了各个工单号上，但是实物呢？到了车间就分不清了，串料、混用不可避免，直到这个产品不做了，或者这些物料不再被使用，问题才有可能暴露出来。这里之所以说“有可能”是因为管生产的人可能会把黑手伸向原材料供应商。

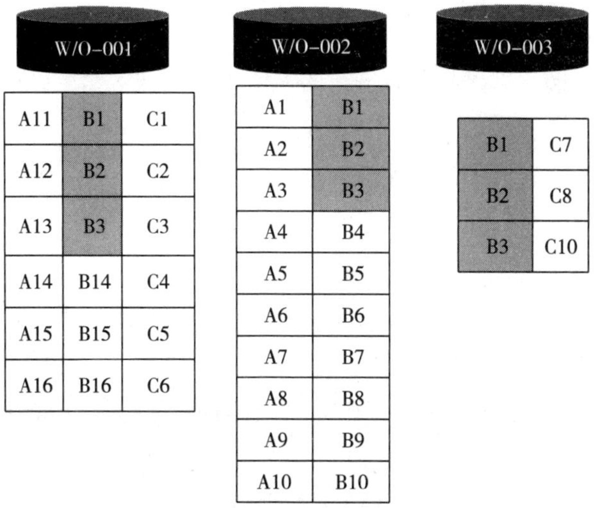

图 7－1　推式模式发料到工单

二是生产损耗。100斤面粉做不出100斤馒头，除非加水。无论什么行业，生产过程中都是有损耗的，尽管有正常与非正常损耗之分，但损耗总是客观存在。这就意味着BOM用量为1的某个物料，尽管有库存100个，却不一定能够支持完成100个成品的生产。那怎么办呢？要严格地完成这100个产品的工单，你不是还得去仓库领料吗？

三是最小包装（Minimum Package Quantity，MPQ）问题。假设某个物料的BOM用量是1，但MPQ是1500，那么，要完成一个10000的工单，投料只能是7×15000=10500。工单完工后，剩下的物料就必须退仓，否则就不能做到一单一清。理论上应该剩余10500-10000=500的库存，但实际上，大概率事件是，剩余库存不可能正好是500，因为有损耗；另外，无论是否有损耗，要退仓就必须盘点。但是，考虑到批量生产的连续性问题，一单接一单的连续生产以及错综复杂、数量庞大的共用物料及其替代关系，要完成这些清理WIP（在制）、盘点、退仓、稽核差异等大量不增值的工作，在实际生产过程中几乎是不可能做到的。

第二，拉式（Pull），简单理解就是发料到车间（WIP）这类库位上，而不是绑定到工单上。Pull这种方式比较适用于连续的批量生产，尤其是面向库存生产（MTS）。但这种方式的缺点就是很难发现WIP中物料的损耗，包括正常、非正常的在线损耗以及盗窃、丢失等问题。只有当生产线停产的时候，或者在月底、季度底盘点的时候，才有可能发现这些问题，这样就有可能导致在生产过程中无计划的停线，这是很糟糕的事情。

要想提高WIP的数据准确性，除了在车间实施见缝插针的循环盘点（CC），另一个重要的手段就是正确、及时地做倒冲（Back Flush）。到目前为止，倒冲也是Pull发料模式唯一的记账方法。

倒冲的原理很简单，我发某个料到某车间、库位一共100个，完工下线的成品或半成品50个，BOM用量是1个，那么倒冲后这个车间应该还有100-50×1=50个库存。

在有车间执行系统（Manufacturing Execution System，MES）的情况下，MES与ERP可以实现无缝连接，倒冲可以是随时进行的，所以，从技术角度，倒冲的时效性应该不是问题。

关于倒冲的正确性，大家需要注意两点：

一是倒冲点的设置。倒冲点应该是在产品完工下线的地方，而不是在入库的时候，如图7-2所示。

二是倒冲的数量与是不是合格品无关。这个道理很简单，无论产出了合格品还是废品，总之你已经消耗了车间的原材料库存。

所以，无论是Push还是Pull的补充方式，都各有利弊，关键看你的生产模式、数量以及产品的复杂程度。作为一个具体的企业，你的产品、原材料、生产模式等都是相对稳定的。基于物料分类，如ABC/XYZ、物理特性等，针对不同的物料设置不同的发料方式，采取混合模式（Mix=Push+Pull）就成为一种比较好的选择。

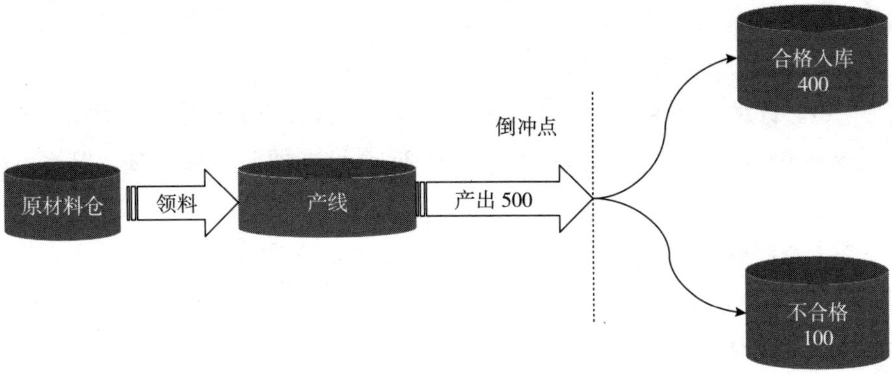

图 7－2　倒冲点的设置

不同的物料，Push 还是 Pull 可以通过 ERP 的物料主数据进行定义。

7.2　关于产能的几个定义及其计算

很多人整天张口闭口说产能不够，但当你问他，你所说的产能是指哪个产能的时候，他可能还真不知道是什么意思，只是大概说，某条产线每天产出某种产品 3000 台，最多也就是知道个每小时产出量（Unit Per Hour，UPH）之类的。

根据 APICS 的定义，我们首先需要搞清楚的概念就是理论产能，也叫设计产能，APICS 的定义为：The maximum output capability，allowing no adjustments for preventive maintenance，unplanned downtime，shutdown，and so forth.

中文意思是：在没有预防性维修、没有无计划停机、关机等情况下的最大产出。但是，我个人不是很认同这个定义。我理解的理论产能应该是类似“真空条件下的物体下降速度”，是个纯粹的设计理论值，但 APICS 的这个解释更像是下面谈到的“显示产能”的最大值。

对于显示产能，APICS 的定义是：Proven capacity calculated from actual performance data，usually expressed as the average number of items produced multiplied by the standard hours per item.

中文意思是：来自实际表现出的数据、被证明了的产能，通常用标准工时 × 单位时间产出的平均值来表示。

而针对最大显示产能，APICS 的定义是：The highest amount of actual output produced in the past when all efforts have been made to optimize the resource；for instance，overtime，additional personnel，extra hours，extra shifts，reassignment of personnel，or use of any related equipment. Maximum demonstrated capacity is the most one could ever expect to produce in a short period of time but represents a rate that cannot be maintained over a long period of time.

中文意思是：当所有的优化资源的努力，如加班、额外的人员、余外的小时数、额外的班次、人员重置或使用任何相关设备等都已经做到位的情况下，过去一段时间产出的最大值。最大显示产能意味着短时间内可以期望实现而不能长期维持的产能。

针对以上三个关于产能的定义，我们先来举例说明：

某加工中心针对某个零件设计加工周期为100秒/件，它的理论产能就是每小时产出（UPH）=3600/100=36个。在实际生产中，这36个可能偶尔会被实现，但不可能长期维持。

接下来，我们有两种方法来计算其显示产能：一是多次观测并记录每个零件的实际加工周期；二是连续观测记录UPH。

我不懂工业工程（Industrial Engineering，IE），但我想在实际工作中，观测并记录UPH可能比单纯观测每个零件的加工周期要更容易、更准确一些，因为100秒太短，随机误差的可能性更大，而UPH则是在3600秒时间内的产出。我想这也是为什么APICS定义里提到显示产能“通常用标准工时×单位时间产出的平均值来表示”。

我们连续记录了10个小时的UPH，其结果可能是：

33，35，36，30，32，31……UPH平均值为33，标准差为1.89，波动率为5.7%。

我们再来看额定产能，APICS定义是：The expected output capability of a resource or system. Capacity is traditionally calculated from such data as planned hours，efficiency，and utilization. The rated capacity is equal to hours available × efficiency × utilization. Syn：calculated capacity，effective capacity，nominal capacity，standing capacity.

中文意思是：资源或系统的期望产出能力。通常这个产能是用计划的小时数、效率及利用率来计划。公式为可得小时数×效率×利用率，也叫计算产能、有效产能、正常产能或常设产能。

我们研究的这个加工中心每天两班倒，每班开机10小时，其每天可得工时是20小时；据统计，由于每天故障、缺料等造成该加工中心平均每天损失0.5小时，其利用率则为（20－0.5）/20=97.5%；每小时产出合格率为98%，我们可以简单地认为这个合格率就是该加工中心的效率，那么这个加工中心每天的额定产能为：

$$20 \times 33 \times 97.5\% \times 98\% \approx 630$$

从精益生产及工业工程角度，我们对额定产能的计算可能还是比较粗糙的，但从供应链计划角度，这个计算大概也就可以了。

7.3 有效产能利用率的定义、数学证明及其模拟

如果百度“有效产能利用率”，你可能会失望，因为很少有人提到这个定义，即使所谓的“计划产能利用率”，你也很难百度到，为什么呢？

人们都希望“满负荷生产”，希望产能利用率越高越好，哪来的什么有效产能利用率或计划产能利用率？是的，在以生产为导向的年代，只要把产品做出来，就有人要，你不需要担心客户是否高兴。只是时代在进步，现在早已经是以客户为导向的年代了，体现在供应链管理上就是，我们对客户的需求必须说到做到，“信守承诺”就成为我们

的首要目标，这就要求我们在承诺的时候要做到心中有数。体现在产能上，我们就需要设置一个能够满足“有效承诺”的产能利用率目标，这个目标就是我们要谈的“有效产能利用率”。

我在伟创力工作期间，服务过一个生产游戏机的客户，他们一直要求我们在做产能规划的时候有“15%的产能预留弹性”；我在辅导北京一家生产汽车发电机、起动机的客户的时候，他们的 COO 是一个来自美国的汽车行业资深人士，他告诉我，这个行业原则上计划产能利用率不能超过额定产能的 90%。而我认为，这无非是客户要求供应商多准备点产能以防需求突然上升！类似的要求也出现在很多加工合同当中，特别是在原始设计制造商/电子制造业服务业（Original Design Manufacturer，ODM；Electronics Manufacturing Service，EMS）与品牌厂商的合同中更是司空见惯，所以大家也就习以为常、见多不怪了。我个人认为，即使提出这些缓冲产能要求的客户们，他们自己也是凭着想当然而已。

2021 年 1 月，一个偶然的机会，我在比切诺（英国）、霍尔韦格（英国）合著的《精益工具箱》（第 4 版）一书中读到下面的一句话：

排队理论预测，在利用率高于 70% 的时候（取决于变异情况）等待时间会急剧增加。

书中还画了一张图显示利用率与平均排队时间的关系，如图 7－3 所示。

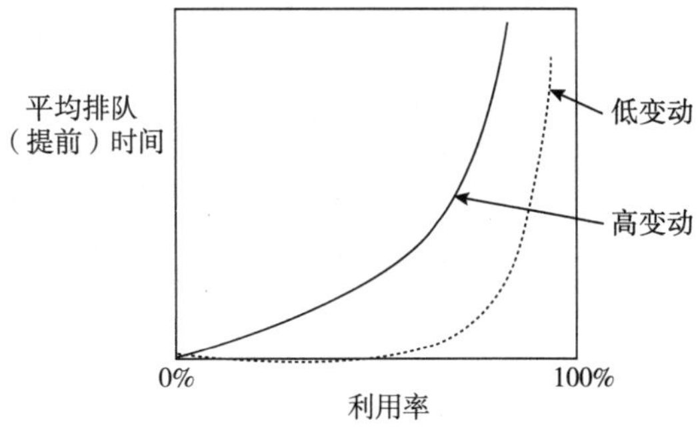

图 7－3　利用率与平均排队时间的关系

尽管在这句话的前面，作者举例说明：“人们在高速公路上的开车经验也可以证明，在利用率低的时候，高速公路上增加一些车辆不会对交通产生变化，逐步增加的话，最终，较少车辆的增加就会导致堵车。这种现象是 MRP 的致命的缺陷，它假设在利用率低于 100% 的任何情况下提前时间保持不变”。但作者并没有解释清楚这个 70% 是怎么来的，只是说“排队理论预测 70%”。

我百思不得其解，一直在思考、琢磨这个问题。直到 2022 年 7 月，经过在出差期间前前后后大约两周时间的推导、模拟，我认为，我在这个问题的理论研究上终于有所突破，这在很大程度上得益于我的新书《全面库存管理数学分析》的出版以及这两年我对 R 语言的学习。

2022 年 7 月 20 日，我把我的研究成果以文章《有效承诺产能利用率的概念、公式、数学证明及其 R 语言仿真模拟》形式发布在我的个人订阅号（TIM 全面库存管理咨询，ITOOTD）上，以下内容绝大部分来自该文章；同年 9 月，我对该研究又做了进一步的简化修改工作，这个过程得到了歌尔股份的郭慧敏先生及歌尔研究院的崔美华先生的积极支持，在此一并表示感谢。

我们现在回到《精益工具箱》中的这句话：

排队理论预测，在利用率高于70%的时候（取决于变异情况），等待时间会急剧增加。

这里的利用率是指产能利用率（Capacity Utilization Rate，CUR），等待时间是指订单或工单的生产加工等待时间。同时，我理解这里的变异是指生产制程的稳定性方面的统计指标，如每小时产出（UPH）或加工周期（CT）本身的标准差（SD 或 σ）等。

我认为要搞清楚这个问题，首先要搞明白这个70%的定义及其意义。

我的理解是，当某一条产品线或某一个系统的产能利用率（装载率）超过70%的时候，订单或工单就会出现大量积压、等待现象，甚至是大批量跳票现象，很多订单不能被及时完工，交付承诺无法保证。所以，从这个意义上讲，这个70%可以理解为"有效承诺条件下的产能利用率"（Capacity Utilization Rate of Effective Commitment，EC-CUR），简称有效承诺产能利用率。

我们可以按照作者所讲的高速路上汽车的举例做个比较简单形象的理解，如图7－4所示。

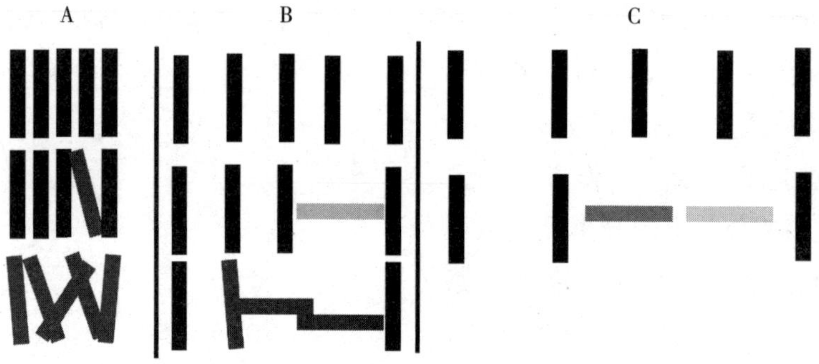

图7－4　模拟高速路上汽车间距

我把模拟分成A、B、C三种情形：

◆ A情形下，车间距很小，相当于产能利用率很高，当其中一辆车出现异常，如突然加速或减速等，都可能导致前后两辆车，乃至所有附近的车辆受到影响，甚至可能导致整个高速路堵塞、瘫痪。

◆ B情形下，车间距较大，产能利用率较小一些，偶尔出现点异常，只要大家反应迅速，问题应该也不大，但异常稍微增加，堵塞也将开始产生。

◆ C情形下，由于车间距很大，车辆很少，产能利用率很低，即使有几辆车出现问题，对整个交通的影响也是极其有限的。

我们可以简单地把上面举例中的"车间距（单位长度的路程除以单位长度内的车辆数）"等理解为生产的"节拍时间"，而节拍时间则等于每天的可得工时除以当天需要生产的订单数量。这样我们就可以把本问题转化为：

在加工周期波动率（波动率＝标准差/平均值）一定的情况下，随着产能利用率的增大，实际加工周期超过节拍时间（跳票、堆积）的订单数量会越来越多。

为了用数学公式证明这个问题，我们先定义几个概念及其缩写：

mt——每个订单平均加工周期（秒）

sd——加工周期标准差（秒）

cv = sd/mt——加工周期波动率（%），是统计学上的变异系数

at——每天可得的工时（秒）

oq——每天的订单数量（个）

cur——产能利用率

eccur——有效承诺产能利用率

tt = at/oq——节拍时间

rt——实际加工周期

ot——加工周期超过节拍时间的（跳票）订单数量

otp = ot/oq 跳票率（%）

根据以上定义，我们可知下式成立：

$cur = \frac{oq}{\frac{at}{mt}}$，其中分母 $\frac{at}{mt}$ 是可得工时除以每个订单的平均加工周期，结果就得到每天可加工的订单总量，再用实际订单数 oq 除以这个可加工的订单总量即可得到产能利用率 cur。

我们对上式做进一步转换可得：

$$\frac{oq \times mt}{at} = cur \Leftrightarrow \frac{oq}{at} = \frac{cur}{mt} \Leftrightarrow \frac{at}{oq} = \frac{mt}{cur}$$

同样，我们知道：

订单跳票率 $otp = \frac{ot}{oq}$，即跳票的订单个数除以当天订单总量；

节拍时间 $tt = \frac{at}{oq}$，即可得工时除以订单总量；

实际每个订单的加工周期 rt 可以用 $mt + n \times sd$ 来表示，其中 $n \times sd$ 表示实际加工周期偏离平均值 n 个标准差（sd）。

某个订单跳票就意味着该订单的实际加工周期大于节拍时间，即有以下不等式成立：

$$rt - tt > 0$$

我们对上式做进一步转换，过程如下：

$$mt + n \times sd - tt > 0 \Leftrightarrow mt + n \times sd - \frac{at}{oq} > 0 \Leftrightarrow mt + n \times sd - \frac{mt}{cur} > 0$$

$$\Leftrightarrow n \times sd > \left(\frac{mt}{cur} - mt\right) \Leftrightarrow n \times sd > mt\left(\frac{1}{cur} - 1\right) \Leftrightarrow n > \frac{mt}{sd}\left(\frac{1}{cur} - 1\right)$$

而因为 $cv=\frac{sd}{mt}$，代入上式即可得：

$n>\frac{1}{cv}\left(\frac{1}{cur}-1\right)$，我们姑且称之为“n 不等式”。

而前面已说过，这个 n 是用来表示实际加工周期偏离平均加工周期几个标准差，意味着 n 越大，实际加工周期的离心程度就越高，其发生的概率就应该越小。所以，当 $n=\frac{1}{cv}\left(\frac{1}{cur}-1\right)$ 的时候，我们可以称 n 为订单跳票的临界值。

这样，我们就可以用 $n=\frac{1}{cv}\left(\frac{1}{cur}-1\right)$ 发生的概率作为订单跳票的临界概率，也即：

$$otp=p\left(n=\frac{1}{cv}\left(\frac{1}{cur}-1\right)\right)=1-norm.s.dist(n,1)$$

我们姑且称这个公式为“pn（跳票）公式”。

从这个 pn 公式可以看出来，当 cv 一定的情况下，cur 越大，$n=\frac{1}{cv}\left(\frac{1}{cur}-1\right)$ 值越小，$p(n)=opt$ 发生的概率就越大，即订单跳票的百分比就越大；同样，cur 一定的情况下，cv 越大，订单跳票的概率也越大。

我们现在假设某产线的相关参数如下：

$$mt=100$$

$$sd=10$$

$$cv=sd/mt=10\%$$

当 $cur=0.7$ 时，

$$otp=p\left(n=\frac{1}{cv}\left(\frac{1}{cur}-1\right)\right)=p\left(\frac{1}{0.1}\left(\frac{1}{0.7}-1\right)\right)=p(4.29)$$

$$=1-norm.s.inv(4.29,1)$$

$$=0.001\%$$

也就是说，在这种情况下，订单跳票的概率还是很小的。

但是，随着 cur 的逐渐增大，就像比切诺、霍尔韦格在书中所说的，“等待时间会急剧增加”。在我们这里的情况是，随着 cur 的增大，订单跳票率 opt 会急剧上升。这个过程用 Excel 模拟如图 7－5 所示，原始数据如表 7－1 所示。

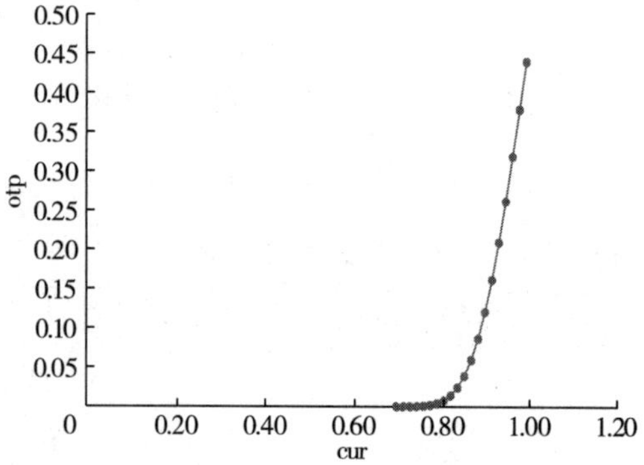

图 7－5　cur 与 otp 的关系

表 7－1　　cur 与 opt 原始关系数据

cur	n	otp
0. 70	4. 29	0. 00
0. 72	3. 99	0. 00
0. 73	3. 70	0. 00
0. 75	3. 42	0. 00
0. 76	3. 16	0. 00
0. 78	2. 90	0. 00
0. 79	2. 66	0. 00
0. 81	2. 42	0. 01
0. 82	2. 20	0. 01
0. 84	1. 98	0. 02
0. 85	1. 76	0. 04
0. 87	1. 56	0. 06
0. 88	1. 36	0. 09
0. 90	1. 17	0. 12
0. 91	0. 99	0. 16
0. 93	0. 81	0. 21
0. 94	0. 64	0. 26
0. 96	0. 47	0. 32
0. 97	0. 31	0. 38
0. 99	0. 15	0. 44

如果我们保持 mt＝100 不变，而 sd 由 10 变为 20，即 cv＝sd/mt＝20% 的时候，我们就会发现，此时的 otp 曲线变得更加陡峭！如图 7－6 所示。

我们把图 7－5、图 7－6 放到一起对比，情形就会更加明显，如图 7－7 所示。

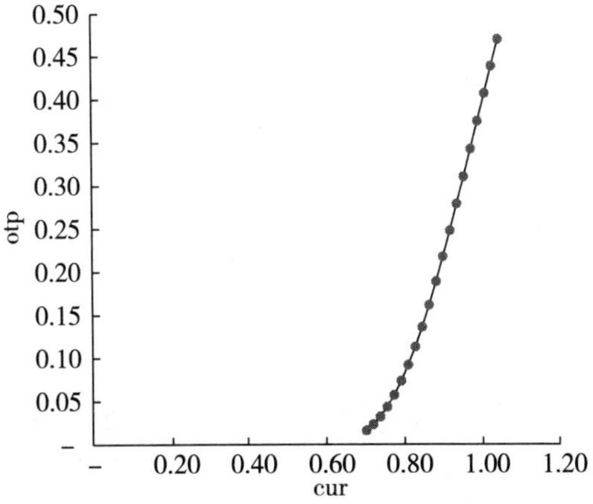

图 7－6　cv＝0. 2 的时候 opt 曲线

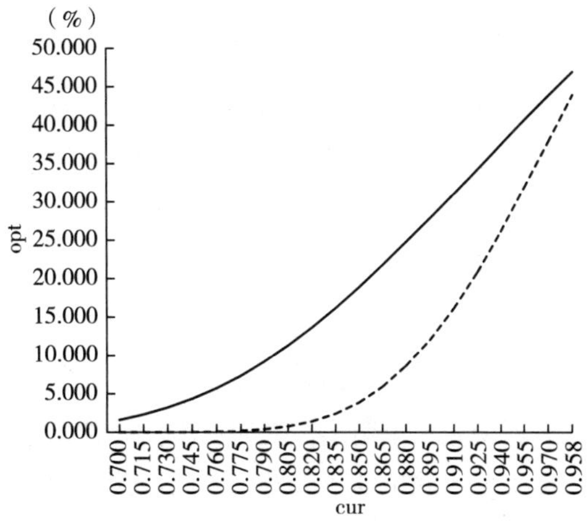

图 7－7　不同 cv 条件下的 opt 对比

图 7－7 就跟《精益工具箱》中的图形（本文开头图 1）很相似了。

这样我们就完成了对“在利用率高于 70% 的时候（取决于变异情况）等待时间会急剧增加”的数学证明及 Excel 模拟。

我相信这个数学证明过程还是比较严谨的，至少得到的那个“n 不等式”看起来还是很简洁、优雅的。接下来，我们用 R 语言对上述过程做个仿真以进一步验证推理过程的正确性。

假设条件如下：sd 一定，而 oq 每天递增

mt = 100 秒

sd = 10 秒

at = 72000 秒（20 小时）

oq = 1 ~ 720（从每天 1 个订单到每天 720 个）

我们通过运行以下 R 程序就可以得到图 7－8 所示的仿真结果：

```
options(digits =3)
mt < -100
sd < -10
at < -20 * 3600 #20 hours
output_ daily < -at /mt
oq < -seq(1,output_ daily,by =1)
tt < -at /oq
otp < -vector("numeric",length(orders))
for (i in 1:length(oq)){rt < -rnorm(mean =mt,sd =sd,n =oq[i])
otp[i] < -length(rt[which(rt >tt[i])]) /oq[i]}
cur < -oq /output_ daily
plot(cur,otp,type ="l",lwd =2,col =2,xlab ="cur",ylab ="otp")
```

对比图 7－5 及图 7－8，你就会发现，它们在数据的分布及趋势上基本上是一样的。这就再次证明了 n 不等式的正确性。

类似的道理，当 cur 一定的情况下，譬如还是 cur = 0.7，mt = 100 不变，而 sd 发生变化的时候，根据 pn 公式，随着 sd 的增大，cv 增大，otp 也会急剧上升，其 Excel 模拟如图 7－9 所示：

实践中，根据推导出的 n 不等式，我们完全可以进一步简化 cv 与 cur 之间的逻辑关系，以使其简单明了，更加实用。通常，假设发生在 3σ（3 个标准差）之外的事件为小概率事件。基于这个假设，我们可以设定 n 这个订单跳票的临界值为 3，这样可以得到：

$$\frac{1}{cv}\left(\frac{1}{cur}-1\right)=3$$

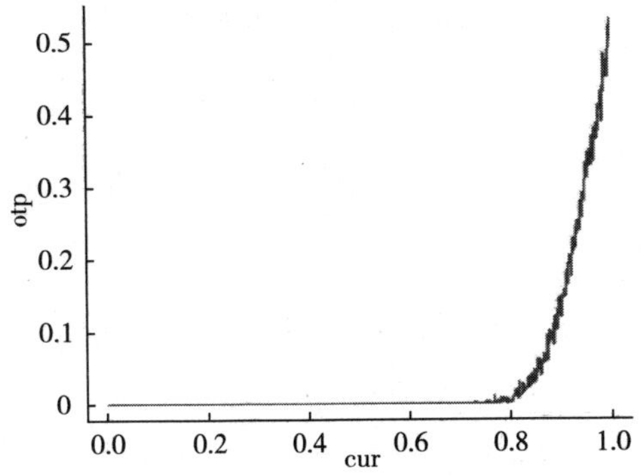

图7-8　R语言模拟cur与otp关系

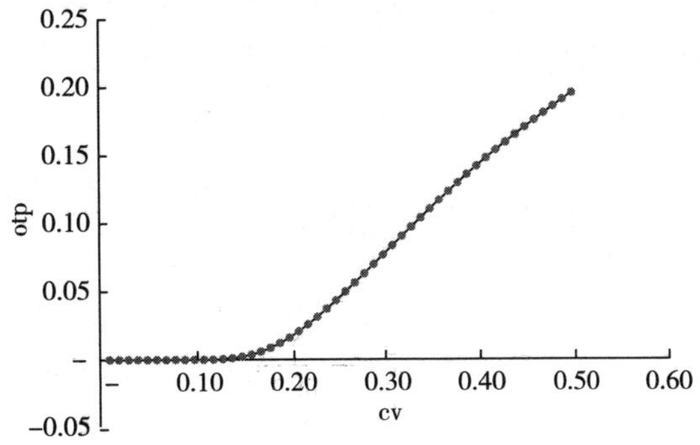

图7-9　cur一定的情况下，sd增大导致otp急剧上升

经过简单转换，可得：$cur=\frac{1}{1+3cv}$

这个公式的意思是很清楚的：当cv一定的时候，有效产能利用率 $eccur=\frac{1}{1+3cv}$，我们可以称这个公式为“有效产能利用率公式”。

我们用Excel做个简单的模拟就可以很清楚地看出cv与eccur之间的关系。如图7-10所示。

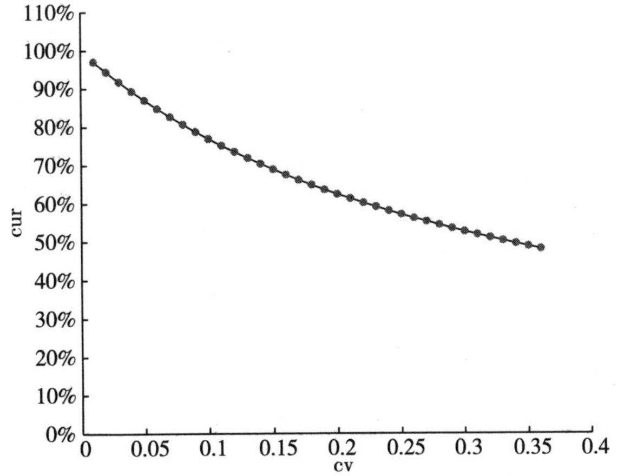

图7-10　cv vs eccur

此时，我们再回到《精益工具箱》里面的那句话：排队理论预测，在利用率高于70%的时候（取决于变异情况）等待时间会急剧增加。

根据有效产能利用率公式，我们就可以计算出这个“变异情况” $cv=\frac{1}{3}\left(\frac{1}{cur}-1\right)=\frac{1}{3}\left(\frac{1}{0.7}-1\right)=14.3\%$。

那么关于“跳票率”的研究到底有什么意义呢？老人说，话儿不能说得太满，事儿不能做得太绝，承诺的时候要考虑风险，特别是产能紧张的时候，要有概率思维，风险意识。越是紧张的时候，越容易出问题。

这个研究为以上说法进行了量化。

7.4 砸烂那条美丽的曲线

“攘外必先安内”，要想服务好客户，尽可能地去满足那些越来越不讲道理的市场需求，我们企业自己必须苦练内功，其中生产弹性也是个非常重要的因素。

仔细研究发现，各行各业似乎都存在一条想象中的美丽的生产曲线，大概形状如图 7－11 所示。

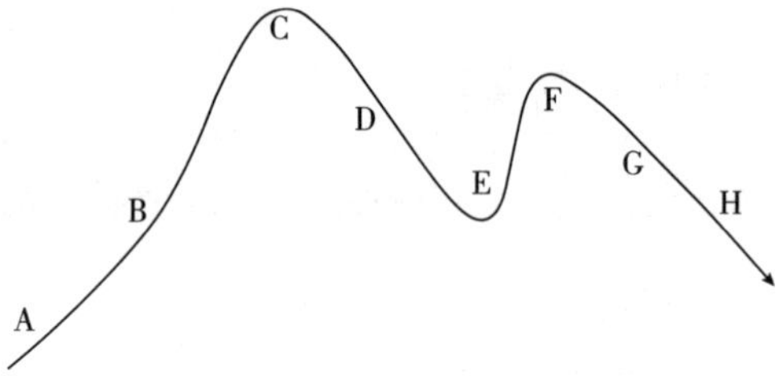

图 7－11 想象中的理想生产曲线

这是什么意思呢？其实意思很清楚，这是一条最理想的生产曲线，即先做 A，再做 B，然后按顺序 C、D、E、F、G、H，这样生产成本最低，换线、换模具最容易，转产浪费，包括物料更换等也是最小的，品质问题也少，转产后产能爬坡也快。所以，我要求客户就得按照这个来下订单，否则，如果由 B 直接跳到 D 而没有经过 C 的过渡，然后又直接跳到了 G，如图 7－12 中点线所示，那么，就会导致转产成本太高，我可能做不了，要么你就要允许我生产过渡产品 C、E、F。

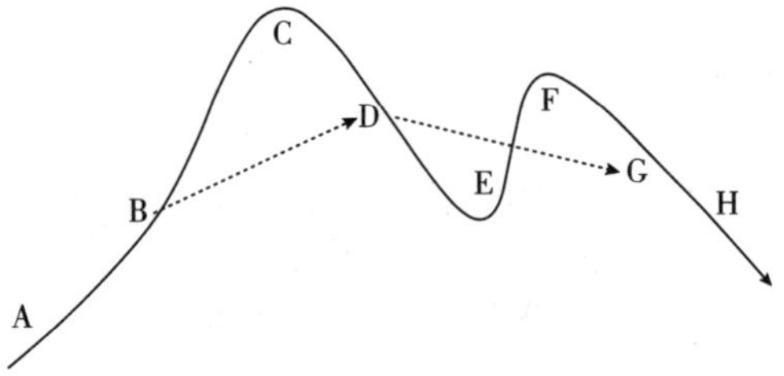

图 7－12 实际接单 BDG

有一家客户的生产经理曾经跟我说，程老师您不懂这个行业的特殊性，我从 A 到 B 再到 C，转产时间大概需要 2 小时，转产成本也就三五千元，但如果让我从 A 直接跳到 C，那转产时间及转产成本会呈几何级数增加！就不是翻倍的问题了。

我跟他说，您之所以能这么说，而且这么长时间一直心安理得地这么做，是因为您脑子里面有太多个问题没有仔细去考虑：

（1）即使从 A 到 B，为什么不是 2 分钟而是需要 2 小时的转产时间？你的浪费为什么不是几元、几十元而是几千元呢？

（2）由 A 到 C 为什么成本呈几何级数增加而不是增加一部分？甚至是不增加？

（3）生产到底是为了什么？是为了生产而生产，还是为了满足客户的需求而生产？

（4）你有没有想过，生产出来的那些过渡产品可能永远没有人要？

（5）市场是你自己家开的？所有的客户都得听你的？

（6）这个产品只有你能做，没有其他竞争对手？

他说，您还是太不了解我们行业的实际情况了，而且，财务一直在考核我的（单件）生产成本啊！

我建议他读一读大野耐一先生写的《丰田生产方式》，书中有这么一段描述令人印象深刻：为了达到生产“均衡化”而使批量减少的结果，当然出现了“快速换模”的需求。在 1945 年前后的那个年代，丰田汽车的生产现场，换装大型的模具需要 2 ~ 3 小时，因此就效率和经济效果来说，养成了尽可能“不换模具”的习惯，所以“快速换模”一开始就受到了生产人员的强烈抵触；模具的变换调整必然使效率降低，使用成本提高，因而让操作者愉快地进行更换调整当然是不可能的。但是，这方面观念必须改变。迅速变换程序，在实行丰田生产方式上是绝对重要的。由于把批量变小造成了变换程序的需要，作业者在实际工作中需要反复练习。1956 年至 1965 年是丰田汽车工业公司内进行均衡化生产的阶段，变换调整模具的时间已经压缩到 1 小时以内，也有达到 15 分钟的。1966 年至 1975 年的后半期，已缩短到仅仅 3 分钟以内。这是操作者按照需要实施训练，打破常规取得结果的例子。

丰田人用第一个 10 年（1945 ~ 1956）把换模时间从 2 ~ 3 个小时压缩到 15 分钟 ~ 1 小时；他们用第二个 10 年实现了 3 分钟换模！

什么叫制造？什么叫精益生产？什么是精益求精？

丰田汽车人几十年较劲在一个模具的更换上，这是那种整天就知道喊口号，以为就能给企业节省几十万元、几百万元的所谓“精益生产”不能相提并论的。

我们要么还沉浸在那诗一般美丽的曲线当中，要么就是在抱怨、找借口……我认为，从这个角度讲，以丰田为代表的日本制造业可能比我们先进不止半个世纪。所以，我认为，“中国制造 2025”远不是终点，而是起点。我们需要再加 50 年，100 年！我们需要抓紧时间，撸起袖子加油干！

先从砸烂那条美丽的曲线开始吧！

阅读理解之一

什么是盘点差异

什么是盘点差异？这似乎应该是人人皆知的问题，但残酷的现实告诉我们，其实不然，很多人根本不知道什么是盘点差异。

盘点差异是指账面记录的库存跟实际盘点出来的库存数量的差异。如账上说A有5个，实际盘点只有4个，那就是盘亏1个；反之，实际盘点结果是6个，那就是盘盈1个。无论盘盈盘亏，都是差异。所以说，差异是实际盘点结果相对于账面记录的相对差异。

那么，很多人就会问了，如果账本身就记错了呢？

在我本人多年的物料管理生涯中，一直有人在问我这个问题，特别是那些搞生产的同事，因为大部分差异往往来自生产在制（WIP）。曾经有一个高级生产经理，此人工作非常努力，有一次他非常激动地找到我说，我那里绝对没有差异，我自己有本手工账，你说我有差异，一定是你的ERP记错账了！谁都知道你们的ERP用得很烂的！

我问他：你说完了吗？那么，现在我回复你。

第一，你的手工账是非法的，你有人记手工账，说明你人头多了，应该精减掉。

第二，我们的ERP为什么用得“很烂”？罪魁祸首之一就是你！因为你连我们的ERP长得什么模样都不知道，作为生产经理，你有责任记录、追踪你的生产产出，也就是说你必须忠实地按照实际的产出做倒冲，以此来记录生产了多少成品、半成品，你手中还有多少原材料（回冲、入库之后的WIP）。这才是你要记的账！而该记的ERP账，你不记，不该记的手工账，你却在那里大记特记！这是现代化的生产管理吗？这简直连农民种地都不如！

第三，正因为你没有很好地重视、利用ERP去记账，你说对了，我们的ERP账本身可能就是错的！这就是为什么要盘点啊?！不盘点，我怎么知道账记错了?！尽管我知道你一定记不好这本账，因为你从来没有用ERP记过账，尽管你的手下一直在做这件事情。问你个问题：你知道有几个人在生产部做ERP账吗？他们都是谁？你肯定不知道吧？

第四，分析查找盘点差异的目的，不是为了解决掉哪个人的问题，而是为了查找漏洞，以利于下次的改进。生产部负责的WIP有重大差异，你有不可推卸的责任，但这并不意味着所有的责任都要你去承担，因为你承担不起这个责任！账面记录WIP有100万元，结果盘盈40万元，盘亏70万元，ABS绝对值差异是 $(0.4+0.7)/1=110\%$！你的数据准确性是个负数！为什么会这样呢？你的WIP为什么没有管理好，是因为你从来没有管过你的账！当然，这里面物料部也是有责任的。作为所有物料管理流程的责任人，我们有责任帮助你记好账，但问题的关键是，你负责执行，所以WIP真正的责任人是你。激动解决不了问题，“冷静”才是解决物料问题的根本出路。

第五，造成差异的原因有很多，但差异的根本原因往往是货没有跟着单走，也就是“信息流与物流分开了”，这种事情在生产部发生得很多，而且完全没有控制，比如工程师借料；实物出货了，单据还没有填；同事把测试完的物料“换”给你，等等。总之一句话，物料的移动必须跟着单据的移动，否则这些物料的移动就是非法的，就是“盗窃”！

第六，告诉你手下的主管、经理，脑子里面多根弦儿，生产完成产出仅仅是完成了工作的一半儿，必须做了倒冲，入了库，进了系统，每班、每天把账，ERP 的账而不是手工账，记清楚了，账对好了，才可以下班。

第七，大家都知道财务是管钱的，其实真正管钱的是我们大家，我们的物料就是钱！每天流经我们手中的钱是几百万元、几千万元呢！关键问题是这个钱的状态是可以改变的，从金条变成金手链、金镯子等，我们必须要追踪它的变化，记好这笔账。做生产的不是只把金条做成金首饰即可，更重要的是要搞清楚投入了多少金条，产出了多少金首饰，还有多少金条，这是起码的也是必需的。作为物料总监，我就是这些钱的总管，尽管这些钱可能分布在我们公司的各个角落，放在不同人的手中，我的责任就是要保证它的安全，这就是我为什么要质询你，当然不仅仅是你，还有其他部门如测试、品质等，这是兄弟职责所系，不得不为之。

你现在明白什么是盘点差异了吧？

（2010－11－28 发布于程晓华全面库存管理博客）

阅读理解之二

传统的财会管理阻碍企业生产力发展的四点障碍

“死会计，活财务”，如果没有记错的话，这是我读远程 MBA 的时候，当年的财务老师说过的话。

意思是：会计只知道一笔一笔忠实地记账，而财务则是灵活的，财务的职责主要是资本运营，所以财务的英文单词也被翻译成“金融”。

按照这个定义，很多公司的所谓的财务，其实都是会计。

我发布的文章《不同成本核算方法下的利润函数》阐述的就是传统会计条件下的完全成本法。该法误国误民，在思想上及做法上已经成为阻碍无数制造业发展的一大桎梏。

与成本核算有关的第二个障碍就是，财务部门一直在试图“精确地核算制造成本”。这怎么可能呢？

传统的会计记账方法本来就是一套“死会计”的路子，它早就不能与时俱进了，但是，到目前为止，我见过的绝大多数的公司还在乐此不疲地采用这套路子，一个具体的表现就是“推式发料（Push）”，即发料到工单。他们天真地认为，只要发料到工单，那些料就真的被加工到某个工单上了。

当然，我怀疑，他们之所以这么做，除了自己的认知之外，也不排除那些“卖药儿的级别”的 ERP 实施顾问在“助纣为虐”。

来自财务管理的第三个障碍就是“财务期末大盘点（Physical Inventory，PI）”。

PI 的基本要求是“静止盘点”，即生产线必须是停产的，否则，财务就不认可这个盘点结果。

PI 不仅造成了极大的产能浪费，更重要的是，PI 的质量根本无法保证，原因之一就是，PI 是个“群众性的运动”。

从供应链管理角度，我们早就有了“循环盘点（CC）”。尽管在不同的行业，实施 CC 的挑战不同，但是 CC 的结果更可信。更重要的是，通过日常的 CC 可以不断地发现问题，从而实现持续改善。

来自财务管理的第四个障碍就是“财务期末库存”。

早在 2006 年，我就发表了文章《如何精确地衡量库存与现金周转效率》，后来这篇文章被收录于我的专著里面。

文章提出，企业实施 ERP 之后，完全可以实现每天取点（日库存值），以其平均值作为计算库存周转率的依据，这样可以消除随机及人为的误差，结果会更可信。

但令人遗憾的是，几乎到现在我也没有听说哪家企业是这么做的，他们还是在用所谓的期初、期末库存值，类似 PI，似乎只有这样，这些财务人员才觉得放心。岂不知，这两点（期初、期末值）是可以造假的。

需要声明的是，我本人并非财务专家，但这些年的咨询实践让我的确发现了很多类似的问题，公平地讲，这里面可能有某些财务人员自己的问题，也不排除与国家法律法规有关，还有就是上面提到的 ERP 实施问题。但无论如何，这些问题的确已经成为阻碍企业生产力发展的巨大障碍。

（2021 -6 -6 发布于程晓华 TIM 全面库存管理咨询订阅号【ITOOTD】）

实战练习之一

计算加工中心预计产能利用率（RCCP，粗产能计划）

【知识点】预计产能利用率是 S&OP（销售与运作计划）的重要输入之一。下面有表 7 -2 到表 7 -4 这 3 张表的输入，分别表示工艺路线、产能绑定及 SKU 的周需求。

表 7 -2　　产品 SKU 与加工中心的关系 - 工艺路线

<table>
<tr><th>SKU</th><th>Model</th><th colspan="3">加工中心 WC</th></tr>
<tr><td>SKU1</td><td>M1</td><td rowspan="5">A</td><td rowspan="3">B1</td><td>C1</td></tr>
<tr><td>SKU2</td><td>M2</td><td rowspan="2">C2</td></tr>
<tr><td>SUK3</td><td>M2</td></tr>
<tr><td>SKU4</td><td>M3</td><td rowspan="2">B2</td><td rowspan="2">C3</td></tr>
<tr><td>SKU5</td><td>M3</td></tr>
</table>

表 7－3　　ERP 产能绑定

ERP 产能绑定－UPH（每小时产出量）						
SKU	A	B1	B2	C1	C2	C3
SKU1	300	300		100		
SKU2	390	300			350	
SKU3	250	300			350	
SKU4	400		250			180
SKU5	350		250			160

表 7－4　　产品周需求

SKU 需求（预测或订单）				
SKU	wk1	wk2	wk3	wk4
SKU1	7204	8000	4500	16000
SKU2	5668	10000	5000	5844
SKU3	5888	15500	6061	1899
SKU4	16588	8888	9000	2266
SKU5	8800	8090	13800	2008
小计	44148	50478	38361	28017

请计算每个加工中心未来每周的工时需求及预计产能装载率。

实战练习之二

计算工单及时关闭率及日排产达成率

某公司定义的生产日为当天早晨的 8：00 到第二天早晨的 8：00，表 7－5 是 2022 年 8 月 10 日的生产任务令，表 7－6 是我们在 ERP 系统查到的“工单#＋SKU#”入库记录。

表 7－5　　任务令

				2022/8/10 8：00
工单 #	SKU#	计划数量	计划加工周期（分钟）	计划完工时间
W0000121	S0001	5.0	30.0	2022/8/10/ 8：30
W0000122	S0002	100.0	500.0	2022/8/10 16：50
W0000123	S0003	5.0	30.0	2022/8/10 17：20
W0000124	S0004	1.0	6.0	2022/8/10 17：26
W0000125	S0005	80.0	400.0	2022/8/11 0：06
W0000126	S0006	90.0	450.0	2022/8/11 7：36

表 7 – 6　　入库记录

工单 #	SKU#	入库数量	入库时间
W0000121	S0001	4.0	2022/8/11 9：00
W0000122	S0002	101.0	2022/8/10 16：30
W0000123	S0003	5.0	2022/8/11 9：30
W0000124	S0004	2.0	2022/8/11 11：00
W0000125	S0005	80.0	2022/8/10 23：10
W0000126	S0006	90.0	2022/8/11 6：40

请计算 8 月 10 日这天：

（1）工单及时关闭率是多少？

（2）日排产达成率是多少？

第8章

库存控制与订单评审

本章基本观点与底层逻辑

1. 一诺千金
2. 急单、插单都是胡扯

8.1 订单评审流程及其每一个步骤的故事

订单评审流程本身并不复杂，图8－1基本上能够代表大部分企业的订单评审逻辑。但这个流程在任何公司都非常关键，因为往下游牵扯客户满意度，对内牵扯企业高管、销售与供应链的问题。而我认为，这个流程的每一个框框（流程步骤、动作）几乎都能讲出一堆故事来。

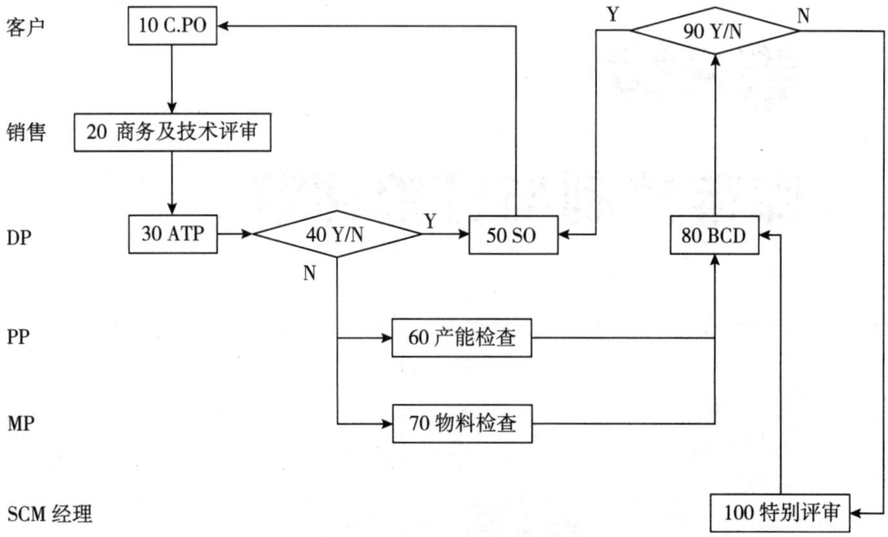

图8－1 订单评审流程基本逻辑

订单评审的第一步（这里的代码是10，后面的步骤以此类推）是接收客户的订单（C. PO）。

在有客户关系管理系统（Customer Relationship Management，CRM）记录的情况下，针对这个C. PO，我们可以做大量的数据分析与挖掘工作。其中一个对供应链管理比较重要的工作就是客户下单行为分析。这是我们对客户做到心中有“数”的关键一步。

我们需要做的客户下单行为分析是客户的采购提前期（L/T）。这个分析的数据要求也很简单：

①客户代码＋物料号

②客户 C. PO 下单时间

③C. PO 要求的交货时间

$$L/T = ③ - ②$$

最简单的统计分析工具可以是 Excel 的“数据—数据分析—描述统计”，表 8 - 1 就是一个某客户下单采购提前期的分析汇总案例。

表 8 - 1　　客户 L/T 分析

平均	标准误差	中位数	众数	标准差	方差	峰度	偏度	区域	最小值	最大值	求和	观测数	置信率（95.0%）
10.43	0.11	10.00	4.00	5.46	29.85	(1.17)	0.02	19.00	1.00	20.00	27185.00	2607.00	0.21

从表 8 - 1（从底部开始）可以看出，我们一共分析了这个客户对某产品的下单 2607 行，其采购提前期最大值是 20 天，最小值是 1 天，4 天的时候比较多，中位数是 10 天，非常接近平均值 10.4 天。如果你感兴趣，进一步分析可知其标准差是 5.46 天，除以平均值就是其采购提前期的波动率 = 5.46/10.43 = 52.3%，说明这个客户的下单流程并不是太稳定。

基于客户的下单行为，我们还可以对客户进行分类。客户的分类方法在实践中五花八门，各有各的道理，比较经典的模型是最近、频率与花费（Recency，Frequency，Monetary，RFM），当然你也可以根据自己的需要定义认为重要的维度。实践中有两个问题需要注意：

（1）如果你问销售哪些客户最重要？他们会说所有的客户都很重要，这样可能导致无法做客户分类。

（2）想法太多，定义的奇葩维度就多，尤其那些所谓“未来的、战略性、成长性”等方面的借口太多，也会导致分类无法客观、无法量化，最后不了了之。

图 8 - 2 是作者基于随机函数模拟的一段时间内客户下单及花费数据做的客户分类样本，该分类由 R 语言 kmeans 函数（k 均值聚类算法）实现。

由图 8 - 2 可以看出，客户被分成 3 类（1、2、3），这 3 类客户在花费及下单频率方面有着明确的区别，但是最近一次下单时间则存在一定的重复。

基于公司的实际数据，用 Excel 同样也可以实现这种分类。

20 是商务与技术评审。

原则上这个评审与接下来的供应链评审没有什么关系，但实践中，它们之间却是一种“剪不断，理还乱”的关系。

做商务的人很容易自作聪明地认为客户的需求“更应该如何如何”，这样就很容易导致他们随意篡改客户的原始需求，从而得到的供应链手中所谓的客户需求已经是虚假需求了。

我曾经亲自问过一个销售经理，客户的原始需求明明只有 500 条轮胎，但你为什么告诉供应链计划员要 1000 条呢？他说，第一，客户的需求可能会增加；第二，我担心他们（计划员）会给我“砍半（排产）”。

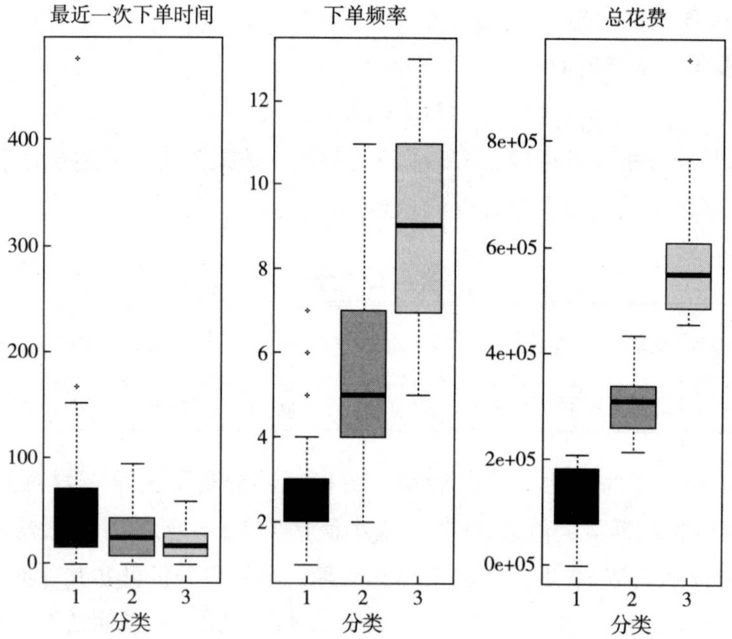

图 8 - 2　RFM 分类样本

与 20 有关的另外一个问题就是商务评审不彻底，等到发货的时候才让仓库“Hold 住”，比如发货的时候才发现客户的信用额度不够了。

在不同行业不同的客户那里，我仔细研究过这个问题，从 IT/ERP 角度，提前发现客户信用额度不够不存在任何技术问题，商务评审的时候是完全可以卡住的，只是一个工作责任心或者私心的问题，里面的猫腻，希望读者自己去领会。

30 是 ATP 检查，这个问题在本书第 6 章的讨论比较详细，这里不再展开。

40 是判断（Yes or No），通过后接着就是 50 创建销售订单（SO）。这个 SO 是否参与下一步的 MRP 运算取决于不同的业务约定，不能一概而论。很多时候，SO 只是个出货、收款依据而已。若不能通过则需要转人工调查，即 60 的产能检查和 70 的物料检查。

有人可能会说，既然 ERP 系统 ATP 通不过，那就说明我们的供应确实不能满足客户的需求，为什么还要转人工调查？其实很需要，特别是针对那种分类比较重要的客户需求，因为系统是死的，人是活的。

就拿 60 的产能检查来说，如果做过本书第 7 章的“实战练习之一：计算预计产能利用率（RCCP）”你就应该有些体会，在实际的工艺路线里，SKU/Model 与加工中心的绑定关系可能不是唯一的，它们之间甚至可能存在着多对多的关系，在这种情况下，系统里面设定的工艺路线可能就是那个所谓的最佳，但其实可能还会有其他更好的选择，而由于逻辑比较复杂，我们很难在系统里面处理这些特殊情况。

同样，对于 70 的物料检查，即在本书第 6 章谈到的 CTB，也存在着类似的问题：系统认为不可能，但实际上却存在着“追料成功”的可能性，尽管我们不鼓励追料。

可以举个例子来说明这个问题：

如果用 SAP，你可能知道 SAP 的计划策略里面有个叫 40 的面向库存生产策略（MTS），这个策略号称是最常用的面向库存生产的策略，它的基本逻辑其实就是“面向库存采购 + 生产”，根据 MPS 买料并直接生产，然后根据接到的客户订单承诺出货，如果订单小于 MPS 独立需求，销售订单消耗独立需求，如果销售订单大于 MPS 独立需求，MRP 运行后按照 SO 追加采购和生产，逻辑图如图 8 - 3 所示。

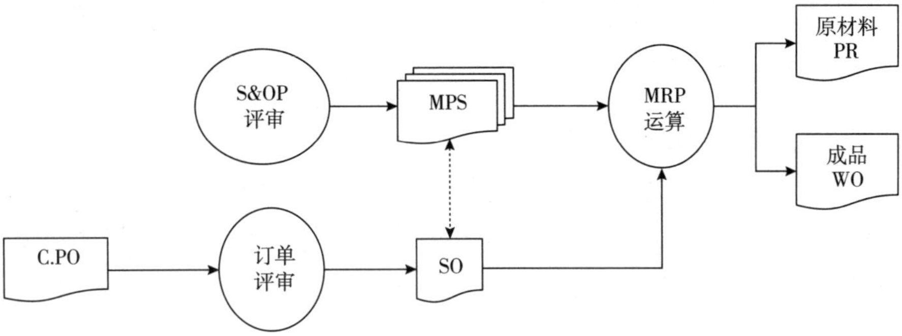

图 8 - 3　SAP 40 策略逻辑图

在这种情况下，当你的 MPS 做得比较保守的时候，ATP 检查就很有可能不通过，但实际上可能产能富余，并且还可以从供应商那里拿到需要追加的物料。

接下来就要给客户一个最佳承诺（BCD）。

这个 BCD 必须是经得起推敲的，否则销售或客户不满意，有可能找上门来，或者干脆跳过供应链管理部门而直接去找 CEO 等高管们。

这是一件很丢人的事情。

当然，更丢人的是，一旦客户找过来，供应链部门原先说不行，现在竟然答应按照客户要求出货了。

有个真实的故事，某公司因为短缺 1000 个包装盒而不能承诺客户的一张 300 多万元的游戏机订单。客户感到非常不理解：那么多超长周期（Long Lead Time，LLT）而且很贵重的半导体之类的元器件都没有问题，却生生地卡在了一个几元钱的破盒子上出不去货？客户没有办法，直接找到了该公司的 CEO。结果经过 CEO 的协调，竟然就没有问题了！原先说两周之后才能交的货竟然变成两天之后就可以交货了。

这“协调”的功力之大简直让 CEO 自己都不相信了。

客观上，这是个承诺质量问题，承诺的结果不可靠，经不住考验；主观上并不排除“保守承诺”的问题，即承诺的时候过分保守，明明可以满足客户需求的，为了自己安全，往后推迟承诺交付日期和数量。比如有订单管理专员把所有海外订单的交付日期都想当然地承诺在一个月之后交货。

这样的问题被发现之后就会产生极其恶劣的影响，销售、客户不再相信供应链的承诺。即使这样，你还会出现不能按承诺出货的情况，这就让人无法相信了。于是，几乎是习惯性的，他们对你的承诺统统说“不”，然后再投诉到老板、CEO 那里。关键的问题是，老板们对订单承诺这样的细节完全是一无所知的，他所能做的就是，接到销售或客户的投诉，然后把你狂骂一顿。

为了解决这个问题，在这个流程里面必须规定一个业务政策，即由供应链经理组织的特殊评审为终审（图 8 - 1 里的步骤 100）。这样就可以在制度上杜绝 CEO 乱插手导致的“插单”等混乱现象，实践中这个政策能否实现完全取决于你的 CEO 是否自觉。

8.2　承诺与人品问题

我一直认为，承诺就是人品问题。

在很多企业的大堂、会议室等地，都会看到“信守承诺”“客户是上帝”之类的口号。

我在江南某地有个合作过一年左右的客户，有一天会议结束，我跟他们董事长一起喝了一杯茶，一看快 5 点了，我表示之前与朋友约好晚上 6 点在某地吃饭，即使不堵车也得四五十分钟才能到。

他一看表说，不就是吃个饭吗？早点晚点有啥？一会儿我派车送你去不就行了。

而在我看来，跟人家约好了 6 点见，那就是个承诺。

但是，在他眼里那就是吃个饭的事儿。

我判定他的人品有问题，也判定他的企业不可能走远。

很快我们就终止了合作。

阅读理解之一

所谓的急单插单其实都是胡扯的

大家知道什么叫“急单”“插单”吗？我想，大多数人会懂得，但是也许有人心想，连急单、插单的概念都不懂，还号称什么“全面库存管理专家”呢。

专家就是专家，专家其实是“专业”“专注”“专心”“不抱怨”的代名词，专家“醉心”于某一领域的深层次探究。所以，我从来不反对别人叫我专家，因为我一直专注于供应链管理领域的“库存与交付问题”，而该问题，其实就是一个问题的两个方面，有了合理的库存，就可以及时交付，要实现及时交付，就必须持有合理的库存，没有库存就不可能有交付，我们在这里不扯“零库存”的问题。

而库存问题本质上就是“时间、数量”的问题，因为需要时间做采购、需要时间组织生产，所以需要一定数量的库存来满足及时交付（OTD）。

这个 OTD 包含两方面的意思：

（1）OTDD——针对客户原始需求的及时交付

（2）OTDC——针对对客户承诺的及时交付

OTDD中的最后一个D是Demand，是指客户的原始需求，而这个原始需求向来就是不讲道理的，因为从客户角度，供应商最好是我的“超市”，我随时需要，你随时供货，所以，你接到的订单都应该是“急单”，这是常态——所有的订单都是正常的。

既然正常，你吃的就是这碗饭，为什么还要去抱怨它们呢？况且，你手中还有大把的成品、半成品、原材料库存，这些库存是用来干什么的呢？一方面在大量地牺牲库存；另一方面又在抱怨客户“不正常”，你这是在表达一个什么意思呢？况且，公司还允许你ODTC，给了你承诺的权利。

我们也不去讲你有多少库存了，更不去扯什么急单、插单了，你看着给客户承诺吧！你承诺了，做到了（≥98%）就可以，这个要求不过分吧？

但是，你的OTDC又是多少呢？你好意思拿出来给大家看看吗？

更可笑的是，你还装模作样地给“急单”“插单”下了个定义，说什么急单、插单是“指那些未安排在本次计划内，却由于某些原因必须优先交货的订单，这些订单会打乱原有的生产步调和次序……”

这个所谓的“定义”本身就有两个问题：

（1）什么是“本次计划”？其背后的一个错误假设就是，“本次计划都是合理的、应该生产的”，然而实际情况是这样的吗？本次计划无懈可击吗？

（2）什么是“某些原因必须优先”？是领导的原因？如果是，那没啥可说的，重新排计划就是了，那是领导或公司的事情。尽管墙上到处都贴着“客户至上，信守承诺”之类的口号，但那也只是喊口号。

除此之外，什么也没有。

我们下个结论吧：

（1）所谓的急单，是你（供应链管理）自己在胡扯。

（2）所谓的插单，是你的领导在胡扯。

（2019－8－11发布于程晓华全面库存管理咨询订阅号【ITOOTD】）

阅读理解之二

“以客户为导向”必须澄清的几个问题

有一次，成铭在济南一个客户那里做全面库存管理（TIM）项目检讨，在谈到某些海外客户的下单行为的时候，成铭说，对于这些经常甩单的客户，我们在承诺交期的时候有必要往后推迟，特别是在产能紧张的情况下，这个可以写进订单评审流程使之成为我们的业务政策。

马上就有客服人员提出质疑：公司不是要求我们以客户为导向吗？成老师您这个说法是不是与我们公司的价值观冲突呢？

在广州一家做消费电子的客户那里，成铭指着一张PO问他们，为什么交付日期已经到了明年的12月了？这个料的采购提前期有那么长吗？

他们说是客户要求他们做的风险采购，因为这家供应商的产能很紧张，客户要求他们提前做战略备库。

成铭就问，你们说的“客户”是指谁？

他们说你认识的，就是那个驻厂的李丽。

成铭说，就是那个刚入职（客户那里的）不久的小姑娘？

他们说是啊。

在上海一家做汽车零部件的企业，成铭问生产经理，MES（车间执行系统）显示你的各个加工中心前面都堆满了库存，为啥？

生产经理说，我这是“急客户之所急”，充分利用产能，满负荷运转，以达到快速出货的目的。

现在产能紧张啊，生产经理又补充了一句。

成铭说，你这恐怕不是急客户之所急，你是为你自己的KPI指标OEE（设备综合效率）着急吧？

旁边的财务总监说，他要是不这么干（多生产点成品、半成品），我们这个月的财务报表就会显示亏损。

成铭说，继续这么干下去，你们会亏得更多。

说到这里，那个生产经理又抢着说，成老师，他们计划部经常修改生产计划，有时候一天改好几次，你有什么好招儿教教他们让他们少改几次产？

成铭说，如果从来都不修改，那还叫计划吗？

………

这些年，类似这样的问题，成铭遇到了无数次。

我们不禁要问：

（1）到底谁是我们的“客户”？

（2）倾听客户之声（Voice of Customers，VoC）就是什么事情都听客户的吗？

（3）到底什么叫“以客户为导向”？

（4）OEE与客户有一分钱的关系吗？

（5）账面利润与客户有关系吗？

（6）我们的生产计划修改频率与以客户为导向有关系吗？

（7）是不是非得通过频繁修改生产计划才能体现以客户为导向？

网上流传着这样一句话，我个人觉得很有道理：并非有需求就是客户，有需求但是不付钱，怎么能叫客户呢？付款买需要的东西，还能让你赚到钱，这才叫客户；多付钱买东西的叫优质客户。

（2020-8-31发布于程晓华全面库存管理咨询订阅号【ITOOTD】）

阅读理解之三

什么叫在途订单？兼答知乎网友问题

有知乎网友说，“昨天听了一场资深采购的分享会，介绍在途时说，在途是从供方处发出尚未到达库房的货品，主管也说这才是正确认知。总感觉很颠覆，一直以来都认为所有的未交订单都叫在途……”

下面是我的回答：

你原先的理解没有错：所有的未交订单都叫在途，但也不能说你在那个分享会上听到的就是完全错误的，为什么呢？这里面既有个行业习惯的问题，也有个中英文翻译的问题，当然，还有你自己的问题。

从原材料库存角度，我们通常把库存分为在手库存及在途库存，对应的英文分别为 On hand inventory，On order inventory。

在手库存容易理解，就是那些质量合格、已经入库的、在你手中的、随时可用的库存，而歧义就出在这个在途库存上，也就是 On order inventory，直译的意思是“在订单上的库存”“订购中的库存”，这跟开着的、未交付的订单（Open Purchase Order，OPO）其实是一个意思。

你听到的那个“从供方处发出尚未到达库房的货品”其实是 In transit，直译过来的确是“运送中的”“在途的”意思，这个在途是物理在途，即 Physically in transit，就是物料实物已经离开供应商仓库在路上了。

但业界为什么习惯把所有的 On order、OPO 而不仅仅把 In transit 称为“在途”呢？

这主要是从可得性的角度来区分的，尤其是从 ERP 角度，这种区分就更有道理了：只要是在手的库存，在做 ATP 检查、承诺生产或客户的时候，我的信心是 100% 的，因为这些库存就在手中（On hand）！类似于兜里有现钱，心中不慌。

而那些在途（On order/OPO）呢？离真正交付到手的时间有远有近不说，关键是，即使那些真正的“物理在途，Physically in transit”部分，我们也不敢保证能够及时到我们手中并可用（时间上没有迟到、没有品质等问题），所以，业界习惯上统称其为在途，以区别于在手。

所以，当做 ATP 检查的时候，首先检查在手；其次是在途；最后是计划单（Planned order 或 PR）……越来越不靠谱，为啥呢？

道理很简单，只有装在自己的兜里，你才敢说那就是你的钱，否则，就不敢保证那钱一定是你的。比如预计月底工资收入 3 万元，但是，离发工资就差几天了，你却被老板罚款 8000 元，因为你的工作质量出了问题。这是一个道理。

另外，从技术角度，由于种种原因，我们其实很难准确、及时地知道我们到底有多少在途，特别是在 DDU/DDP（卖方负责交付到目的地）的情况下，一切由卖方负责，他如果告诉你出货了，如预发货通知（Advanced Shipping Notice，ASN），你也在 ERP 里面做了记录，才能知道有在途，否则，你其实啥也不知道，即使知道了，如果不维护 ERP 系统，也是没啥用的，因为你的大脑肯定是不会参与任何 MRP 计算的；如果是 FOB（买方负责交付到目的地）的情况会好些，但其实也很难掌握在途，尽管理论上没有问题。即使现在的 IT 技术这么发达，但你仔细想想，这里面的事情就不那么简单了。比如你从国外一个供应商那里采购一批轮胎，供应商说发货了，也的确出库了，你的系统也对接上供应商的 ASN 并有记录了，但是，由于种种原因，那货就是装不上船，或者装船了，但船期不定……总之，你可以知道很多，但是系统不知道，或者系统不能很准确地知道这些信息，那么，从系统角度，还不如不知道，所以，它们被统称为“在途”是有道理的。

最后，你提到了“颠覆”这个词，这就是我所说的你自己的问题了：你其实原本理解正确的东西，但被所谓的“资深采购”的分享错误地颠覆了认知。

为什么呢?

因为你基本功不牢固，被别人轻轻一颠，你就覆（灭）了。

（2020－7－7 发布于程晓华全面库存管理咨询订阅号【ITOOTD】）

实战练习之一

翻译并理解客户与需求分类

【知识点】我们往往通过分析客户的下单行为及其具体数据来分析“这是个什么样的客户”。下面的这段英文摘自 Lee，William；Katzorke，Michael 合著的“*Leading Effective Supply Chain Transformations*” J. Ross Publishing. Kindle 版本，他们针对客户的需求分类提出了一些很好的问题，感兴趣的读者不妨翻译并理解一下：

DEMAND REVIEW

Demand management is one of the most difficult elements of supply chain management to get operating well. As an example of how to perform a demand management assessment, we present several questions that must be answered for an effective demand review.

Definitions

How does the company define certain terms? Definitions are important. We have found that even among people who work together that there often are misunderstandings of the exact meaning of terms. We suggest that a company develop a corporate supply chain dictionary. We suggest using the APICS Dictionary as a prototype. Some companies choose to modify the standard definitions from the APICS Dictionary for their own purposes; nevertheless, they find APICS to be a useful starting point. How does your company define the following?

Demand

Delivery

Order

Sales

Backlog

Requirements

How should the company identify demand requirements?

From where does demand come and why?

What are the drivers of demand — what makes demand go up or down?

How should the company segment customers?

What difference does it make and why?

How does demand vary from segment to segment and why?

By the way, we think that it is important for companies to segment customers. We have seen some companies with a highly heterogeneous customer base to just give up on segmenting, saying: "We treat all our customers alike. All our customers are important, and we do not want to discriminate among them." This can be a huge mistake! The fact is that some customers are more important than others, and some customers should be treated differently from others. We have seen several ways for customer segmentation:

– Who are customers for which we are a strategic supplier or perhaps a sole supplier? Companies that are strategic or sole suppliers need to know that so they do not inadvertently cause difficulties for those customers when those difficulties might be prevented.

– Who are customers that purchase in large annual volumes versus small volumes? Why are they different? What is the effect of consistently getting large orders from certain customers versus consistently getting small orders from other customers?

– Do small customersgrow to become large customers, what are the growth drivers, and how should growing customers be managed?

– Who are customersthat place large individual orders versus small more frequent orders?

– Do some customersorder, say, once a year in large quantities versus other customers who order weekly in small quantities? Can and should these customers be managed differently? Some companies, for example, give price discounts for large orders when they really should be giving price discounts for consistently ordering in smaller but more predictable volumes.

– Who are customers that have large volatility in their ordering patterns? Do some customers order in large quantities followed by small quantities? Or, do some customers place frequent orders for a while followed by a time of no orders?

– Who are customers that have a stable frequency in their order patterns? This might indicate, for example, a weekly or monthly ordering pattern that reflects a fixed periodic review of the inventory position.

– Who are customers that have linked versus transaction – oriented relationships with suppliers? For example, some companies allow suppliers to have access to their inventory position and perhaps even to production or usage plans. One company (making large, expensive capital equipment) with which we are familiar allows certain suppliers to have complete visibility to their production plans, and thus usage plans, for these suppliers' products. They simply tell these suppliers："We don't ever want to run out，nor do we want more than x number of days of supply in stock. You manage the inventory." Transactions – oriented relationships might indicate that all orders come with RFPs（requests for proposal），and the proposal – generating process might be required each and every time the customer buys. We suggest that companies with customers like this might try to get the customer to receive proposals for annual orders and not individual transactions.

– Who are customers that have special requirements for their products? Some companies always want，say，special engineering changes to their product. These easily can disrupt the engineering，material，and manufacturing schedules if not managed well. They also should be priced accordingly for the extra requirements.

实战练习之二

这个需求计划员的行为是否值得鼓励？

QS是一家全球著名的轮胎制造企业，Jack是这家企业的需求计划主管，每天都要花很多时间与计划员们一起去承诺那些来自全球各地的客户订单。

周二下午，快要下班了，Jack接到公司驻欧洲办主任Tim的一个电话，说是紧急要3000条规格为X的轮胎，要求最迟本周六装船发货。而且，Tim说他亲自查过系统了，系统显示库存有5000多条，同时，他也询问过负责船务的同事，这批货只要能在当晚或最迟明天装车去码头，就可以赶上周六去欧洲的货轮。Tim反复地跟Jack说，这个客户是个潜在的大客户，对他们未来的销售非常重要，请Jack无论如何也要帮帮忙。

Jack在ERP上做了ATP检查，系统显示，该规格的轮胎目前只有500条自由库存可以随时发货，其他的5000条都已经承诺给其他三个客户了，分别是2000，2000，1000，都是周三要发货。三个客户对应着公司的三个销售经理。

Tim说，能否帮我协调一下这些销售经理，看看他们的客户能否延迟交付？

Jack有些为难，但还是答应了。他给那三个销售经理分别打了电话，问他们的货能否被挪用一下，最晚下周三之前可以给他们补上。

结果没有一个销售经理答应释放库存。Jack就把情况原原本本地反馈给了Tim。

Tim说，那我找我们销售的老大吴总吧！说完就气呼呼地把电话挂了。

不到十分钟，吴总直接打电话跟Jack说，你优先满足Tim的要求，有什么问题吗？Jack说，吴总，这事您得跟我老大华总商量一下吧？

问题：

1. 你怎么看这件事情？Jack、Tim、吴总等人在整个事件处理过程中有什么问题吗？为什么？

2. 你还有更好的解决方案吗？

3. 如果你是负责供应链的华总，你会怎么处理这件事情？

第9章

库存控制与需求管理

本章基本观点与底层逻辑

1. 预测永远都是错误的，但并不排除你可以做出一个相对正确的判断

2. 以不变应几变

我们在讨论销售与售后服务流程的时候提到，预测数据的准确性是库存控制的关键；同时，从售后角度，我们说客户或者代理商的库存也是我们要关注的焦点问题。

9.1 对待预测的几种态度

所谓预测就是对未来要发生的事情的一种推测或判断，从供应链管理角度，预测一般分为销售预测（Sales Forecast，SF）和客户预测（Customer Forecast，CF）两种。简单地理解，SF一般来自内部的销售人员，如做B2C（直接面向消费者）业务的企业，客户一般是不可能提供预测的，这时候就需要销售或市场人员自己根据相关信息对未来做出判断；CF则往往出现在B2B（面向企业客户）的业务中，尽管这不是绝对的。

当然，除了销售预测与客户预测，从技术角度还有一种预测叫“统计预测（Statistical Forecast，STF）”，后面我们还会谈到这个定义，这里暂时不展开讨论。

无论是销售预测还是来自客户的预测，不同的企业，不同的供应链管理组织，不同的人，在面对预测的时候，由于其供应链管理水平、经验不同，导致他们对待预测的态度也是不一样的，处理的方法也就大不相同了。

据我个人观察，大概有这么几种情形或阶段：

1. 迷信阶段。对客户或销售的预测盲目相信，最典型的表现就是认为预测有Backlog（没有交付）的订货，比如上周预测（WK1）是100，本周预测（WK2）也是100，如果上周客户下单或最终实现销售只有50，那么，他们就认为本周的预测要滚动为100＋（100－50）＝150。

这种现象在我的小说《CMO首席物料官》里面也谈过，他们之所以相信预测的Backlog，理由往往是：

（1）全生命周期产量（Total Life Volume，TLV）：销售或客户说了，这个产品就要卖这么多！一定能卖这么多！

（2）迷信产生于无知：如果你仔细查一下Backlog这个单词的意思，就会发现，它的本意是“没有交付的订货”，只有PO（采购订单）、SO（销售订单）才有Backlog，预测是根本不存在这个问题的。

（3）动机不纯：至于为什么，这里不做解释。

2. 抱怨。客户的预测天天变！订单说取消就取消了！这活儿没法干了！……其实

这是一种需求管理向好的萌芽状态，至少他还知道，预测、订单是变化的，总比那种把上周预测的 Backlog 悄悄地滚动到下周的人要好一些。

接下来可能又是两个极端，一是消极被动的；二是冲动的。

消极被动对待预测的态度就是，反正这是你（客户或销售）说的！你说多少，就是多少！实际订单大于预测的时候，有物料短缺，出不去货，那是你预测太低了；产生了呆滞库存，库存周转不灵了，那是因为你预测太高了。总之，都是你（销售或客户）的错。好不容易把货出去了，那是我（供应链管理）努力的结果。

那么，冲动态度下对预测是怎么处理的呢？我说（MPS，主生产计划）多少就是多少！管你（客户或销售）预测不预测呢！这样做的结果是什么呢？要看企业的运气了。

那么，积极的态度应该是什么？就是业界经常提到的 CPFR，简单说就是“供需双方的协同”。但这个事情说起来很简单，做起来却是很难。为什么呢？

第一，要看你面对的是什么样的客户，什么样的销售。很多人所说的客户其实是客户的代表，如采购员、驻厂代表等，他们总喜欢把自己太当回事，跟供应商的沟通向来都是单向的；或者是自己公司的销售人员，他们总认为自己是企业的救世主、是老大，我说啥你（供应链）就得听啥。

第二，要看你是什么样的供应链管理水平。你是客户或销售，我愿意跟你协同，但你能够给我提供增值的内容是什么？按照你说的做，该出不去的货还是出不去，该产生的呆滞库存还在不断地产生，我凭啥跟你协同？你连起码的数据分析、逻辑推理能力都没有，也没有起码的采购、生产与库存策略，供应链管理的基本流程体系也不完善，MRP 跑不起来，关键的角色职责不清楚，既管不了供应商（对外采购），也控制不住生产（对内采购），KPI 定义混乱等，那人家凭啥跟你协同？

当然了，除此之外，可能还有个认识问题：一是片面地理解“客户至上”“客户永远是对的”“一切为了客户”；二是错把客户的采购员当成了客户而忽视了契约；三是错把协同计划（CPFR）、销售与运作计划（S&OP）过程当成了二次猜测。

另外，直到现在还有很多人在大白天做梦，试图搞定预测，他们的观点很简单，如果我们能够把预测做得很准确，库存与交付问题不就彻底解决了吗？

对于预测，我们认为，正确的态度是：我们既不能听之任之，也不能盲目乐观，我们需要尽可能用科学的方法去预测它，挑战它，分析它，处理它。专家及我们个人的经验告诉我们，挑战预测背后的商业假设（Business Assumptions，BA，如促销、广告、NPI 等）可能比挑战预测数字本身更重要。

9.2 预测分析之 MAPE、Bias

我们先来看，什么叫预测数据的准确性。

简单地看某一期间的数据，如：

（1）你预测了第 8 周要出货 100 台，实际出货 80 台，那么我们认为你的预测误差是

(100－80)÷80＝25%，说明你的预测比实际发货高25%，你的预测数据准确性为75%；

(2) 第9周预测是100，出货是50，你的预测数据准确性就是1－(100－50)÷50＝0；

(3) 第10周预测100台，实际出货是20台，我们认为你的预测准确性就是1－(100－20)÷20＝－300%；

(4) 第11周预测100台，实际出货是200台，我们认为你的预测准确性是1－(100－200)÷200＝150%。

这好像越来越不符合"常规逻辑"吧？

其实，统计学给我们提供了两种常用的衡量预测数据准确性的统计量，严格来讲是衡量预测数据"不准确性（差异）"的统计量，一个是MAPE，一个是Bias。

MAPE（Mean Absolute Percentage Error）法，即平均绝对百分比误差法，其数学公式为：$MAPE = \frac{1}{n}\sum_{i=1}^{n}\left|\frac{FC_i - PO_i}{PO_i}\right|$，其中$FC_i$，$PO_i$分别代表第$i$期的预测和客户订单，举例如表9－1所示。

表9－1　MAPE法衡量预测差异　（单位：个）

定义	定义	WK8	WK9	WK10	WK11
FC－Forecast	预测	100	100	100	100
C. PO－Customer P. O	客户订单	80	50	20	200
Forecast Error－FE	预测误差	20	50	80	(100)
Absolute Error－AE	预测绝对误差	20	50	80	100
PE－Percentage Error	预测百分比误差	25%	100%	400%	－50%
APE－Absote Percentage Rrror	预测绝对百分比误差	25%	100%	400%	50%
MAPE－Mean Absolute Percentagc Error	平均绝对百分比误差	25%	63%	175%	144%

Bias是偏差、乖离率的意思，其数学公式为：$Bias = \frac{1}{n}\sum_{i=1}^{n}(FC_i - PO_i)$，举例如表9－2所示。

表9－2　Bias法衡量预测差异　（单位：个）

定义	定义	WK8	WK9	WK10	WK11
FC	预测	100	100	100	100
C. PO	客户订单	80	50	20	200
Error	偏差	20	50	80	(100)
Sum of Error	偏差累计	20	70	150	50
Bias	乖离率－Bias	20	35	50	13

这个计算过程我相信大家一看就明白，顶多你可以把这几个数弄到Excel模拟试试。关键的问题是，这两个表的意思是什么呢？

我的理解是，有意思，也没意思，一个统计量而已。就像你的身高是180cm，体温是36.5℃，如果没有比较，这个身高跟体温其实没有什么意义，但一比较就有意思了：

跟大多数人比较，你的个子属于比较高的范畴，当然跟球星姚明比，你就是矮个子了；你的体温基本是正常的，没有高烧，也没有低烧。

跟这个意思相类似，表 9 - 1 显示，在过去的 4 周里，你 A 产品或 A 客户的销售预测或客户预测的 MAPE 是 144%，但 B 产品相同区间的 MAPE 可能是 50%，而 C 产品则是 250%。与 C 比较，说明 A 产品的预测差异并不是太离谱，但跟 B 相比，A 的差异还是很糟糕的；同理，表 9 - 2 说截至 WK11，A 的 Bias 是 13，说明 A 的预测一直是偏高的，而 B 的 Bias 可能是 - 10，说明它的预测相对于 A 而言是比较保守的。

如此一来，你对不同产品、不同客户的需求预测就基本上可以做到心中有“数”了。

MAPE、Bias 的计算和衡量可以在产品矩阵（Product Matrix）的不同维度展开，既可以是 SKU，也可以是 Model（型号），甚至可以是半成品，看你在预测什么，计划什么，它取决于你自己定义的有“计划意义”的东西。

9.3　预测分析之相关性

我们通常所说的相关性是指两个变量（向量）之间的关联程度，具体表现为正相关、负相关、不相关。

相关性通常用相关系数来表示，其数学公式是：

$$cor(x,y) = \frac{cov(x,y)}{\sigma_x \sigma_y}$$

其中，cov（x，y）是向量 x，y 之间的协方差，其数学公式是：

$$cov(x,y) = \frac{1}{n}\sum_{i=1}^{n}(x_i - \bar{x})(y_i - \bar{y})$$

σ_x，σ_y 则分别代表向量 x，y 的标准差，而标准差的数学公式为：

$$\sigma_x = \sqrt{\frac{1}{n}\sum_{i=1}^{n}(x_i - \bar{x})^2}$$

$$\sigma_y = \sqrt{\frac{1}{n}\sum_{i=1}^{n}(y_i - \bar{y})^2}$$

关于这个相关系数、协方差、标准差等的概念，在我的书《全面库存管理数学分析》中有比较详细的论述，在这里大家只是大概地了解这些基本的数学原理即可。

Cor 的 Excel 公式是 correl（x，y）。

供应链管理工作中使用相关性概念的基本假设是：

（1）产品生命周期曲线（PLC）。如图 9 - 1 所示，我们假设所有的产品都存在着这么一条 PLC 曲线。

有人可能说，这不一定吧？哪有那么理想？

这是模型，是抽象，关于 PLC 更进一步的认识，大家可以参考下一章《库存控制与产品生命周期管理》的内容。

（2）同一个品牌、产品族、系列等所包含的产品型号或其 SKU 的需求之间应该存

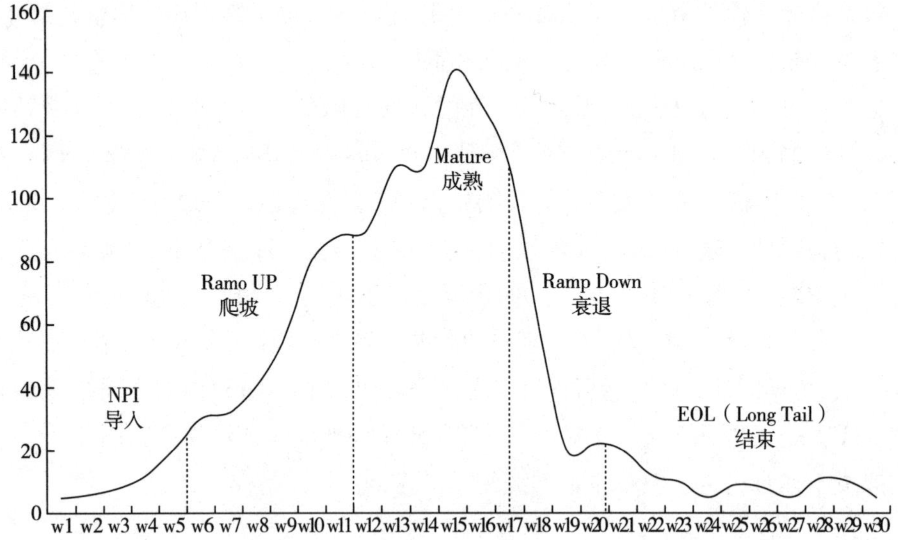

图 9－1　PLC 曲线

在着相似的地方。

我们下面举例说明这个相关性问题。

某产品系列下面有 3 个 SKU，它们的历史发货量如表 9－3 所示。

表 9－3　　SKU 的历史发货量

期间	wk1	wk2	wk3	wk4	wk5	wk6	wk7	wk8	wk9	wk10	wk11	wk12
SKU1	513	404	356	361	425	545	537	386	333	328	598	325
SKU2	1716	621	1776	1826	1757	603	888	1339	488	390	1802	627
SKU3	469	150	1496	1926	1500	206	369	1905	599	800	1337	980

我们把这些出货数据做成如图 9－2 所示的曲线图。

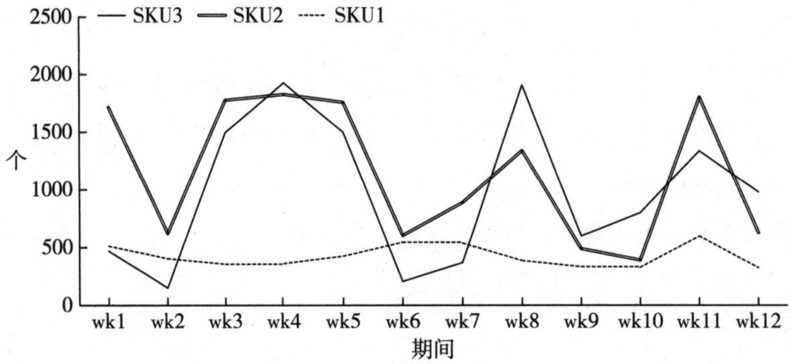

图 9－2　SKU 历史发货量曲线图

从图 9－2 我们发现，SKU2 与 SKU3 的发货曲线很相似，而 SKU1 的曲线与它们则有明显的不同。

那它们相似到什么程度呢？

我们可以用 correl（）函数对其做两两计算，结果如表 9－4 所示。

表 9－4　SKU 需求间相关系数

SKU	SKU1	SKU2	SKU3
SKU1	1.00		
SKU2	0.27	1.00	
SKU3	（0.30）	0.67	1.00

从表 9－4 中我们可以清楚地看到：

◆ SKU1 与 SKU2 需求相关性很低，为 0.27。

◆ SKU1 与 SKU3 需求相关性是负的。

◆ SKU2 与 SKU3 需求相关性很高，为 0.67。

那这个分析有什么用处呢？

这也是我们做到心中有“数”的一个非常重要的分析：

◆ 我们大概知道 SKU2 与 SKU3 的需求情形差不多，因为是正相关，而且是比较强的正相关，它们需求的“忽高忽低”方向基本是一致的。

◆ 如果我们有新的产品导入，假设是 SKU4，那它会跟哪个前辈（老产品）更像呢？

有人可能会说，有这么巧吗？两个产品的需求波动规律竟然那么“像”？

这些数肯定是我编的，但我还是建议你百度“啤酒与尿布”的故事；另外，我的书《全面库存管理数学分析》里面对相关性等概念也有比较详细的论述供大家参考。

9.4　统计预测与销售预测

我们一直认为预测是市场和销售的事情，这没有错。但是，这个“预测”是指销售预测或客户预测，我们还提到另外一种预测叫统计预测。

针对统计预测与销售预测之间的关系，这些年我又陆陆续续地发布了一些文章，这里我把其中几个主要的论题和观点摘录如下，以供大家参考：

1. 我的书从来没有教你怎么去做预测（2021 年 2 月）

有人跟我说，看了你的书《制造业全面库存管理》第八章“预测永远是错的”，我还是搞不懂怎么做预测，关于怎么做预测的问题，你是否还有其他参考资料？

更有甚者，在听完了我两天的培训课程《制造业库存控制技术与策略》之后还会跟我说，关于怎么做预测这部分，你能再讲得仔细一点吗？

每次遇到这种情况，我的心里都有一点悲哀的感觉，他们的书白看了，课也白听了。当然，也可以理解成我的书没有写明白，课没有讲清楚。

年轻的时候我也做过类似的梦，试图通过预测来解决库存与交付问题。人没招儿了就求神拜佛嘛！于是我买了很多关于销售预测、市场营销方面的书，也试着研究了很多预测与统计学模型，但到了后来，我逐渐醒悟了：如果预测准确性问题解决了，那我们这些搞供应链管理的人还能吃得上饭吗？

再到后来，我看到一句话说“预测永远是错的”（Forecast is always wrong），我就放心了。供应链管理，尤其是“交付与库存控制”这碗饭，还是可以继续吃下去的。

但是，我开始好奇，尽管说预测永远是错的，那么，不同客户、不同产品，甚至是不同人做的不同的预测，它们到底能“错”到什么程度呢？错在哪里呢？什么时候错得更离谱一些？为什么？

于是我又开始花大把的时间研究预测数据的准确性问题，并慢慢地总结出一句话，“预测永远是错的，但这并不排除你可以做出一个相对正确的判断”。那个时候，我已经是F公司手机事业部的供应链管理总监了，我亲自对当时的几个大客户如索尼、爱立信、京瓷、摩托、黑莓等的预测、订单做了大量的分析研究工作，个人感觉体会颇深：需求管理，不必也不能一味地苦苦追求预测数据的准确性，心中有“数”才是关键。

后来，通过看书学习我才知道，我做的那些工作其实在S&OP（销售与运作计划流程）里面属于“需求评审”（Demand Review）的一部分。

我的认识又上升了一个层次：我一个做供应链管理的人怎么可能去做什么预测呢?!

因此，我个人的观点是，客户预测是客户的事情，销售预测那是销售、市场及产品管理等需求组织的事情。至于统计预测，有了数据，有了软件，谁做都差不多，无非是算个数嘛！况且统计预测的结果最终在业务决策上也是不算数的，那充其量只是做分析、决策的基准预测而已。

2. 统计预测就是个统计预测而已（2022年2月）

在这里，我们可以再重复一下中国人民大学的统计学教授何晓群老师在他的《应用回归分析（R语言版）》一书里的话：在回归模型的运用中，我们还强调定性分析和定量分析的有机结合。这是因为数理统计方法只是从事物的数量表面去研究问题，不涉及事物质的规定性。单纯的表面上的数量关系是否反映事物的本质？这本质究竟如何？必须依靠专门学科的研究才能下定论；Colleen Crum在她的书“*Demand Management Best Practice*”里面也谈到这个问题，说统计预测的主要作用是对销售预测做“Sanity Check”（清醒性检查）。

所以，我们基本上可以得出以下结论：

（1）统计预测并不一定能反映事物质的规定性，所以，此“预测”非彼预测。

（2）统计预测的前提假设是“未来要发生的事情跟过去已经发生的事情是有内在连续性的”。统计预测的本质是基于对历史数据的分析、（机器）学习，企图挖掘数据中隐含着的可能趋势，从而实现趋势外推（预测）。所以，统计预测还是要做的，尤其是在以上假设成立的前提下，统计预测可以做到“非常准确”。

（3）随着现代统计技术的发展，包括人工智能、机器学习、深度学习等新技术的应用，统计预测应该会越来越“准确”，但是，这种所谓的“预测准确性”都是一种马后炮的性质，因为现实是丰富多彩、复杂多变的，而“机器”事先是不知道的。

（4）统计预测与销售预测是一种相互攻击、相互验证的关系。

（5）对于统计预测，信则有之，不信则无，信与不信，不在于统计预测本身，而在于使用统计预测的人。

3. 预测很重要，适应是关键（2022年4月）

各行各业，总有人在寄希望于“预测数据的准确性”，一心想搞定预测，他们认为，搞定了预测就没有出货与库存问题了。

我们承认预测数据的准确性是非常重要的，但是，预测永远都是错的，只是这句话不能成为你“（供应）准备不充分”的借口，这是两码事。

供应链管理每时每刻都要回答的问题就是“What if”，教科书上叫“Scenario Planning（情形计划）”，有人说那是“Just in Case”，意思是这样的：万一事情是这样发生的，你能怎么办？办还是不办？办的话，你能办到什么程度？

也有人称之为“应急预案”。

什么叫应急预案呢？

有人说，无非就是多备点库存和产能嘛！

对，也不对。

为啥呢？

库存是该备一些，这没错，但是，千万不要忘记了库存的根本属性是“缓冲”（Buffer），因为再多的库存也有被耗光了的时候，你不能总拿着库存当饭吃。况且，面对永远都是错误的、无法预测的需求，多少（库存）是个“多”呢？

所以，我们要储备的不是库存，而是我们的学习和适应能力，这才是吃饭的真本事，所谓适者生存，就是这个道理。

从客户的客户到客户，到你，再到你的供应商，你的供应商的供应商，大家都必须培养这种学习和适应能力，这是未来供应链管理发展的必由之路。

但这件事得从“你”做起。

那你怎样学习并适应呢？那就是，好好学习，天天向上，打造一个学习型的组织和氛围。

9.5 S&OP需求计划

搞清楚了统计预测与销售预测的关系，我们还需要搞清楚另外一个概念，就是需求计划（DP），在需求计划的基础上还有一个计划叫“达成一致的需求计划”（Consensus Demand Plan，CDP）。

我把它们之间的关系总结为：

◆ 销售预测+商业假设=需求计划

◆ 需求计划+企业业务计划+统计预测+评审=达成一致的需求计划

这种关系表达如图 9－3 所示。

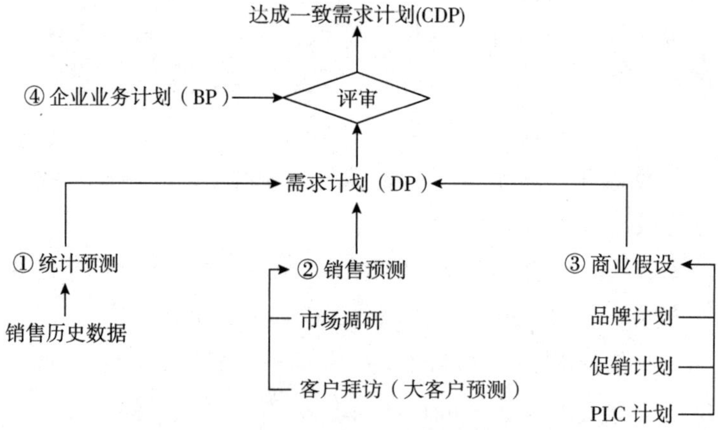

图 9－3　预测与需求计划的关系

完成这整个整理、评审、争吵、握手的过程，就是传说中的 S&OP（销售与运作计划）需求评审的过程，即达成 CDP 的过程。在这个过程中，我们面临的最大的挑战就是需求组织（包括销售、市场、品牌等）的人不参与、不说话、不说实话；需求组织对供应情况比对需求情况可能更感兴趣，他们对供应组织的抱怨水平远超于他们对需求本身的理解和把握能力，因此导致供应约束很容易成为掩盖需求不准确的借口；其次是财务的参与度问题。传统的财务只是记账，对需求与供应链管理决策起的作用有限。针对财务的第一个简单的问题是，市场部门要搞促销，财务能否从产值及利润角度评判行还是不行；第二个问题是，传统的财务认为，生产的库存越多，账面利润越大。

9.6　S&OP 供应计划

我把 S&OP 总结为一个“前看看，后看看，中间做判断”的过程，如图 9－4 所示。

往前看 S（Sales），如预测、订单、商业假设等；往后看 O（Options），历史出货、PLC 状态、产能、物料等；中间是判断、决策。对需求计划达成一致形成 CDP，对供应计划 MPS 达成一致形成终版 MPS。

我们假设对某产品的 Model A 需求计划达成了一致意见：市场与销售、品牌等需求部门坚信表 9－5 的需求计划就是我们认为未来会发生的需求，也是他们努力的目标，供应链管理部门也没有什么不同的意见，高管们都同意，于是 CDP 达成。

表 9－5　　产品 CDP

期间	wk1	wk2	wk3	wk4	wk5	wk6	wk7	wk8	wk9	wk10	wk11	wk12
Model A	1880	3500	3420	7320	5740	7780	4440	9310	7690	8900	4140	9630

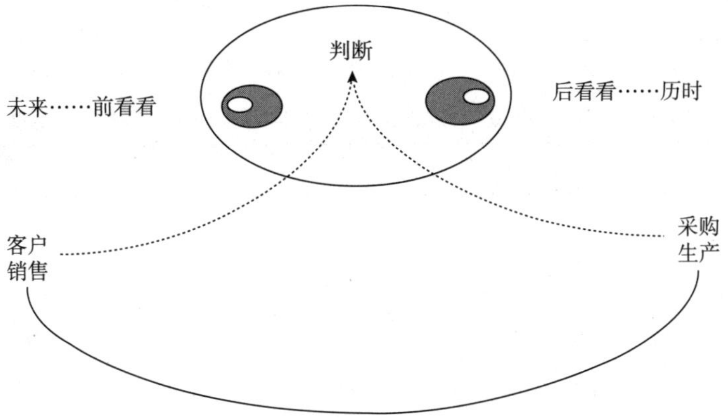

图 9－4　S&OP 视图

那接下来就要看怎么供应了。

我们先对这个 CDP 做个简单的分析：

1. 做出 CDP 的曲线图并添加趋势线，如图 9－5 所示。

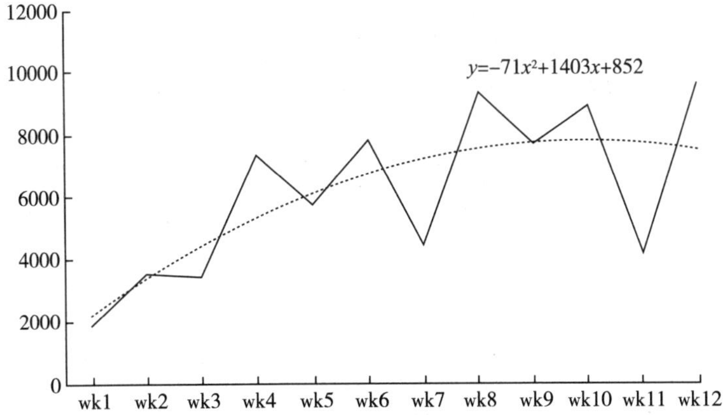

图 9－5　CDP 曲线及趋势

由图 9－5 可以看出：

这个需求从第一周（wk1）开始就是持续增长的。

对趋势函数 $y = -71x^2 + 1403x + 852$ 求导数得到其增长速度为：

$$y' = -142x + 1403$$

令 $y' = 0$ 得到 $x \approx 10$，即需求大概在第 10 周左右达到峰值。

2. CDP 12 周需求均值为：mean＝6146，需求标准差 sd＝2627，需求波动率 cv＝43%。

同时，我们知道一共有 3 条生产线，每条线每周标准产出 Model A 为 2000 台。

基于以上情况，供应链方面提出了 MPS 的 A/B/C/D 四种方案，如表 9－6 所示。

表 9-6　　MPS 方案

MPS 方案 - A

期间	wk1	wk2	wk3	wk4	wk5	wk6	wk7	wk8	wk9	wk10	wk11	wk12
Model A	1880	3500	3420	7320	5740	7780	4440	9310	7690	8900	4140	9630
预计库存	—	—	—	—	—	—	—	—	—	—	—	—

MPS 方案 - B

期间	wk1	wk2	wk3	wk4	wk5	wk6	wk7	wk8	wk9	wk10	wk11	wk12
Model A	6000	6000	6000	6000	6000	6000	6000	6000	6000	6000	6000	6000
预计库存	4120	6620	9200	7880	8140	6360	7920	4610	2920	20	1880	(1750)

MPS 方案 - C

期间	wk1	wk2	wk3	wk4	wk5	wk6	wk7	wk8	wk9	wk10	wk11	wk12
Model A	4000	4000	4000	4000	6000	6000	6000	6000	6000	6000	6000	6000
预计库存	2120	2620	3200	(120)	140	(1640)	(80)	(3390)	(5080)	(7980)	(6120)	(9750)

MPS 方案 - D

期间	wk1	wk2	wk3	wk4	wk5	wk6	wk7	wk8	wk9	wk10	wk11	wk12
Model A	4000	4000	4000	4000	4000	4000	4000	6000	6000	6000	6000	6000
预计库存	2120	2620	3200	(120)	(1860)	(5640)	(6080)	(9390)	(11080)	(13980)	(12120)	(15750)

问题：如果你是 S&OP 会议的最高决策者，你个人会倾向于哪种 MPS 方案？还有没有更好的方案？

充分发挥你的想象力，现实是丰富多彩、复杂多变的，这里有无限可能。关于这一点，Donald H. Shelton 在他的书“*World Class Master Scheduling: Best Practices and Lean Six Sigma Continuous Improvement*”（《世界级主生产计划：最佳实践与精益六西格玛持续改善》）有两句话令人印象深刻。第一句是：Master scheduling done correctly is a science and an art，中文意思是：做好主生产计划（MPS）是一种科学和艺术；第二句是：The master schedule in most businesses is maintained globally on a weekly level (at a minimum) and massaged throughout every day，中文意思是：大多数公司都是周度（至少）维护 MPS（主生产计划），并且每天推敲。

“艺术”和“推敲”两个词用得极妙。

最后，再强调一下 CDP 与 MPS 的一些本质区别：

（1）CDP 是需求，MPS 是供应。

（2）CDP 的颗粒度（如时间角度、产品层级等）可能与 MPS 的颗粒度一致，也更有可能不一致；二者一致与否，关键取决于该颗粒度是否具有“计划意义”。针对不同的业务、产品线，选择什么样的“合适的颗粒度”是 S&OP 流程必须首先解决的基本问题。

（3）无论是 CDP 还是 MPS，最终都是根据业务需要，批准后才能执行。

（4）被批准了的 CDP 代表了需求组织的意志和决心，被批准了的 MPS 则代表了供应组织的意志和决心。

阅读理解之一

不管需求，你还做什么供应链管理？
——浅论供应链管理存在的价值

业界似乎一直有一种误解，供应链只管“供应”的事情，至于需求，那是销售要去管理的事情。

需求天天变，客户或者销售的预测就是不可信的，订单也可以改，于是，很多做供应链管理的就找到了借口：这是销售要解决的问题，与我无关。

如果是这样的话，这个供应链管理真的就可以取消了，因为它没有存在的意义。

传统的供应是指采购，再加上生产，甚至是物流。然后随着概念的深入，人们把过去的供应部（处），都改成了供应链管理部，好像一下子就与时俱进了。

其实真正的供应链管理，是从需求的管理开始的，没有需求的管理，就没有供应链管理。

S&OP（销售与运作计划）讲的就是如何通过这个流程把销售与供应链串起来，而且事实证明，那些实施 S&OP 成功的企业，基本上都是由供应链管理部门来主导的，特别是在整个公司管理流程集成化程度比较低的发展阶段。理论上我们承认 S&OP 是个一把手负责的流程，并且几乎所有的大牌咨询公司的顾问也都是这么说的，但实际上，这些年来，我个人发现，如果供应链管理部门不去推动这个流程，CEO 及销售部门要么对需求管理无动于衷，要么在罔顾事实，定目标，喊口号，制造假需求。

IBM 把供应链叫作集成供应链管理（Integrated Supply Chain，ISC），体现的一个重要思想也在这里，需求与供应的集成。

后来 IBM 把我所在的公司卖给一家芬兰企业，整合期间，收购方的那个供应链总监是个学院派，他老人家有很多先进的但绝对是天马行空的供应链管理理念，我们基本上听不懂，也落不了地，但他给我们起了名字叫需求与供应链管理（Demand - Supply Chain Management，DSCM），也算是有点东西落了地，至少我们的名片是这么印的，尽管主生产计划还是在各个产品线的客服那里稀里糊涂地做。

再到后来，我到 F 公司任手机事业部供应链总监，我做的第一件事就是成立自己的订单管理部门（Order Management，OM），记得当时不仅是销售、商务，就连老板也很紧张，以为我要取代销售的客户服务工作。我说不是的，我必须要有专门的需求管理部门，它是销售与供应链的接口。也就是说，我们不能被动地接单，我们需要主动出击，第一时间接触客户的原始订单、预测，并经过自己的数据分析、挖掘等，跟客户、销售共同制订主生产计划，也就是供应计划，目的是要尽可能地做到“以不变，应几变”，减少生产、采购、物流计划的改变次数与幅度，在提高库存周转率的同时，提高客户服务水平。

尽管我们说，计划永远没有变化快，但这不是频繁地修改作业计划的理由，这其实是个供应链计划管理的水平问题。没有人敢保证自己的计划永远不变，但关键是怎么变，需求一有风吹草动，你的计划就跟着变，那就不叫计划了。

所以我说，“尽管预测永远是错误的，但这并不排除你可以做出一个相对正确的判断”。这个判断其实是很多公司的供应链管理部门所缺乏的一种决策能力，因为这需要跟销售、客户、生产、采购、供应商的整体协同，这是需要做大量的数据分析、基础管理工作的。

很多人问我，你能否讲得更详细一些？比如给我们个窍门或者具体的方法之类的，让我们很快就学会？我的回答：一是做供应链管理，要脚踏实地，投机取巧行不通；二是供应链管理一半是技术，一半是管理。即使我写的这本书名字叫《制造业库存控制技巧》，其实也不是什么技巧，而是需求与供应链管理一系列流程控制点的集合。

（程晓华 2013－8－31 发表于《企业观察报》，2022 年 9 月修改）

阅读理解之二

模糊需求的层层传递是导致长鞭效应的根本原因

供应链管理有个所谓的长鞭效应（Bull Whip Effect），大意是指信息在整个供需链条各个节点的层层扭曲，导致库存的层层放大。专家解释，产生长鞭效应的原因主要有 6 个方面，即需求预测修正、订货批量决策、价格波动、短缺博弈、库存责任失衡和应付环境变异。

但我个人认为，导致长鞭效应的根本原因是“模糊需求的层层传递”，从而导致库存的层层放大，专家们总结的以上 6 个方面的原因看起来是原因，但其实是现象，至少不是根本原因。

我在这里定义的模糊需求是指从供应链节点角度，每个节点上的人如何认知“需求”，由于对需求认知不清楚，导致模糊需求的产生，或者是需求越来越模糊，而原始需求本身可能并非模糊。

这几年我审核了很多企业的供应链管理体系（从库存角度），发现这种模糊需求现象非常普遍，几乎存在于各行各业。

比如某包装厂给某造纸厂下单：2 月份要 500 吨 ××× 规格的纸，你怎么理解这个需求？

客户并没有指明具体日期，如果你非要理解成客户是在2月份第一周就需要这些货，那十有八九你已经被长鞭效应套中了，对不对？

你在2月第一周的产能就要被占用，成品库存就会加大，原材料需求也会被放大，但最终客户在第一周可能一吨货都没要！

其实客户的这个需求是非常清晰的，那就是，客户清楚地知道，他根本不知道哪一天需要这个货、需要多少，所以就下了这么个意向订单给你。

其实这不是个真正的订单，充其量算是个预测，但如果这个所谓的订单沿着供应链条层层传递下去，长鞭效应就会不可避免地产生。

至于上游供应商的层层修正，再考虑订单批量、价格等因素从而导致的库存放大，那反而是其次的问题了。

在审核某电子消费品公司的时候，发现一个之前我在F公司做供应链总监的时候遇到的类似的问题，那就是他们一直认为预测是未交付的订货，他们的做法就是，上周的预测譬如是500K，实际出货300K，剩下的200K在跑MRP的时候就会自动滚动到下周的需求里面去。

这其实又是典型的“需求认知模糊”。我们做过多次论述，预测是不存在所谓未交付的订货的。

当然，我们还需要搞清楚的是，客户砍单到底是由于我们的原因（如承诺得太晚、承诺了却出不了货等）还是客户自己的原因？

很多人想当然地认为，客户砍单当然是客户的问题了，同时，客户砍单就一定会产生呆滞库存。

这又是典型的“需求认知模糊”。

至于在很多企业看到的销售人员随意修改客户原始需求的情况，那就更多了，这不仅是“需求认知模糊”的问题了，简直就是胡闹！

如果说上面的几个例子都属于产品供应链（Product Supply Chain）范畴，那么，我认为，在服务供应链（Service Supply Chain）里也存在这种问题，而且可能问题更大，比如说企业培训服务。一般企业的做法是由业务需求部门提出培训需求，然后联系培训专员，再由培训专员通过培训中介找讲师，这也是个供需链条。

我不知道别的讲师是什么情况，我的情况可能比较特殊，从2004年开始我就一直在讲《制造业库存控制技术与策略》这门课，而且只讲这一门课，但即使到现在，十几年过去了，我还是会经常遇到下面的两种情况：

第一，程老师，我们的客户需要做供应链管理方面的培训，你讲吗？

我说我只讲“库存控制”。

库存控制啊？他们立马就把电话挂了。

第二，程老师，我们的客户要听仓库管理方面的课，你给报个价？

我说我只讲“库存控制”。

然后，我就把电话挂了。

所以，我现在基本上不跟培训中介合作。

企业的业务需求部门可能确实提出了“库存控制”方面的需求，他们想当然地认为培训专员明白他们的需求，其实培训专员要对付那么多部门、专业，他不可能真懂，况且“库存”跟“仓库”很容易被联系在一起，所以这就同样存在一个“需求认知模糊”的问题，然后这个模糊的需求就会被传递给培训中介，他们的水平更是参差不齐，于是“库存控制”就变成了“仓库管理”。

（2017－1－18 发布于程晓华全面库存管理博客）

阅读理解之三

这其实是个熊的问题

网上有这么一个故事：

某天晚上，有两个人在树林里过夜。突然树林里突然蹿出一头熊，情急之下，两个人中的一个却忙着穿球鞋；另一个对他说：“你把球鞋穿上有什么用？我们反正跑不过熊啊！”而忙着穿球鞋的人说：“我是要跑过你。”

我在供应链管理过程中遇到很多类似的问题，也是这些年我经常被问到的问题，我将其统称为“熊的问题”，比如：

◆ 预测不准确。

◆ 客户下了单就急着要货。

◆ 我们是多品种、小批量。

◆ 我们行业很特殊。

◆ 我们有很多长周期物料。

◆ 我们有很多独家供应商搞不定……

我之所以把这些问题统称为“熊的问题”，是因为：

第一，这的确是些熊问题，或者说这都是些只有“熊孩子”才会提出来的问题。你也不想想，如果没有这些问题，你还有饭吃吗？你不但不感谢这些问题的存在，反而抱怨它们，你想干什么？

第二，你能搞定一只熊吗？就像电子制造业的高端半导体玩家 Qualcomm、Intel 之类的，有几家企业能够搞定它们？谁家又没有个所谓的长周期物料？又有谁说自己的情况不特殊？啥叫多品种小批量？哪个客户下了单不着急要货？预测永远都是错的，你不知道吗？

既然搞不定这只熊，你又要生存，怎么办呢？

就像故事里面讲的，我跑过你（生死竞争对手）不就行了吗？

所以，这其实并不是一个要如何解决掉熊的问题，而是一个承认熊的客观存在的前提下，你如何生存的问题，也是一个如何获取相对竞争优势的问题。

体现在供应链管理上，面对同样的市场、客户、产品、供应商及环境，你只要比你的竞争对手早一点出货，少产生一点呆滞库存，你的库存周转率比他高一点，不就完了吗？

所以，赤手空拳的我们，面对这只熊，其实并没有杀死这只熊的绝招儿或资本，我们能做的只是比竞争对手跑得快一点。而要做到这一点，你只有平时苦练基本功，扎扎实实地搞好 3P1M。

（2022－9－5 发布于程晓华全面库存管理咨询订阅号【ITOOTD】）

阅读理解之四

统计预测就像老狗撵兔子

关于统计预测，我已经发布过多篇文章，但总觉得表达得还是不够清晰，正好有读者反馈说，既然你认为统计预测就像卜卦，那我们为什么还要费事费力地去做预测？又是软件，又是人力投入的？

统计预测需要用到软件，这是毫无疑问的，但我这里说的软件是指 Excel，最多还有免费的 R 语言、Python 之类的，从这个角度来看，软件不需要什么投入。

至于人力投入，这是必需的，为什么呢？

我这篇文章的题目就是《统计预测就像老狗撵兔子》，目的就是阐述这个问题：据说，家狗撵野兔的时候，一开始，狗和兔子都是沿着直线跑的，因为兔子在野外的生存环境比较恶劣，所以平常锻炼的比较多，而狗则比较懒惰，所以，一般的狗是撵不上兔子的，跑着跑着，狗就把兔子给跟丢了，结果就是兔子逃走了，狗也就作罢了。但是，人在江湖漂，哪有不挨刀的？偶尔也有倒霉的兔子碰上能跑的狗，这时候兔子是很容易被狗撵上的，这种情况下兔子会怎么办呢？

据说，兔子被撵急了，它会突然拐弯儿！而狗想不到兔子竟然会拐弯儿！它会在惯性的作用下沿着直线继续冲下去，它是刹不住车的，甚至会来个狗失前蹄、傻狗啃泥，这时候的兔子就能趁机跑掉了。

统计预测也跟那个狗一样，是不会拐弯的，尽管，数学家们、统计学家们一直在绞尽脑汁、想方设法地试图让这只“狗”学会拐弯，简单的如指数平滑、线性回归、生长函数等，复杂的如时间序列、神经网络、机器学习等，但目前效果都还是差强人意，为啥呢？

跟狗不知道兔子会拐弯儿一样，各种各样的算法怎么算也算不过丰富多彩、复杂多变的现实需求。特别是市场需求，永远都在变，而且永远都掺杂着说不清、道不明的极其复杂的商业及人为因素，这是算法、软件所不可能知道的，即使是机器学习也是不太可能把握的，因为机器学习也是基于你给它的、已经发生过的信息、场景等进行“学习”，所以，它也是基于一个错误的假设：即未来要发生的事情跟过去已经发生的事情是有连续性的，就像那只狗自始至终认为兔子会一直跑直线一样。

既然如此，为什么还要做统计预测呢？

要做的，不但要做，还要努力去做；不但手下人要做，老板们也要亲自动手去做。因为只有这样，老板们才能心中有数，才可能不输出或少输出“糊涂决策”。

这又是为什么呢？

想想那只撵兔子的老狗吧！

狗撵兔子的真正目的难道就是吃掉那只兔子吗？

据说不是的，狗主要是觉得好玩儿，并以此锻炼体力而已。老板们亲自做统计预测其道理也跟狗撵兔子相似，对数字好奇，锻炼脑力，并尽力去探索数字背后的“数学”。

（2021－5－19发布于程晓华全面库存管理咨询订阅号【ITOOTD】）

实战练习之一

理解需求计划

【知识点】关于需求，业界流传着好几个计划，如需求计划，业务计划，销售计划，商业假设等；供应链管理是个舶来品，有时候你需要明白这些汉语定义背后的英文。

练习：请将图9－6的英文单词翻译成中文并以流程图形式串起来。

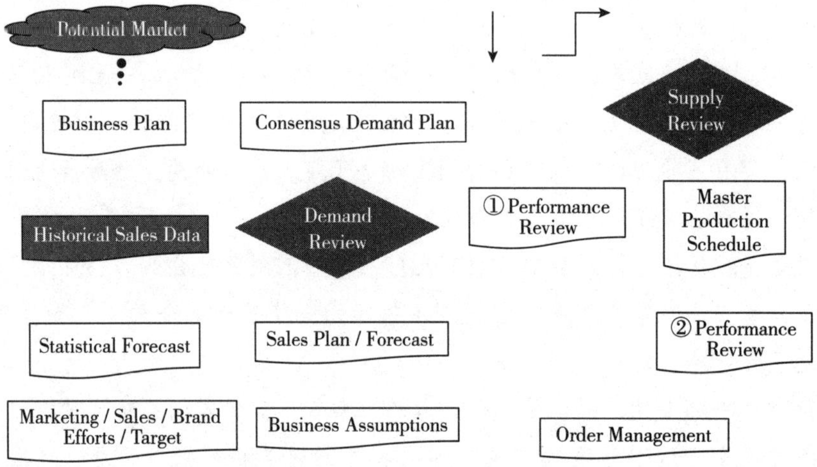

图9－6　英文单词拼图

实战练习之二

需求管理的三条曲线

【知识点】本书第5章讲到物料计划的时候提到三条曲线，在这里，我们还有需求管理的三条曲线，它们分别是预测、客户订单及有效销售。比如汽车行业，它们有销售预测（SF），还有来自 4S 店的补货订单（C. PO），还有 4S 店最终实现了的有效销售（POS 数据）。但由于行业不同或者局限于很多技术因素，我们很有可能只能得到前两个数据，即预测及客户订单，无法获取 POS 数据。在这种情况下，我们只能退而求其次，想方设法分析 FC 与 C. PO 的关系以达到对需求的深刻理解，同时，尽可能地做出一个相对合理的主生产计划（MPS）。

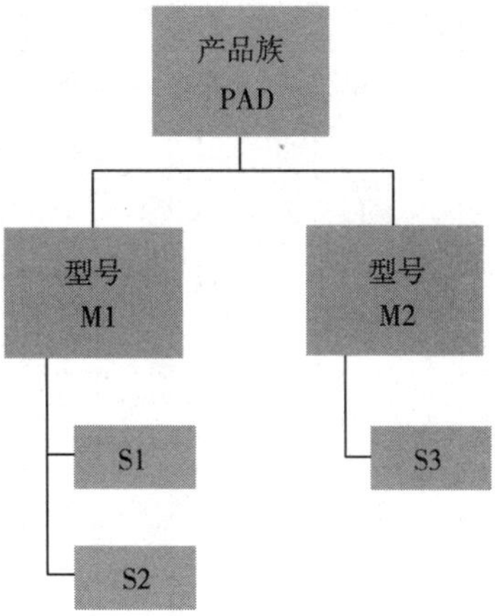

图 9－7　产品矩阵

图 9－7 是某公司的产品矩阵（族谱）。

表 9－7 是其 BOM 矩阵。

表 9－7　BOM 矩阵

	型号	物料	P0001	P0002	P0003	P0004	P0005	P0006	P0007	P0008	P0009	P0010	P0011
产品 BOM 矩阵	M1	S1	1	0	1	0	1	0	1	1	1	0	1
		S2	1	0	1	0	1	1	0	1	0	1	1
	M2	S3	1	1	0	1	0	1	1	0	1	1	0

表 9－8 是其 3 个 SKU 历史订单情况。

表 9－8　C. PO 记录

C. P0	wk1	wk2	wk3	wk4	wk5	wk6	wk7	wk8	wk9
S1	10	30	27	30	38	22	40	33	29
S2	20	10	11	20	15	29	13	28	36
S3	23	22	26	22	20	23	28	29	23

表 9－9～9－11 分别是其 3 个 SKU 的预测瀑布记录。

表 9－9　S1 预测瀑布记录

预测	wk1	wk2	wk3	wk4	wk5	wk6	wk7	wk8	wk9	wk10	wk11	wk12	wk13	wk14	wk15	wk16	wk17	wk18	wk19
wk1	28	84	18	23	94	48	92	97	49	40									
wk2		99	57	21	27	17	99	89	27	90	77								
wk3			28	65	52	44	32	96	13	97	79	73							
wk4				88	49	17	76	46	59	91	49	75	76						
wk5					27	39	11	27	23	76	76	78	70	79					
wk6						15	57	47	68	44	40	58	89	34	55				
wk7							47	51	25	92	50	33	88	74	40	49			
wk8								72	33	74	37	40	73	21	31	20	60		
wk9									50	22	68	58	47	93	52	23	43	100	
wk10										27	28	99	30	71	27	32	57	89	83

表 9-10 S2 预测瀑布记录

预测	wk1	wk2	wk3	wk4	wk5	wk6	wk7	wk8	wk9	wk10	wk11	wk12	wk13	wk14	wk15	wk16	wk17	wk18	wk19
wk1	46	40	20	21	11	36	37	10	47	19									
wk2		15	13	38	11	45	42	28	43	48	6								
wk3			5	17	21	18	9	28	5	14	27	48							
wk4				21	38	44	49	23	50	20	39	28	31						
wk5					10	6	8	5	35	47	32	31	38	35					
wk6						42	33	39	47	43	40	11	37	43	25				
wk7							34	49	42	27	45	49	19	29	19	24			
wk8								39	22	45	7	36	7	35	26	46	26		
wk9									34	41	38	29	16	25	16	41	32	37	
wk10										31	50	33	50	27	50	10	36	29	27

表 9-11 S3 预测瀑布记录

预测	wk1	wk2	wk3	wk4	wk5	wk6	wk7	wk8	wk9	wk10	wk11	wk12	wk13	wk14	wk15	wk16	wk17	wk18	wk19
wk1	24	29	40	24	30	30	21	26	20	24									
wk2		32	21	34	29	29	30	22	35	35	36								
wk3			40	34	20	32	27	23	22	23	21	21							
wk4				25	30	30	22	20	40	28	20	40	30						
wk5					23	24	37	33	26	31	27	23	22	24					
wk6						27	35	20	30	21	28	21	39	27	29				
wk7							26	36	33	31	38	33	24	39	21	28			
wk8								26	20	20	26	40	21	27	29	33	36		
wk9									28	33	20	26	25	35	25	37	25	20	
wk10										33	24	33	31	33	29	24	37	34	23

请对以上信息进行分析并建议：

（1）每个 SKU 的 C. PO 与其预测之间的关系。

（2）SKU 之间的需求关系。

（3）MPS 的颗粒度（产品型号、SKU、原材料）建议。

（4）MPS 建议（颗粒度、时间、数量等）。

第10章
库存控制与产品生命周期管理

本章基本观点与底层逻辑

1. 供应链管理从 NPI 开始
2. PLC 是需求管理的关键环节

我们在前几章已经知道产品生命周期（PLC）这个概念了，是从供应链管理角度来谈这个 PLC 的。

PLC 分为新产品导入（NPI）、爬坡（RMP – Ramp Up）、成熟（M – Mature）、下坡（RMD – Ramp Down）及产品生命周期结束（EOL）。

很多企业存在的问题是，“上不去，下不来”，NPI 及 RMP 需要冲量的时候，冲不上去；RMD、EOL 的时候下不来，因为呆滞库存太多，还需要追加采购些原材料，多做些成品；中间在 M 阶段的时候，EC 失控、该来的（物料）不来，不该来的都来了，天天缺料，错失赚钱的良机。

所以，从供应链管理角度，PLC 管控非常关键。

10.1　PLC 演变

我们先来看看图 10 – 1，我称之为“PLC 演变”。

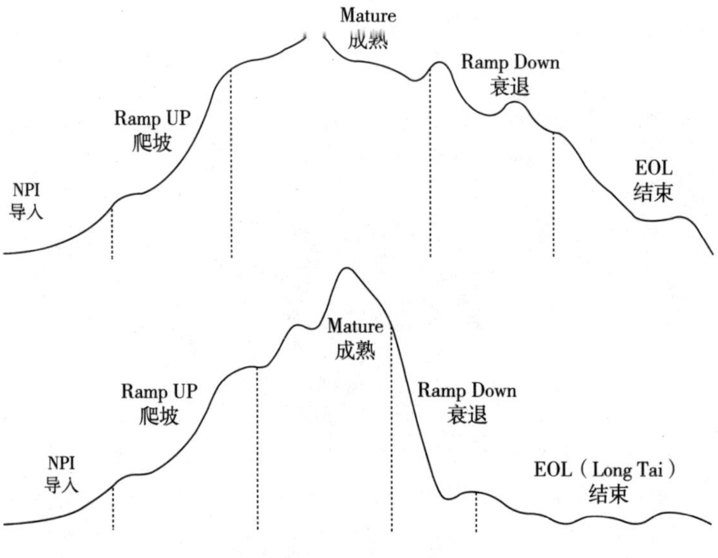

图 10 – 1　PLC 演变

图 10 – 1 的两条曲线都是表示 PLC 的意思，从上到下你能看出它们有什么变化吗？大约在 2016 年之前，我一直在用上一条 PLC 曲线（图 10 – 1 上半部分）讲课、做

项目咨询，后来我就改用下一条线了。因为我发现，各行各业，PLC 曲线的“长尾效应”越来越明显了，而这个长尾效应突出表现在两个方面：

第一，产品进入成熟期后，需求可能迅速下降而直接进入 EOL 阶段。

第二，进入 EOL 阶段后，产品需求却是“垂而不死”，一直存在很长时间。

这种现象很值得引起大家的注意，这意味着产品生命周期变得越来越短，在经历了艰难的 NPI 及 RMP 之后，供应链得到的喘息时间很短，接着就要快速地进入令人胆战心惊的 RMD 及 EOL 阶段。

图 10－2 是我亲自参与分析过的一个消费电子产品的 PLC 变化曲线（预测瀑布叠加图），图 10－3 是其累计需求叠加变化图，供大家参考：

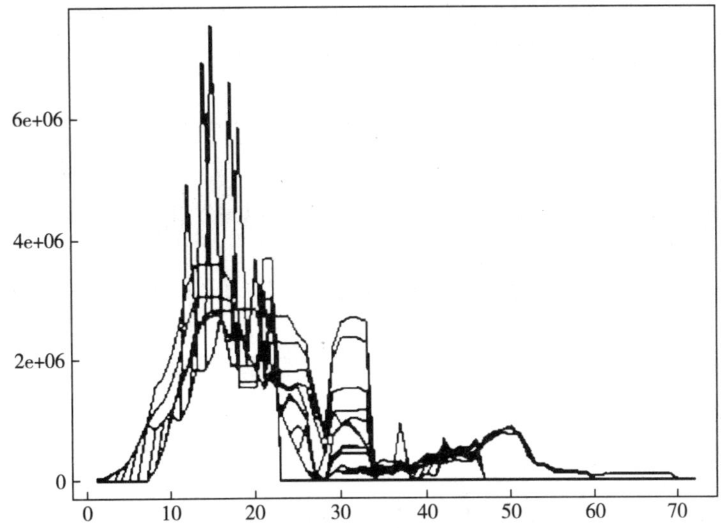

图 10－2　某消费电子产品预测瀑布叠加图

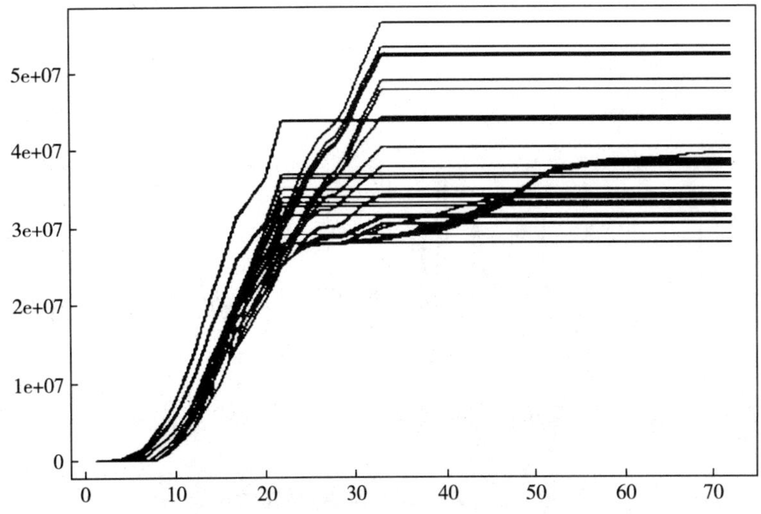

图 10－3　某消费电子产品预测瀑布累计需求叠加图

10.2 用四点法进行 PLC 阶段分析

由于在 PLC 的不同阶段，我们可能采取的生产、采购与库存策略是不一样的，所以及时识别不同产品所处的 PLC 阶段就成为供应链管理过程中的一个问题点。

当然，如果你的产品型号、SKU 比较少，靠人工识别是没有什么问题的，但是在很多企业，电商就不用说了，即使在制造业，如我辅导过的造纸、轮胎等行业，他们也有成千上万的 SKU，而且随时有新的 SKU NPI，也随时有老的 SKU EOL。在这种情况下，如何批量地、有效地识别不同 SKU 的 PLC 阶段就成为一个很大的挑战。

我们现在来举例说明这个问题。

如图 10－4 所示，我们有 12 个 SKU 的出货（或 PO）历史数据曲线图，怎么样去判断每个 SKU 目前处于 PLC 的哪个阶段呢？

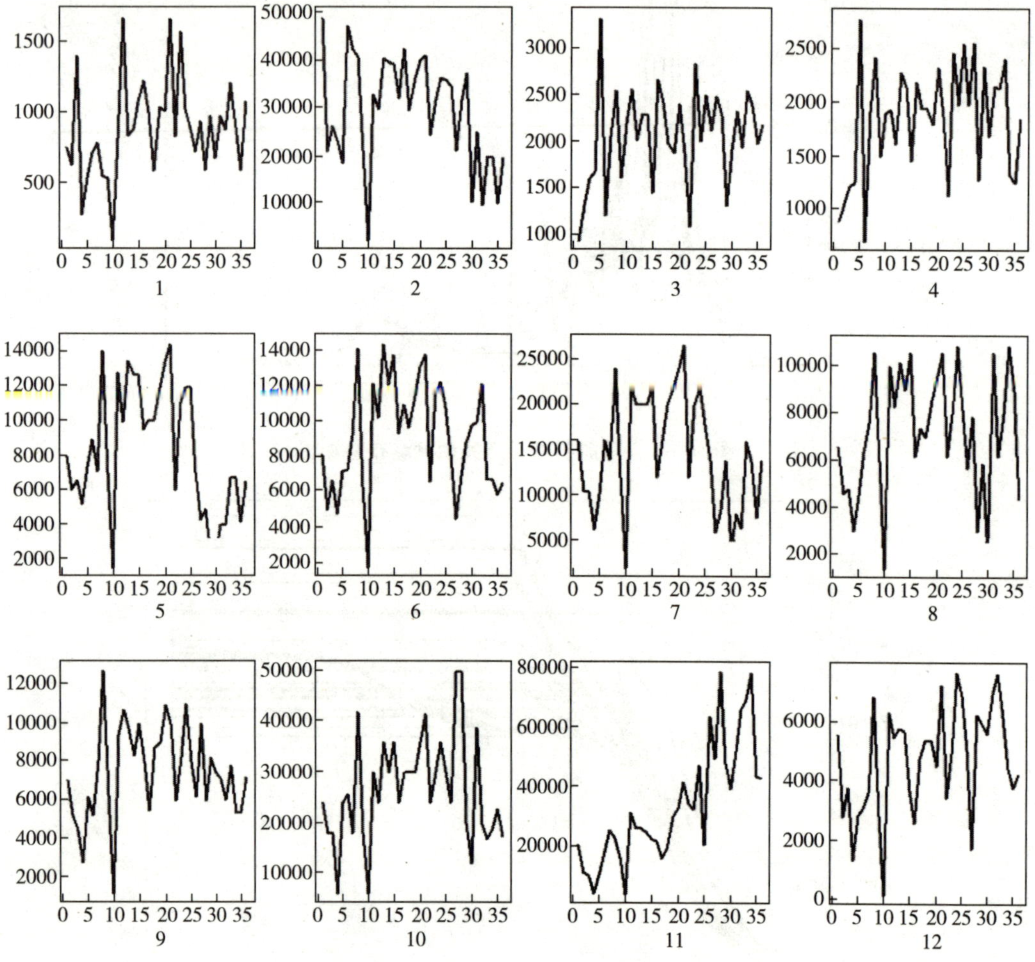

图 10－4　12 个 SKU 原始数据出货曲线

粗略地看一下图 10－4 的每一张图，有的趋势似乎很明显，有的忽高忽低，看得人眼花缭乱。更关键的是，我们这里只有 12 个 SKU 的曲线图，而实际上我们可能有成千上万的 SKU 需要及时地判断 PLC 状态。

顺便讲一下，当一些产品的生命周期比较长的时候，如轮胎、包装纸类，其 SKU 的 PLC 长达几年的时间，这时候即使是月度的出货数据也能把人整得晕头转向。所以，我们必须想办法将这些曲线或者其背后的历史数据进一步抽象化、简单化，最好能够实现“一看就明白”。

这些年，我在辅导这些客户的过程中一直在琢磨这个问题，客户项目组的同事们也没闲着，但在方法论及技术手段上一直没有实现根本性的突破，直到这两年我在业余时间练习 R 语言编程（实际上是拿着 R 当游戏玩），受其启发，似乎茅塞顿开，我搞了个“四点法判断产品生命周期”，如图 10－5 所示。

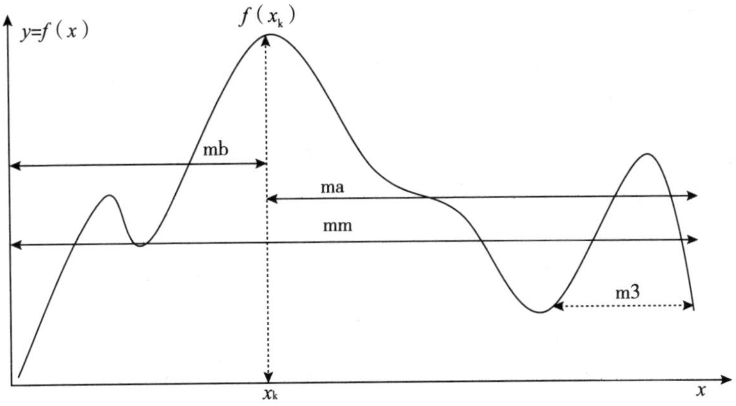

图 10－5　四点法分析产品生命周期

假设上图的曲线 $y = f(x_i)$ 是连续的，i 取值 1 ~ n，找到其中的最大值点在 x_k 处，$1 < k < n$，其值为 $f(x_k)$，我们定义 4 个平均值如下：

mb 为 x_k 之前的所有点对应的 $f(x)$ 的平均值，

其公式为：$mb = \frac{1}{k-1}\sum_{i=1}^{k} f(x_i)$

ma 为 x_k 之后的所有点对应的 $f(x)$ 的平均值，

其公式为：$ma = \frac{1}{n-k}\sum_{i=k+1}^{n} f(x_i)$

mm 为所有点 $f(x)$ 的平均值，

其公式为：$mm = \frac{1}{n}\sum_{i=1}^{n} f(x_i)$

m3 为最近期的 3 个点对应的 $f(x)$ 的平均值，

其公式为：$m3 = \frac{1}{3}\sum_{i=n-2}^{n} f(x_i)$

有了这 4 个点的定义，结合 PLC 曲线，我们就可以推理得到如下几种假设：

A 是持续上升，如图 10－6 所示：

这种情况下，我们大概可以判定该产品的需求处于爬坡阶段（RMP）。

B：持续上升，但近（3）期有所下降，如图 10－7 所示：

这种情况下，我们大概可以判定该产品的需求处于爬坡阶段（RMP）或即将进入成熟阶段（M）。

C：持续下降，如图 10－8 所示：

这种情况下，我们大概可以判定该产品的需求处于下降阶段（RMD）。

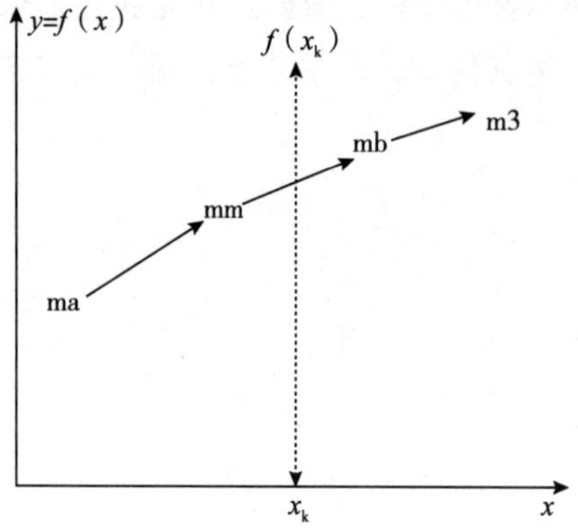

图 10－6　持续上升的需求

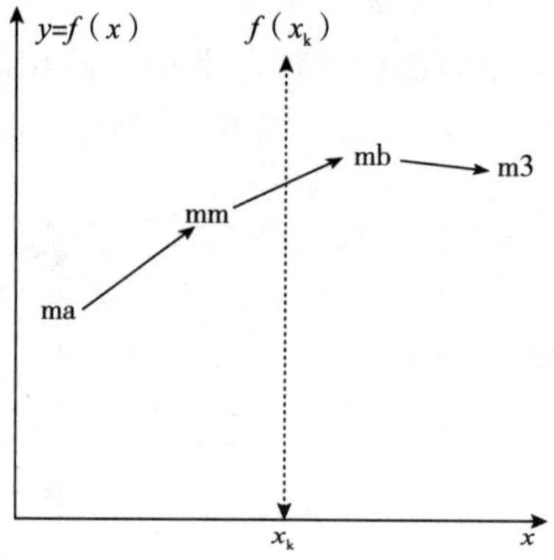

图 10－7　持续上升，但近（3）期有所下降

D：持续下降，但近（3）期有所反弹；如图 10－9 所示。

这种情况下，我们大概可以判定该产品的需求处于成熟阶段（M）或已经进入下降阶段（RMD）。

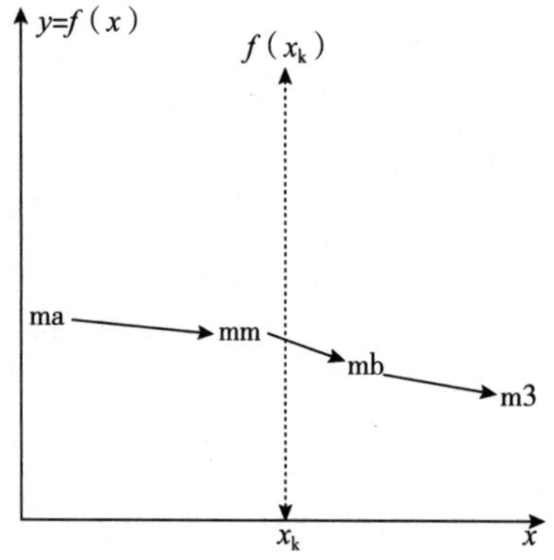

图 10－8　持续下降

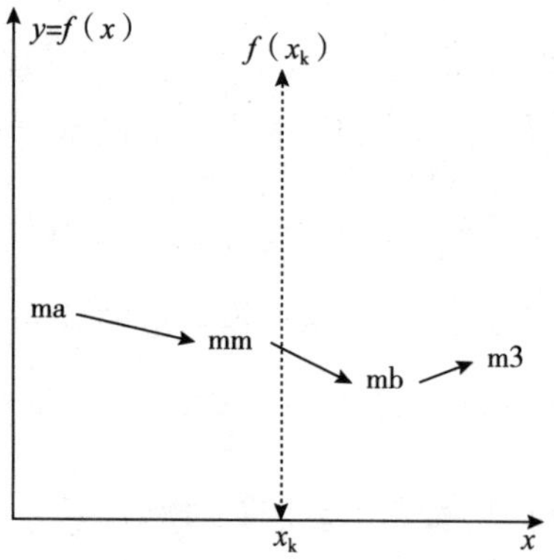

图 10－9　持续下降，但近期有所反弹

E：上升接着持续下降，如图 10－10 所示：

这种情况下，我们大概可以判定该产品的需求处于下降阶段（RMD）。

F：上升接着持续下降，但近（3）期有所反弹，如图 10－11 所示：

这种情况下，我们大概可以判定该产品的需求处于下降阶段（RMD）或还处于成熟阶段（M）。

依据以上逻辑，我们就可以对图 10 - 4 中的 12 个 SKU 的需求曲线图做进一步的简化和抽象，其结果如图 10 - 12 所示：

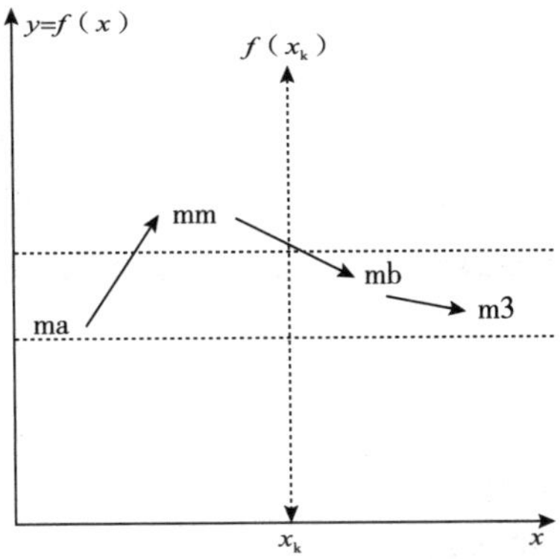

图 10 - 10　需求上升接着下降

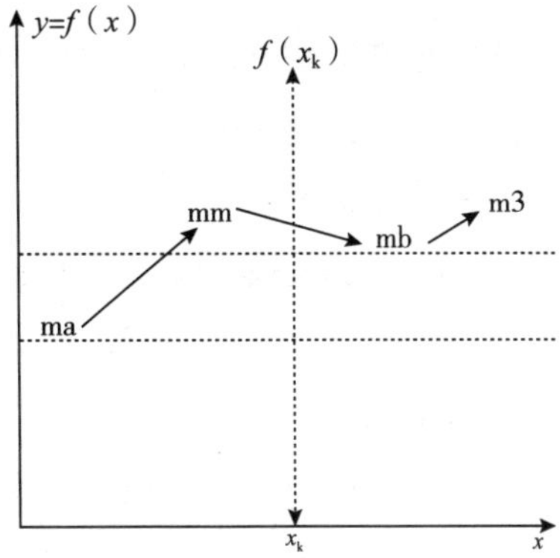

图 10 - 11　上升接着持续下降，但近期有所反弹

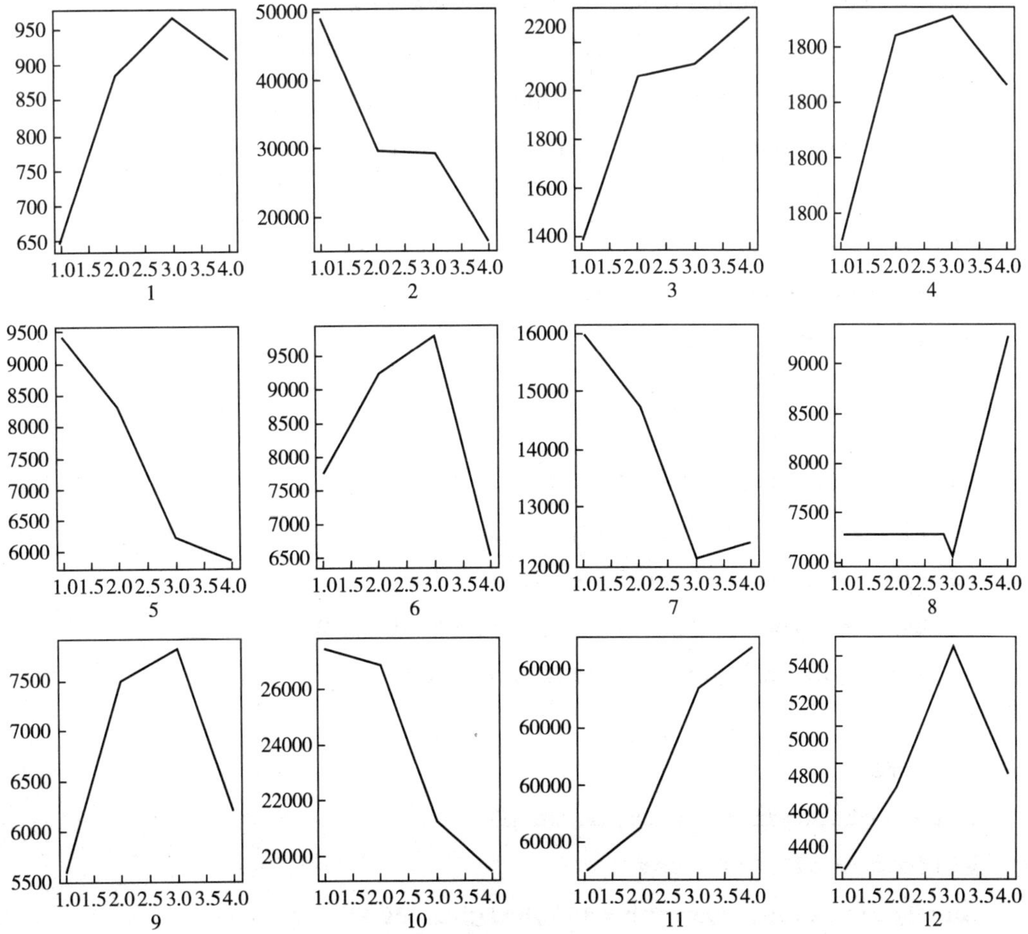

图 10 - 12　四点法简化后的出货曲线图

这样看起来是不是就简单明了多了？

因为我的 Excel 水平有限，不知道在一行数据中怎么定位最大值并进行前后的 mb、ma 等的公式化计算，所以我是用 R 语言实现从图 10－4 到图 10－11～图 10－12 的转换的，具体程序如下，对 R 感兴趣的读者可以参考：

```
# 四点法批量分析产品生命周期 程序名:PLC_ 4points
library(openxlsx)
options(digits =3)
df < -data.frame(read.xlsx("bookplc.xlsx",sheet =1),row.names ="
SKU")
d < -dim(df)
xk < -vector("numeric",d[1])#SKU 历史出货最大值
k < -vector("numeric",d[1])# 出货最大值期数
mb < -vector("numeric",d[1])#最大值之前的出货平均值
mm < -vector("numeric",d[1])#所有出货平均值
ma < -vector("numeric",d[1])#最大值之后的出货平均值
m3 < -vector("numeric",d[1])##最近 3 期的出货平均值
png("curves.png",width =1000,height =1000)
par(mfrow =c(3,4))
for (i in 1:d[1]){
line < -as.numeric(df[i,])
xk[i] < -max(line)
k[i] < -which.max(line)
mb[i] < -mean(line[1:(k[i] -1)])
mm[i] < -mean(line[1:(d[2] -1)])
ma[i] < -mean(line[(k[i] +1):(d[2] -1)])
m3[i] < -mean(line[(d[2] -3):(d[2] -1)])
plot(line,type ="l",xlab ="",ylab ="",lwd =2)
legend("bottomright",paste(i),cex =2)
}
dev.off()
df1 < -cbind(df,xk,k,mb,mm,ma,m3)
write.csv(df1,"df1.csv")
png("points.png",,width =800,height =800)
par(mfrow =c(3,4))
```

```
d < -dim(df1)
points < -df1[(d[2]-3):d[2]]
for (j in 1:d[1]){
line < -as.numeric(points[j,])
plot(line,type = "l",xlab = "",ylab = "",lwd =2)
legend("bottom",paste(j),cex =2)
}
dev.off()
```

当然，你应该也完全可以用 Excel 去实现整个过程，但我只会把 R 的计算结果转换到 Excel，然后画个对比图，其结果如图 10 - 13 所示。

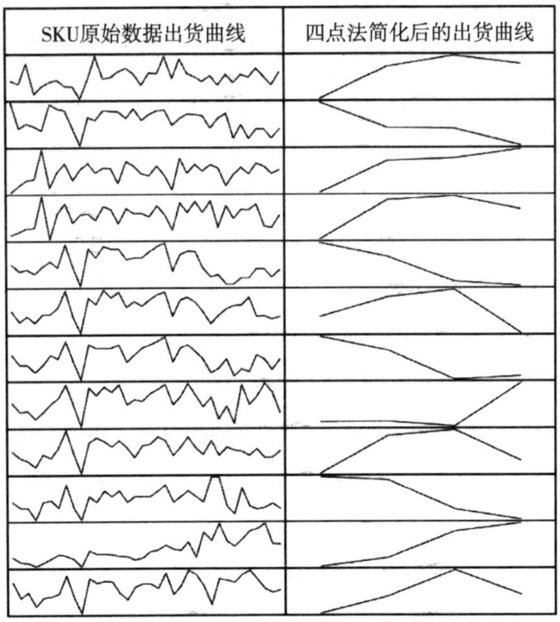

图 10 - 13　用 Excel 实现四点法出货曲线转换

四点法的一个理论假设就是“最大值 $f(x_k)$ 附近区域就是产品 PLC 成熟期”，或者说有如下数学假设：

对于任意一条连续的曲线，其最大值附近 ± n 个点的平均值一定大于其他任何点附近同范围内的平均值。

但是，这些假设成立吗？从数学角度，我自己是没有能力去证明这些假设成立与否的。所以，我不认为这个方法在理论上多么严谨，甚至我认为这个方法在逻辑上还有比较大的缺陷，但是，我相信它还是很实用的，所以在本书升级为经典版之际，我考虑再三，决定把这部分内容加上，也算抛砖引玉，至少也是为大家提供一个分析 PLC 的思路吧。但广大供应链管理从业者必须谨记的一个事实是，大数据也好，小数据也罢，数据分析、挖掘及统计预测等都只能是我们供应链决策的辅助手段，PLC 的判断分析最终还是离不开需求组织的帮助。就像何晓群老师说的一样，“事物的本质的东西……必须依靠专门学科的研究才能下定论”。

（摘自：何晓群. 应用回归分析（R 语言版）[M]. 北京：电子工业出版社，2017.）

10.3 SKU 优化

SKU 优化（SKU Rationalization）的问题在各行各业都存在，有错误的观点认为，SKU 越多，越有利于销售，客户越高兴。然而，“Recent research indicates that greater variety can actually decrease consumer sales”。（近期的研究显示，太多的种类反而实际上降低了销售，翻译：程晓华）

上面这句话是我从 David A Fields 发布的白皮书“*Consumer Products SKU Rationalization*”上看到的，而 David 则引用了 Schwartz Barry 的文章“The Paradox of Choice：Why More Is Less. HarperCollins Publishers，Inc. 2004”。

如果你有机会看 Colleen Crum 等人写的书“*Demand Management Best Practice*”（《需求管理最佳实践》），里面也讲了一个 SKU 优化的故事：

An Oliver Wight Companies colleague，Larry Wilson，tells of a client that tried to be all things to all customers. Despite efforts to cut manufacturing costs，it was not possible to produce and sell all of the products at a profit. The company embarked on a product rationalization program and decided to discontinue a number of product options. Some people within the organization resisted this decision；they feared that customers would take all of their business to the competition. Indeed，one competitor added to its offering many of the product options that the company had discontinued. In the end，however，the company became profitable. The competitor declared bankruptcy three years later.

中文意思是：一个 Oliver Wight 的同事 Larry 讲了一个故事：一家公司想给客户提供任何他们需要的产品。如果不将生产成本降低，那几乎不可能在有利润的情况下去生产并销售所有的产品。公司导入了一个产品合理化项目，决定停止一些产品的生产。公司很多人反对这个决定，认为客户可能把业务转到他们竞争对手那里去。的确，他们的一个竞争对手把他们停止的产品都增加到自己的产品序列了。最终，这个公司盈利了，而他们的竞争对手在 3 年后宣布破产。

这些研究和故事都在告诉我们，一个企业的 SKU 多了不见得是好事，尤其对于供应链管理来讲，多一个 SKU 就多一层麻烦，这是毫无疑问的。但是，我个人认为，供应链管理人员是“不懂市场、不懂技术、不懂产品的、不懂生产（工艺）的”，否则，结果可能就是我们自己不懂供应链了，道理很简单，我们每个人的大脑容量都是有限的，别的东西懂得太多了，可能就没有脑容量去懂自己的专业了。

另外，从写书的角度讲，我希望给大家提供的是解决问题的方案，而不是抱怨问题的工具。

职能角度，几乎每家公司都有产品经理（Product Manager），SKU 优化应该是他们与市场、营销、研发、财务等部门的事情，供应链管理部门只是参与。

专业上，SKU 优化又是一件非常复杂的事情，不是三两句话就能说得清的，但是，在 TIM 咨询过程中，我的确参加过几次这种讨论，同时考虑到，SKU 优化从流程角度，受益的还是供应链管理部门，所以在这里，我只是以销售额、客户、毛利率、波动率等四个维度来简单地说明这个 SKU 优化的逻辑。

某公司的所有 SKU 的情况如表 10 - 1 所示，从供应链管理角度，你认为需要优化哪些 SKU？

表 10 - 1　　SKU 优化示例

SKU	销售额 - ABC	客户 - ABC	毛利率 - ABC	波动率 - XYZ	组合
S8901	A	ABC	A	X	A - ABC - A - X
S8902	A	ABC	A	X	A - ABC - A - X
S8903	A	A	C	Z	A - A - C - Z
S8904	A	A	C	X	A - A - C - X
S8905	B	A	A	X	B - A - A - X
S8906	B	B	C	Z	B - B - C - Z
S8907	B	AB	C	X	B - AB - C - X
S8908	B	ABC	C	X	B - ABC - C - X
S8909	B	A	B	Y	B - A - B - Y
S8910	C	ABC	A	X	C - ABC - A - X
S8911	C	ABC	B	Y	C - ABC - B - Y
S8912	C	ABC	C	Z	C - ABC - C - Z
S8913	C	C	C	Z	C - C - C - Z
S8914	C	A	C	Z	C - A - C - Z
S8915	C	A	C	Z	C - A - C - Z
S8916	C	A	A	Z	C - A - A - Z
S8917	C	AB	C	Z	C - AB - C - Z
S8918	C	C	B	X	C - C - B - X
S8919	C	BC	B	Y	C - BC - B - Y
S8920	C	BC	C	Y	C - BC - C - Y

10.4 PLC 各个阶段的控制点

从供应链管理角度，在 PLC 的这五个阶段（NPI－新产品导入、RMP－爬坡、M－成熟、RMD－衰退、EOL－产品生命周期结束），各有各的故事，各有各的控制点。

NPI 阶段最关键的控制点就是 CPL（关键物料清单）的识别和决策，尤其是这些年，在消费电子行业，高端芯片就是典型的 CPL。我们可以简单地理解 CPL 就是那些可得性差的物料。

CPL 的识别不是大问题，但在决策方面，我亲自见识了太多公司的问题，特别是在决策分工方面的问题尤其严重。

在大大小小的公司，CPL 的决策往往都是 CEO 亲自做的事情，这看起来没错，但是，如果 CEO 做多了，尤其是做了不该做的事情，那么这个决策就一定会出问题。这种例子比比皆是，典型的情形是 CEO 跳过几乎所有的部门直接告诉寻源采购，你们去跟某某供应商签订一个长期合作协议（Long Term Agreement，LTA），2022 年全年，A 芯片，我要一亿片。然后 CEO 就不管剩下的事情了。直到年底的时候，有关部门告诉他，我们还有 0.5 亿片的在手库存，还欠着供应商 0.3 亿片的 PO 没有出。

有人肯定会说，是人就不是神，连 CEO 都搞不定的事情，我们其他人就能做好吗？

问题是，我们，包括 CEO 自己，已经把 CEO 当成神了，而忽视了团队和流程。这里面有几个非常简单但又必须回答的问题：

（1）这个芯片计划用在哪些机型上？这些机型的 ABC 分类或主力机型是什么？

（2）2022 年主力机型的市场预测是多少？最乐观的预测量是多少？最悲观的预测量是多少？这些市场主要是哪些地方？这些市场在 2021 年、2020 年的表现（如预测 vs 实际出货）如何？

（3）针对市场预测，这个 1 亿片的供应是激进的还是保守的？我们的策略方向是什么？到底要激进还是要保守？

（4）PO 应该怎么出（时间＋数量的组合及其均衡性问题）？这个 LTA 的交货策略是什么？按周？按月？按季度？

（5）这个 LTA 与供应商是否有中间评审环节？是否有机会调整？

我看过很多公司针对 CPL 的所谓风险采购（以下简称风采）流程，他们几乎都回答不了这些简单的问题。更有甚者，有公司的风采是直接由市场、销售部门决定的；更有胆大妄为者，采购部不经过任何部门的批准，直接跟供应商谈了个 LTA，然后回过头来逼着有关部门下单。

这些都是典型的团伙行为。

没有人是神仙，但是，一个团队，如果能够按照简单而合理的流程去做事，那就有可能无限地接近“神仙的水平”。

除了 CPL，NPI 阶段还有一个重要的控制点就是其他专用物料的可得性问题。这个问题同样牵扯 PLC 的下一阶段（RMP）爬坡是否顺利。

在我审核过的这些公司中，很多公司会发生类似如下的错误：

（1）NPI 看起来很顺利，但是没有考虑未来量产对专用物料的产能需求，因为没有专人用结构化的方法在管理 NPI 期间的物料需求。

（2）NPI 本身就磕磕碰碰不顺利，然后就直接转量产，美其名曰“过渡阶段”“NPI 与量产团队协作”，这实际上是典型的“凭着想象做管理”，把团伙当成了团队。团队的典型特征是专业分工、协同作战，而团伙则是稀里糊涂一起干。

这样就导致 NPI 与 RMP 不清不楚的。所以，从流程控制角度，在 NPI 与 RMP 之间一定存在着一个检查点，检查点未通过就不能宣布量产。对量产控制严格的公司为了确保量产顺利，甚至在量产之前设置了“预量产（Pre - Mass Production）”阶段。

从供应链管理角度，要检查的主要问题是：

（1）供应商产能爬坡计划及状态。

（2）自己或外包整机生产良率及稳定性。

产品生产进入 RMP 阶段之后，我们经常面临的就是市场需求的波动，这跟 RMD（衰退）阶段是类似的，尽管问题的性质是相反的：

（1）RMP 阶段面临的问题是，如果（if）需求增量，我们的产能、物料能否供得上（what）？产能爬坡需要多长时间？哪些物料会有问题？

（2）RMD 阶段面临的问题是，如果（if）需求减量，我们的产能浪费有多大（what）？哪些物料会产生呆滞库存？

也就是说，产品开始爬坡后，直到 EOL，我们就会一直面临着一个 what - if 的模拟、推演问题。实际上这也是供应链计划员们，尤其是 DP（需求计划员）的日常功课，他们必须时刻准备着“万一”（Just in Case，JIC）。

除了以上控制点之外，我们知道，几乎各行各业，伴随着 PLC 的整个过程的就是 EC（设计变更）。

EC 介于 NPI 与 EOL 中间，NPI 主要是新的专用物料的增加及可得性问题，EOL 则是专用物料的停用及呆死库存问题，而 EC 则两方面的问题都有。所以，无论是 EC 还是 EOL 都可能产生物料呆死风险问题，所以我们把那些因为 EC、EOL 而计划停用的物料称为风险物料（Risky Parts List，RPL）。

要减少 RPL 产生呆死库存的关键控制点就是我们第 5 章所讲的 FKR（齐套率），而在 EC、EOL 阶段要控制 FKR 的关键则是我们在第 4 章讲到的库存数据的准确性（IDA）以及保证库存数据的准确性的方法：CC（循环盘点）。需要注意的是，这里所说的库存数据不仅仅指在手库存，还有在途库存，供应商、客户手中的库存以及那些可能影响库存的主数据等。

我们把本节所讲的控制点放到一幅图上，如图 10 - 14 所示。

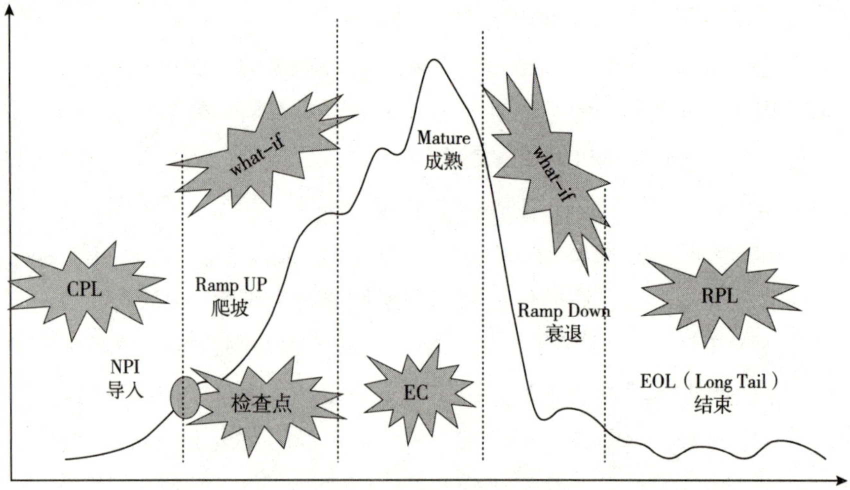

图 10－14　PLC 过程控制点

阅读理解之一

供应链管理必须追求简单朴素的解决方案

近期在看一本使用 R 语言做统计预测方面的书，客观评价，此书写得不错，尤其是对一些统计预测方面的知识点的解释，作者写得通俗易懂，他试图用自己的语言解释那些深奥的数学概念和原理，在这点上，我非常认同作者，这同样也是我的书里面试图达到的目的。

但是，美中不足，除了一些明显的写作或编辑、排版错误，我个人认为，这本书最大的问题是，作者在写 R 代码方面一直在给我一种印象，那就是把简单的问题复杂化。这可能也是这些 R 语言高手、程序大师们的一种爱好或者叫通病？故意把代码写得让我们这些菜鸟、普通老百姓看不懂？

我对书中如下所示的一段代码印象尤其深刻，所以有感而发：

```
#重构数据
ap_ matrix < -t(mapply(function(i){ap[(12 * (i -1) +1):(i * 12)]},1:12))
```

这段代码用到的函数，如 t（）、mapply（）、function（），单个理解都很简单，但是组合起来理解则有点困难了，尤其是跟｛｝里面的那些加减乘等运算结合在一起，我就直接搞不懂是怎么回事了！

我承认我在 R 语言方面的水平还是很菜鸟的，但是，遇到这种我读不懂代码的情况，则极少见。于是，我老老实实地把本书作者的代码敲到 R 里面去，一运行，结果差点把我气个半死！

原来这段代码的目的就是把一个时间序列型（Time Series，ts）的数据（ap，原书稿是 AirPassengers，我做了个简单的替换，否则看起来更难懂）转换成一个矩阵型

（Matrix）的数据！大师竟然还堂而皇之地命名这段代码为“重构数据”！

好大的题目！

如果你把“重构数据”写成“时间序列型数据转为矩阵型数据”，这样我不就明白你的意思了吗？

我还以为是多大的事儿呢！

不就是个数据转型吗?！这有什么难的?！

我用两行代码、两个标准函数操作，直接就完完整整地实现了这个目的，过程如图 10－15 中间的代码所示（上面的代码是作者的）：

```
> ap_matrix<-t(mapply(function(i){ap[(12*(i-1)+1):(i*12)]},1:12))
> ap_matrix
      [,1] [,2] [,3] [,4] [,5] [,6] [,7] [,8] [,9] [,10] [,11] [,12]
 [1,]  112  118  132  129  121  135  148  148  136   119   104   118
 [2,]  115  126  141  135  125  149  170  170  158   133   114   140
 [3,]  145  150  178  163  172  178  199  199  184   162   146   166
 [4,]  171  180  193  181  183  218  230  242  209   191   172   194
 [5,]  196  196  236  235  229  243  264  272  237   211   180   201
 [6,]  204  188  235  227  234  264  302  293  259   229   203   229
 [7,]  242  233  267  269  270  315  364  347  312   274   237   278
 [8,]  284  277  317  313  318  374  413  405  355   306   271   306
 [9,]  315  301  356  348  355  422  465  467  404   347   305   336
[10,]  340  318  362  348  363  435  491  505  404   359   310   337
[11,]  360  342  406  396  420  472  548  559  463   407   362   405
[12,]  417  391  419  461  472  535  622  606  508   461   390   432
> apm<-as.matrix(ap)
> ap_matrix<-matrix(apm,ncol=12,byrow=T)
> ap_matrix
      [,1] [,2] [,3] [,4] [,5] [,6] [,7] [,8] [,9] [,10] [,11] [,12]
 [1,]  112  118  132  129  121  135  148  148  136   119   104   118
 [2,]  115  126  141  135  125  149  170  170  158   133   114   140
 [3,]  145  150  178  163  172  178  199  199  184   162   146   166
 [4,]  171  180  193  181  183  218  230  242  209   191   172   194
 [5,]  196  196  236  235  229  243  264  272  237   211   180   201
 [6,]  204  188  235  227  234  264  302  293  259   229   203   229
 [7,]  242  233  267  269  270  315  364  347  312   274   237   278
 [8,]  284  277  317  313  318  374  413  405  355   306   271   306
 [9,]  315  301  356  348  355  422  465  467  404   347   305   336
[10,]  340  318  362  348  363  435  491  505  404   359   310   337
[11,]  360  342  406  396  420  472  548  559  463   407   362   405
[12,]  417  391  419  461  472  535  622  606  508   461   390   432
```

图 10－15　R 代码比较

我在想，我的这点 R 水平肯定跟这位作者没法比，因为从作者的背景和书的内容可以看出，此人在 R 语言及数据分析等方面应该是有着极深的修养和丰富的实战经验的，称其为大师、专家应该也不过分。也许正因为如此，他写的东西就顾不上考虑我们这些菜鸟的理解能力了吧？

我认为，大师的那段代码就是让很多人照着抄，大多数人都不一定能一遍就抄得对。

而我写的这两行代码呢？

```
apm < -as.matrix(ap)
ap_ matrix < -matrix(apm, ncol =12, byrow = T)
```

```
ap_ matrix
```

简单得不能再简单了！

稍微有点R常识的人都能看得懂，也非常容易照抄照搬，尽管看起来不是那么专业，至少是不够华丽，大师一步高招儿搞定的事情，我分成了简单的两小步，但这样一来就很接地气了，类似“床前明月光，疑是地上霜”之类的诗句，即使不认字的老太太也都能听懂了。

所以，在供应链管理实践中，我认为，绝大多数的流程、事情本来都是很简单的，但我们之所以把简单的事情搞复杂了，要么是因为真的不懂，要么就是“为了炫耀锄头而忘了种地（任正非先生的话）”。这里面，做锄头的，卖锄头的，买锄头的，用锄头的，可能都有问题。

（2022-2-7发布于程晓华全面库存管理咨询订阅号【ITOOTD】）

阅读理解之二

深度把握供应链的基本逻辑去解决错综复杂的现实问题

越是看似复杂的问题，越有着简单的解决方案，供应链管理也是如此。而要找到简单的解决方案，你就必须深度理解并掌握一些简单的基本逻辑和知识。

天下武功，唯快不破，供应链管理首先追求的是快！

快速出货，快速生产，快速供应，快速周转，无论行业。

要实现“快”，就必须协同，而协同的典型则是CPFR（协同计划、预测与补货）。

协同的首要目标是客户，而什么叫客户呢？

我在2011年年初就发表过一篇文章《什么叫客户》，里面有个很明确的定义，客户就是那张纸——合同，尊重客户就是尊重那张纸，“客户至上”就是指那张纸至高无上，这是协同的基础。

有人可能说，我们跟客户的合同很不公平，销售是跪着签的，那我们供应链应该怎么办呢？那没办法，你同样需要尊重它，直到你能站着说话的时候。要跟客户协同好，就必须跟供应商协同好。

作为供应商的客户，你可以下了订单不让人家出货，你可以“按需调料”、走“伪VMI”，但你一定要搞清楚的一个基本事实是，买的永远没有卖的精，否则，你的企业连死都不知道怎么死的。

“攘外必先安内”，要搞定外部协同，内部的协同根基必须牢靠。据我观察，大多数企业的问题恰恰就出在内部供应链管理上，具体表现为：

（1）高管们高高在上，他们都是些“只会管人的人”，不懂事（流程），不会负责（流程导向），但很会追责（以KPI为导向）。

（2）试图以越来越复杂的IT方案来解决管理问题，以为锄头自己就会种地、打粮食。

(3) 管理者整天想的不是去解决需要什么样的坑、多少个坑的问题，而是在天天计较几个萝卜一个坑的问题，结果是人海战术，疲劳作战。

(4) 企图“绑架”客户，却没想到已经被自家的生产所绑架……

最关键的是，这些企业的供应链存在着严重的“脑残问题”，具体来讲就是，供应链没有计划能力，靠的都是执行力，也就是蛮力、体力，肩扛手提、连踢带踹，一年几十亿、几百亿的产值，货都是带着眼泪和汗水出去的。

这也是个基本逻辑问题、常识问题。计划是供应链管理的核心，如同人的大脑。

最后，说到常识，我们就不得不再唠叨一下那个所谓的“安全库存”问题。我一直坚定地认为，如果突破不了安全库存的幻想，你就永远不可能从根本上提升供应链管理水平。我曾发表过一篇文章《谁再跟我提安全库存的事儿我就跟他急》，这里面说的已经非常清楚了：无论基于历史数据还是未来的预测，还是二者兼而有之，你都是在假设，未来的真实需求是会按照历史或预测发生的，而这是小概率事件。

当然，这个安全库存概念也是需要你静下心来去深度理解的，否则，你还真不知道它是什么意思，那剩下的就只能是盲目崇拜，人云亦云了。

（2022－4－23 发布于程晓华全面库存管理咨询订阅号【ITOOTD】）

实战练习

产品 EOL 的案例

【知识点】

1. 盘点！

2. 齐套！

3. 不允许任何人犯错误！

2022 年 8 月 1 日，我们接到 EOL 通知说，A 产品要在 2022 年 9 月底结束生产，通知要求我们供应链反馈两个问题：

(1) 本产品 EOL 之前还需要生产多少成品是“最佳方案”？

(2) 本产品的 5 个专用物料（如表 10－2 所示）最终能产生多少（$）呆死库存？

表 10－2　　EOL 产品专用物料

物料编码	BOM 用量	采购提前期（天）	单价（美金）
10011	1	35	50.00
10012	2	21	10.00
10013	3	91	1.50
10014	5	91	5.80
10015	8	63	2.00

假设你是供应链总监，接到 EOL 计划后：

（1）请画出流程图描述：你会安排哪些人、采取哪些动作以实现 A 产品“有计划地去死”？

（2）请设计一个场景，如客户订单、在手、在途库存等模拟回答 EOL 计划要求供应链反馈的两个问题。

第11章

库存控制与ERP

本章基本观点与底层逻辑

1. 不要助纣为虐
2. 不要自己做锄头

11.1 3C模型

2014年12月，我发表了文章《再论3C（ERP实施成功模型）之间的关系》，其中提到了一个“成功实施ERP的3C模型”，如下图所示。

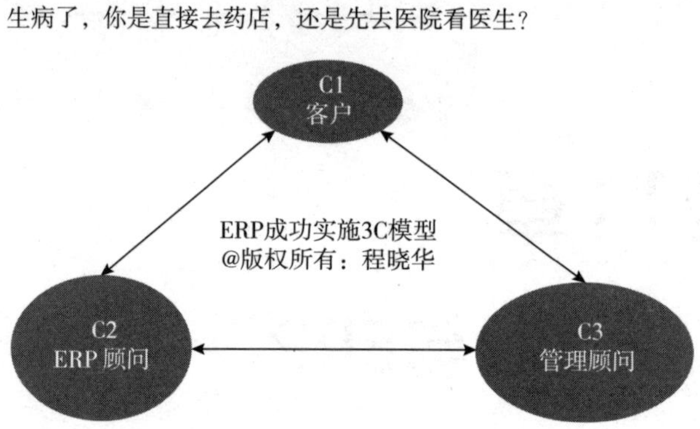

成功实施ERP的3C模型

在这个模型里面，我把C1（客户，Customer）比作患者，C2（ERP顾问，ERP Consultant）比作卖药的，C3（管理顾问，Management Consultant）比作医生。我的道理很简单，企业之所以想上ERP是为了解决企业问题，就如同患者寻医问药，但其实正常的做法是，人患病时首先去看医生，而不是先去抓药，但很多人却不是这样，往往是直奔药店，可能是为了省钱，也可能是不相信医生，或者从来没有见过真正的医生。

这些年，我接触并长期辅导的客户越来越多，我一直在反思一个问题：直到现在，为什么还跟30多年前MRP刚刚进入国内的情况差不多，实施ERP（原先叫MRP/MRP－Ⅱ）成功的企业还是少之又少呢？

在Thomas Curran等写的书《SAP R/3业务蓝图》中有这么一句话令人印象深刻：不管信息系统多么有效，除非实际的业务过程是仔细审查过的，否则，它永远都不能帮助公司实现业务目标。我完全同意Thomas等人的意见。

市面上流行的那些ERP，无论是SAP、Oracle还是金蝶、用友等，这些信息系统都是有效的，但因为你的实际业务过程是没有经过仔细审查的，所以，ERP不能帮助公司实现业务目标，即无论你怎么夸张地宣布、庆贺你的ERP成功上线了，本质上却连个起码的 MRP 都跑不起来。

当然，你说 ERP 上线了也不算太过分，毕竟，花了那么多钱，也算是买了一身“皇帝的新衣”嘛。

针对我提的那个 3C 模型，我们来看一些案例并做一些简单的分析。

我们都知道“客户就是上帝”“以客户为导向”“让客户满意”这些口号。

通俗地理解就是，客户说啥就是啥，我们一定要听，一定要照着客户说的去做。

这里的一个基本假设是，客户真的知道自己想要什么。

问题就出在这里。作为客户的甲方，他们真的知道自己想要什么吗？

我们一起来看一个甲方“需求”：

成铭老师你好！

我们和 IT 在开发“在途呆滞库存报告”，对于在途呆滞定义为：扣除所有的需求，在途剩余的数量为在途呆滞，呆滞一起统计，未做区分。

请帮助我们确认一下这个定义是否合适？

我们之所以提出这个问题，原因是：物料采购周期长短不一（从 1 周到 30 周不等），物料按照采购周期长短结合需求分解下单，因此无法按照在库呆滞定义的 90 天时间区域去限制在途呆滞。

具体问题点在于：采购周期大于 90 天的物料，按照需求正常下单就会超过 90 天需求量，这部分定义为呆或者滞不合适，如某个物料采购周期为 210 天（30 周），正常下发 210 天需求的 PO，按照 90 天算呆或滞，其中有 120 天理论上即使正常下单也会被计算为滞；NPI 风险备料阶段，90 天内 ERP 系统没有需求，按照采购周期大于 90 天已经下单的物料就会全部计算为呆。以上类似的情况我们需要跟 IT 确认，超过 90 天内正常需求部分是否可以系统实现在呆或滞中扣除。

看懂了吗？

看不懂也正常，因为这个“需求”本身就不正常。

关键的问题是，这个所谓的需求还是经过我仔细研究并跟其沟通后，亲手润色过的，否则你看起来更费劲。

这个需求的主要意思是：“按照超过 90 天以上的需求定义呆滞对于那些采购提前期超过 90 天的物料或者 NPI 期间风险采购的物料是不公平的，因为按照这个定义，一出 PO，这些物料就变成在途呆、滞库存了。”所以，这个要求看似很简单，也很合理，那就是 IT 在设计呆滞报告的逻辑时要把这些物料的呆滞数据从呆滞报告中剔除。

这个要求对于 IT 来讲过分吗？

其实也不算过分，为什么呢？

搞 IT 的人脑子都很聪明，尽管这个要求不是什么正常的逻辑，但是，在 ERP 里面搞个二次开发，搭个小桥，肯定能够实现！

这样既满足了甲方的要求，又可以多收点 ERP 实施费用，何乐而不为呢？

还有下面这个例子：

华总你好，这次 TIM（全面库存管理咨询）检讨在大家的共同配合下，我认为本次检讨的会议议程中提到的问题都已经澄清得差不多了，但针对“订单评审流程”，有个问题需要引起你们的特别注意并最终决策：

这个流程的逻辑图及控制点已经基本讨论完，大家也基本达成了一致，但有个关键问题就是，销售管理部的人一直不同意“先到先得”的原则，他们坚持说，实际发货前，他们需要重新分配库存。进一步说就是，他们一方面不想承担任何（承诺、销售任务管理等）责任，另一方面，还想在产能紧张的时候，可以随时推翻我们供应链的承诺，尤其对所谓的“不重要的客户”的承诺，他们坚持认为，实际发货前，他们可以根据情况重新分配库存。

这是我作为 TIM 顾问坚决不同意的，道理很简单：一是如果这样做，供应链管理就不需要存在了；二是 IT 也不知道如何运作了。

看懂了吗？

这个要求看起来也不过分嘛！无非就是销售让供应链管理先去承诺客户，然后等到要实际出货的时候，销售再把供应链的承诺废掉。

我相信那些聪明的 IT 们也能在 ERP 里面实现这个要求。

凡此种种，罄竹难书。

也就是说，这些“上帝们”根本不知道自己想要什么。我想原因无非如下几个方面：

（1）“上帝们”是井底之蛙，没见过井外面的天是什么样子，所以也不知道应该提出什么合理的要求，只是按照自己“以为合理”的要求去提。也就是说自己不会开车，即使有高速公路，他们的认知也只停留在“高速路上骑驴要比土路平坦得多”而已。

（2）与所谓的“顾问”有关。

我的理解，顾问按大类有两种：一是 ERP 顾问，也就是那些做锄头、卖锄头的；二是管理咨询顾问，可以理解为会种地的。

那些做锄头的顾问很容易陷入“以客户为导向”的坑里，因为他们很聪明，针对客户提出的五花八门的要求，他们绞尽脑汁也会去满足，目的是尽早把锄头卖出去，把钱收回来，还能落得个“积极满足客户需求”的好名声。

至于那些会种地的顾问，因为成本比较高，很少有 ERP 实施公司养得起，即使有，照猫画虎者多，入流的少。偶有入流者，因为坚持己见，要么得罪了客户被赶走，要么自己愤而离职。某著名咨询公司的 HR（人力资源）曾经跟我说过一句话，“你们这些人在咱这里存活率不高”。

一个企业，买一把好锄头的目的是掌握更好的工具、思想和方法，以便去更好地种地，结果呢？好好的锄头最终被改成了歪把子枪，根本种不了地。或者，锄头是新的，种地的方法还是过去那一套，工作效率、质量当然也不会有什么改善，甚至是新的锄头被迫挂在了腰上，不但不能帮忙种地，反而成了累赘。

11.2　与 MRP 实施有关的几个具体问题

假设我们已经解决了上一节讨论的 3C 问题，甲方的需求被充分地讨论并被审查过了，ERP 顾问、管理咨询顾问都已经到位并就所有关键问题与甲方达成一致，我们万事俱备，只欠跑 MRP 了。

即使这样，我们还得老老实实地回答好下面的问题：

（1）我们是否有书面的、已经清晰地定义了的"供应链管理矩阵（与客户、供应商等合作伙伴的游戏规则）"？3C，包括管理层，是否对本业务模式的实质和底层逻辑的理解真正地达成了一致？怎么证明这种"一致性"？

（2）我们的需求计划策略是什么？MTS？MTO？无论哪种策略，我们是否清晰地定义了其输入、输出？

（3）是否已经清晰地定义了 ERP 账套及库位？

（4）BOM、工艺路线、生产日历等主数据是否维护了？

（5）我们定义的主数据，如采购提前期、生产周期等，是否起作用？

（6）我们定义的生产与库存策略、采购与库存策略是否起作用？

（7）我们的 MRP 运算策略是什么？MRP 日历是否清晰地定义了？

（8）其他一些操作性问题，如 PR 转 PO、计划单转工单、发料、倒冲等是否有问题？

其中第一条最关键。

很多公司的 ERP 解决方案都是建立在照猫画虎的基础上的"假方案"，为什么呢？

归根结底，我们还要回到 3C 上：

（1）C1：作为客户的你是否提出了一个合理的需求？

（2）C2：ERP 顾问是否有能力识别、理解客户的需求？

（3）C3：C1/C2 的输入、输出是否被医生诊断过、被证明了是合理的？

本章最后再提醒大家注意一个问题：有些公司提出的 ERP 需求可能是有流程依据的，所以大家（客户自己、ERP 实施顾问等）就都以为这是合理的。这种需求的欺骗性很大，因为大家可能忽视了一个起码的常识：这些流程、规定等本身是否合理？它们的背后是否有一整套能够自圆其说的底层逻辑支撑？

我之所以这样说，是因为这些年我发现，从供应链管理角度来看，很多大公司根本就没有想好怎么做生意，或者说，他们从来就没有人专门思考过这些问题。一个简单的例子就是，一个年产值近百亿元的业务单元长竟然不知道自己的产品到底是 MTO 还是 MTS。

11.3 IT规划与SCM

IT规划明明是IT部门的事情，与供应链管理（SCM）有什么关系？与库存周转、及时交付又有什么关系呢？

这是个很大的题目。尽管我一直非常重视IT在供应链管理中的作用，但我本人并不懂IT。只是因为经常接触IT，尤其是这十来年的TIM咨询生涯，让我接触了太多的IT，包括客户的IT组织以及江湖上那些形形色色的ERP/IT实施顾问们及IT咨询公司。我觉得有些“丑话”是必须要讲的，否则总感觉对不起业界良心。但我不多说，只讲三个小故事让大家体味一下。

故事一：我在F公司做供应链总监的时候，手下有一个非常聪明的计划员，他后来去了国内一家非常有名的高科技制造企业。在那工作几个月之后，他跟我谈感想说，他直到现在也没有弄明白，与他的计划工作相关的n个IT系统之间的逻辑关系是什么。关键的问题是，好像他周围的那些“老人”也没有什么人可以说得清楚。

故事二：我去某客户那里做TIM审核，查到工单释放流程的时候，我说我要看一下最新的计划单的物料齐套情况。结果他们的系统显示，当周的计划需求中就有无数的缺料。我说这么严重的缺料，此时此刻，你们应该是全线停产了吧？他们的计划主管说，不会的，不会的！实际上是不缺料的，我们的系统运算逻辑有问题，但我们也搞不懂这个运算逻辑到底是什么，反正我们肯定是不缺料的。他所说的系统是基于他们原来的ERP系统之上的一个外挂系统，据说是国外某著名咨询公司帮他们实施的，已经上线一两年的时间了，马上还要上二期。

故事三：一家咨询客户的IT总监跟我说，他准备请某著名咨询公司帮他们搞个IT规划，他问我有什么建议没有。我说你们花了几千万元实施了几年的ERP系统连个MRP都跑不起来，您还需要搞什么IT规划？他说那是“业务部门的问题”。

阅读理解之一

IT很容易“助纣为虐”

这些年，我审核、检讨过几十家企业及一些大的事业群（部）的供应链管理体系，包括端到端的流程、组织、IT及KPI等，发现一个比较普遍的现象，很多公司的IT是在做一些“助纣为虐”的事情，尤其是那些搞ERP的。

什么意思呢？

业务部门的用户随随便便提出一个需求，既没有经过严肃而充分的讨论，也没有经过专业的、严格的审查，然后IT部门就帮着开发出来了。本来就是不一定合理的要求，但是经过IT化，业务部门在错误的道路就会越走越远，结果是加速度地偏离了正确的轨道。

为什么会这样呢？

道理很简单：

（1）业务部门的人不懂业务。他们看似“很有经验”，提出的要求看似也合理，实则离题万里、极其荒谬。

（2）IT 的人更不懂业务，即使有几个略微头脑清醒者，在混乱的需求条件下，他们也会慢慢地怀疑人生、迷失自我。

（3）业务部门的经理、部长、总监们不管业务，他们自己也不清楚正确的业务流程应该是什么，所以，索性也就不去管了，天天忙着跟老板们做汇报，忙着开一些无聊的会议，根本顾不上手下人的需求到底是什么。

（4）尽管很多公司都有“IT + 流程管理部”，但他们自己往往都不懂流程，比如，业务部门的需求到底应该怎么 IT 化。

那这个问题到底应该怎么办呢？

我曾经写过一篇文章谈 ERP 成功实施的 3C 问题，尽管这篇文章在网上遭到很多人的攻击，但我还是要问一个常识性的问题：如果生病了，你是先去看医生呢？还是直接去药店买药？

判断一个人、一个公司是否懂流程，就看他是不是张口闭口“这是老板说的”“那是客户要求的”“这是谁谁谁讲的”等。人治永远不能代替法制，而这个“法”就是公司管理的业务流程。好的法律使人向善，恶法则很容易让好人也变成坏人，而 IT 化的恶法则会加速这种变化，我称其为“助纣为虐”。

（2021 - 5 - 2 发布于程晓华全面库存管理咨询订阅号【ITOOTD】）

阅读理解之二

特斯拉自主研发 ERP 这件事与你没有什么关系

估计是有人在炒作？网传特斯拉公司（Tesla Motors）25 个人、用时仅 4 个月就开发了一套无所不包、真正适合特斯拉公司自己的、量身打造的一套叫 Warp 的 ERP 系统，然后他们就把 SAP 给废掉了。

据说领头的那个人叫 Jay，是特斯拉公司的 CIO，以前曾经在 Oracle 等公司干过多年，是个很资深的 IT 人士。

估计很多人看到这条消息（特斯拉自主研发 ERP）之后，又要开始蠢蠢欲动了！

你看嘛！人家特斯拉自己开发 ERP 就成功了！量身定做，我们为什么就不能这么做呢?!

从 1995 年开始接触 MRP 到现在，我一直能听到这种声音，我们是多么多么特殊，要么行业特殊，要么产品特殊，要么客户特殊……总之，我们是特殊的，需要开发适合自己的特殊的 ERP。

听得多了，见得多了，我得出的结论是，他们说的所有的“特殊”其实都是借口，但有一条是真的，那就是整天张口闭口说特殊的这些人，他们的确是特殊的，他们什么也不想做，只想躺在“特殊”里面睡懒觉，再盖一床特殊的被子（ERP），这样，一切就很完美了。

我们最终可能无法去验证特斯拉这“25 个人”“4 个月”“自己的 ERP”到底是怎么回事，但我想说的是，你脑子里面对这件事的理解与想象跟实际情况一定有重大出入！

（2021－2－11 发布于程晓华全面库存管理咨询订阅号【ITOOTD】）

阅读理解之三

供应链经理们最大的挑战除了管理层不懂，就是拿不到合适的数据？

如果你问一个供应链管理者，他的工作所面临的最大挑战是什么？估计十有八九会抱怨说，预测不准确、客户要货急、生产与采购提前期不够、供应商不听话等。然而，有意思的是，一个偶然的机会，我在网上发现了一份来自美国一家叫 Supply Chain Insights LLC 的供应链研究机构 2014 年的调查报告，报告的目的就是调查供应链经理们的痛点。其调查结果显示，供应链经理最大的痛点：一是高管团队不理解供应链；二是没有能力拿到合适的数据。

我想这是一个很有意思的调查结果，也是一个会超出很多人预期的结果，但仔细想想好像还真是这么回事。

第一，你见过几个老板真正明白供应链管理的？他们大多是研发或销售出身，懂供应链管理的很少，偶尔遇到几个“明白供应链”的，要么是叶公好龙，要么就是似懂非懂；其他的高管们就更不用说了。那些研发人员发自内心地看不起供应链管理者，而销售好像与供应链是天敌，搞财务的则一直以为供应链都是由贪污腐败分子组成的，即使那些生产队长们竟然也认为自己才是老大。

这就是很多公司只开花、不结果的根本原因所在。

但我一直觉得，在这个问题上，供应链管理人员本身就有问题。你连自己的老板及周围的同事都培训不好，还怎么去培训自己的手下和供应商？甚至是去培训客户？

这个痛点不能怪老板，也不能怪别人，要怪只能怪你自己。当然，现实情况的确有些复杂，比如你的老板对供应链管理的理解是处于“似懂非懂”的状态，这就比较难办。有句话说得好，不怕老板不懂，就怕老板似懂非懂，十窍通了九窍。

第二，很值得探讨——啥叫没有能力拿到合适的数据？

因为这个调查报告只是个简单的 PPT 转 PDF 文件，里面并无详细论述，所以我只能按照我的经验去猜测：到底是供应链经理们自己没有能力拿到合适的数据呢，还是手下无能，无法提供经理需要的合适的数据？那什么叫合适的数据？如果结合着整个报告看，比如倒数第四个痛点是 “Ability to get/use financial data in SC decisions”（拿到/使用财务数据以做供应链决策的能力），我们是不是可以这样理解这第二大痛点，那就是公司出于种种原因，如以保密为借口，不让供应链经理及其手下看到类似价格、成本之类的数据？如果是这样的话，那供应链管理这个活儿是没法干的。道理很简单，你让他控制库存，尤其是控制呆滞库存，但你又不让他知道价格、成本，那他控制什么？

但是，这是普遍现象吗？我以前工作过的公司都不存在这个问题，这也是我自己干独立顾问之后才知道，的确有一些客户不让供应链管理者们看到价格等敏感数据，但我非常不理解这种做法，你让他们签个保密协议不就行了吗？一个公司，除了老板之外，总要有其他人输入这些数据，有其他人，如 CFO、成本会计等在看这些数据吧？难道他们就不会泄密吗？

但我更愿意把这个没有能力拿到合适的数据理解成“自己没有能力得到自己想要的数据”，因为我看到太多的供应链经理，他们对 ERP/MRP 一无所知，基本逻辑不清楚，就连 Excel 的基本操作都不熟练，数据分析常用的函数公式一概不知，同时，他们又有无数奇特的想法，在这种情况下，他们当然拿不到合适的数据了！

这方面我自己倒是深有体会。

我在 F 公司做全球物料总监的时候，老板是个采购出身的美国人，他每次只要见到我就会跟我要各种各样的报告，我一开始怀疑我的英语听力出了问题，后来到马来西亚开会，我拉着一个当地的手下一起听他讲，结果我那手下也听得稀里糊涂的。会后我俩一起探讨这件事情，我们最终的结论是，老板自己不知道想要什么。

（2022－6－8 发布于程晓华全面库存管理咨询订阅号【ITOOTD】）

阅读理解之四

我都不知道“数字化转型”是个什么东西，怎么可能反对它呢？

【作者按：锦上添花的前提是你得有“锦”。】

2020 年 9 月，我发表文章《数字化转型可能又是一阵风》，很多人给我留言说，这是国家行为，是大势所趋，你怎么能反对呢？

其实，我从来没有反对过什么“数字化转型”，道理很简单，到现在我也没有真正地搞懂什么叫“数字化转型”，我对它一无所知，我只是凭经验、凭感觉，觉得它像一阵风而已。况且，这种刮风下雨的事情，我们已经经历过太多了。

关于传说中的“数字化转型”，我百度过，也查过很多资料，甚至咨询过某一个世界“50 强”（就一个零）企业的一位据说是“数字化转型部门”的同乡，我问他，到底什么是数字化转型？你们“数字化转型部门”每天的具体工作是什么？这个东西跟 MRP/SRM/CRM/MES 之类的联系和区别是什么？

他说，具体来讲，我也搞不清楚到底是什么意思，只是觉得这个东西应该由你们这些搞业务的人来领导，而不是由我们这些IT人员来主导。

我说你了解的这点东西，我们20多年前开始搞MRP的时候就知道的。但这个“数字化转型”到底是个什么东西呢？

他说我也不知道。

所以，我说，我都不懂它是什么，怎么可能反对它呢？

但这些年我辅导了这么多大企业，懂得一点就是，他们中的绝大多数人连起码的MRP都不懂，这个事儿我倒是很清楚的。

（2022-6-2发布于程晓华全面库存管理咨询订阅号【ITOOTD】）

实战练习

请描述一个典型客户或产品线的供应链管理矩阵

【知识点】客户有需求，我们有供应，中间有合同约定，这就是“业务模式”(Business Model)。从供应链管理及ERP实施、应用角度，我们将这三者的关系定义为“供应链管理矩阵”(Supply Chain Management Matrix，SCM Matrix)，它包括客户或销售的输入，我们与客户的合同约定，输出我们的供应策略，包括生产及与供应商的游戏规则。基于这个供应链管理矩阵，我们就可以在ERP系统里面定义并搭建自己的生产、采购与库存策略模型，典型的如MTS、MTO等。

（摘自程晓华《制造业全面库存管理》）

现在：

（1）请你静下心来，针对公司现有的某一类客户或产品线，用文字描述其供应链管理矩阵，格式自定，但要包括输入、输出及中间的合同约定等基本信息。

（2）完成上述作业后，建议你召集销售、采购、计划等相关人员组织个讨论会，看看你的文字描述跟大家的理解是否一致。

第12章

库存规划、监控与KPI体系

本章基本观点与底层逻辑

1. 库存规划很重要但监控是关键
2. 多看流程少看 KPI

12.1 库存规划

库存规划也称库存计划（Inventory Planning），在英语里面“规划”“计划”是一个单词，但我总觉得汉语的规划与计划有所不同，规划似乎是长期的事情，而计划则根据情况需要随时调整。图 12－1 是一个比较典型的库存规划与监控流程。

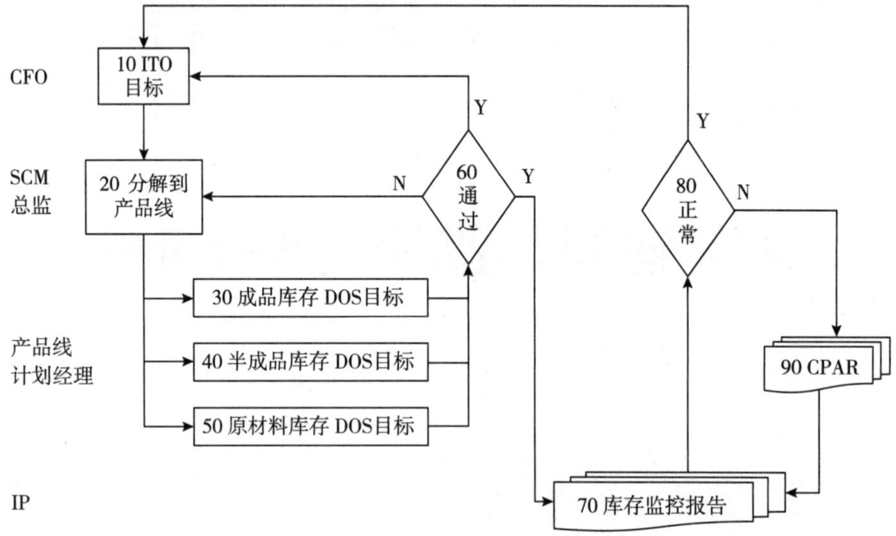

图 12－1 库存规划与监控流程

需要引起大家注意的是，在我这些年审核的几十家公司、事业部中，几乎没有见过一个比较完整、正式的库存规划与监控流程。

下面从本流程的第一步 10 开始谈起。

我审核过的绝大多数公司都用库存天数而不是年化的库存周转率来设定库存目标，这是我一直非常不理解的做法。他们的计算逻辑是现有库存金额 10 亿元，过去一段时间平均每天销售物料成本是 1 亿元，那么现在的库存天数就是 10 天。

但这里面有一个很大的问题，即怎么定义这个“过去一段时间”。

我看到的无非有两种定义，一是基于当月的数据，用库存除以当月的销售物料成本再乘以 30 天；二是用历史上每个月的平均销售物料成本做分母。

这两种做法都是不科学的，下面用一个例子来说明这个问题。

某公司2021年库存天数的目标是30天，2021年每个月销售与库存实际发生的状态如表12－1所示。

表12－1　2021年某公司销售物料成本及期末库存　单位：亿元人民币

期间	2021/1	2021/2	2021/3	2021/4	2021/5	2021/6	2021/7	2021/8	2021/9	2021/10	2021/11	2021/12
销售物料成本	100	110	100	200	220	200	200	280	200	100	100	90
期末库存	98	130	122	238	210	205	260	239	188	98	99	89

我们按照上述的两种定义计算其库存天数，得到结果如表12－2所示。

表12－2　两种方法计算库存天数

期间	2021/1	2021/2	2021/3	2021/4	2021/5	2021/6	2021/7	2021/8	2021/9	2021/10	2021/11	2021/12
库存天数－当月平均	29.4	35.5	36.6	35.7	28.6	30.8	39.0	25.6	28.2	29.4	29.7	29.7
库存天数－历史平均	29.4	37.1	35.4	56.0	43.2	39.7	48.3	40.7	31.5	17.2	18.0	16.9

我们把表12－2的数据跟目标30天做成一张图，如图12－2所示。

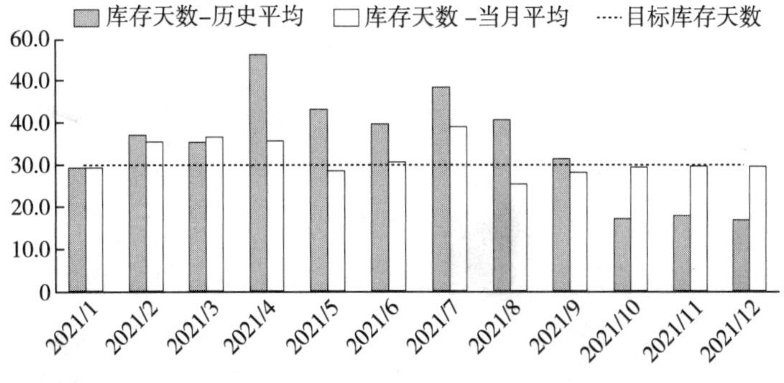

图12－2　实际库存天数与目标对比

从图12－2很容易可以发现两个问题：

（1）当月平均法得到的库存天数看起来好像比较平稳，但似乎也在误导我们：上半年干得不怎么样，下半年有很大的改善和提升，除了7月，其他月份都达标了。

（2）历史平均法得到的库存天数好像波动很大，差的时候（4 月）到了五十多天，好的时候（10 月及以后）才十几天。

这能说明他们下半年的控制水平有这么大的改善吗？实际情况果真如此吗？

我一直认为，一个供应链管理团队在人员及公司业务模式并没有发生明显变化的情况下，在短时间内，比如一年半载，其供应链管理水平是不可能发生明显变化的。

但图 12－2 却说“他们的供应链管理水平发生了明显的变化”。

很明显，这是我们定义的统计量（KPI）出了问题。为什么呢？

衡量供应链管理水平，尤其是库存控制水平的唯一有效指标应该是年化的库存周转率，而不是这个天数、那个天数的。

如果你做过本书第 1 章的实战练习，就很容易根据表 12－1 得出表 12－3 的结果。

表 12－3　　年化 ITO

期间	2021/1	2021/2	2021/3	2021/4	2021/5	2021/6	2021/7	2021/8	2021/9	2021/10	2021/11	2021/12
ITO－年化	12.2	11.1	10.6	10.4	11.0	11.1	10.7	11.3	11.4	11.5	11.5	11.5

将表 12－3 做成图更明显一些，如图 12－3 所示。

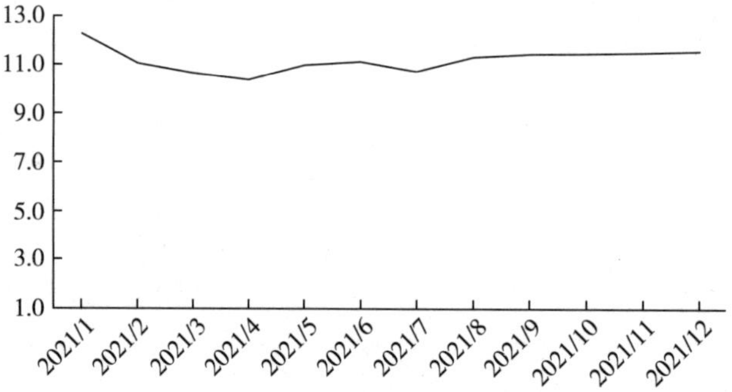

图 12－3　年化 ITO

由图 12－3 可以清晰地看到，其实，这一年下来，他们的年化库存周转率一直徘徊在 11 左右的水平，偶尔略有波动，但并无根本性变化。这就是为什么每次审核一家新的客户，我给他们的建议都是把库存天数改成库存周转率。但是很少有公司采纳我的建议，我想，一是这可能是习惯问题。这个习惯从小到大，从上到下，很难改变；二是与我经常说的“死会计、活财务”有关系。很多大公司、上市公司的 CFO 其实是不懂财务的。

库存控制领域的确有一个叫“库存持有天数（DOS）”的统计量，它是指目前手中的库存满足未来需求的天数。如手中库存为 100 万元，未来每天销售的物料成本为 10 万元，那么，目前库存的 DOS 就是 100/10＝10 天。跟刚才提到的历史平均法类似，这个“未来”到底是未来多少天，业界并无明确规定，但考虑到需求的波动性，这个未来的定义不同也是会直接导致 DOS 的计算结果不同。

很多人分不清 ITO 与 DOS 的关系，或者至少是混淆了它们之间的关系。它们的区别、联系主要体现在以下几个方面。

第一，ITO 是往后看，所谓 Looking Backward，看的是已经发生的历史业绩（事实），而且 ITO 都是指年化的，其分子、分母都是连续计算的；而 DOS 则是 Looking Forward，是往前看。

第二，很多人在计算、规划 ITO 时愿意使用 DOS 来测算，比如，要做到 ITO = 18 次，我的 DOS 理论上应该不超过 365/18 = 20 天，否则永远做不到 ITO 18 次。这是有道理的，也是往前看以预估未来可能的 ITO。但需要注意的是，ITO 并不直接等于 365/DOS，而是用历史的销售的物料成本/财务期末平均库存，区别在于你的 DOS 是往前看的，而且还要看你往前看多长时间。比如，在手库存是 200 万元，未来第一个月生产计划是 1000 万元，未来 6 个月总共生产计划为 4000 万元，那么，你的 DOS 是多少呢？按月看，你的 DOS 是 200/（1000/30）= 6 天；按未来 6 个月看，你的 DOS 就是 200/（400/180）= 9 天；也就是说，ITO 并一定等于 365/DOS，反之亦然，但大体是存在着这个关系的。

所以，这个 DOS 跟前面提到的很多企业所讲的“库存天数”也不是一个概念。

总之，我认为，很多公司在库存规划的第一步，即目标设定这个问题上就错了。

现在假设大家一致认可设 ITO 做库存周转的目标，又假设我们公司的应收款平均周期（ARD）是 60 天，应付款平均周期（APD）是 50 天，2022 年计划产值（REV）100 亿元，其中物料成本（BC）是 80%，CFO 最多只能拿出 10 亿元（NWC）用于库存周转，请问，2022 年的 ITO 目标应该至少是多少次？

如果第 1 章的知识掌握得比较扎实，上面这个问题就很容易回答。我们现在根据第 1 章的知识（参考图 1 - 1）做个公式推导：

$$C2C = ARD + DOS - APD = ARD + \frac{365}{ITO} - APD$$

$$NWC = \mathrm{C2C} \times \frac{\mathrm{REV} \times \mathrm{BC}}{365} = \left(\mathrm{ARD} + \frac{365}{\mathrm{ITO}} - \mathrm{APD}\right) \times \frac{\mathrm{REV} \times \mathrm{BC}}{365}$$

$$\mathrm{ARD} + \frac{365}{\mathrm{ITO}} - \mathrm{APD} = \frac{365\mathrm{NWC}}{\mathrm{REV} \times \mathrm{BC}} \Leftrightarrow \frac{365}{\mathrm{ITO}} = \frac{365\mathrm{NWC}}{\mathrm{REV} \times \mathrm{BC}} + \mathrm{APD} - \mathrm{ARD}$$

求得：$\mathrm{ITO} = \dfrac{1}{\dfrac{\mathrm{NWC}}{\mathrm{REV} \times \mathrm{BC}} + \dfrac{\mathrm{APD} - \mathrm{ARD}}{365}}$

针对我们的例子，$\mathrm{ITO} = \dfrac{1}{\dfrac{10}{100 \times 80\%} + \dfrac{50 - 60}{365}} = 10.2456$

也就是说，理论上，我们的库存周转率必须≥10.2456，现金周转才是没有问题的。经过管理层的讨价还价，最终确定 2022 年的 ITO 目标是 12。

接下来我们需要把公司的 ITO 目标 12 分解到各个产品线（流程步骤 20）。

我们公司一共有 P1、P2、P3 三条产品线，它们在 2022 年的预计销售情况如表 12－4 所示。

表 12－4 产品线预计产值及占比

产品线	预测 2022 年产值（亿元人民币）	占比（%）
P1	50	50
P2	30	30
P3	20	20

各个产品线计划经理报上来的库存规划如表 12－5 所示。

表 12－5 产品线库存规划 单位：天

产品线	渠道库存	半成品	在制	原材料
P1	30	3	5	10
P2	20	3	5	10
P2	10	3	5	10

作为公司的供应链总监，你是否会批准各个产品线的库存规划方案？批准与否的依据是什么？

假设一共有 n 种产品线，不同产品线预测销售额占比为 W_i，渠道、半成品、在制及原材料的库存的持有天数分别为 C_i，S_i，I_i，R_i，则必有下式成立：

$\sum_{i=1}^{n}(C_i + S_i + I_i + R_i)\,W_i \leqslant \frac{365}{ITO}$，这里的 ITO 是我们的目标最小值。

针对这个例子应该有下式成立：

$$\sum_{i=1}^{3}(C_i + S_i + I_i + R_i)\,W_i \leqslant \frac{365}{12} \approx 30$$

而实际上：

$\sum_{i=1}^{3}(C_i + S_i + I_i + R_i)\,W_i = (30+3+5+10)\times 0.5 + (20+3+5+10)\times 0.3 + (10+3+5+10)\times 0.2 = 41$，这个结果远大于 30。

所以，结果肯定是通不过（步骤 60）。

那怎么办呢？

第一，按流程要求，得重新返回 20，分解到产品线。

第二，理论上的解决方案是，需要对这 12 个变量做个规划求解；实践中，我们可以简单点，比如假设我们对三个产品线的半成品、在制、原材料库存方案保持不变，只是要求计划经理们调整（减少）渠道库存的持有天数。在调整的时候还要尽可能地考虑销售部门的要求，即每个产品线的渠道库存 DOS 最低不能低于 7 天的量。

这样的话这个规划求解就会简单得多了，如图 12－4 所示。

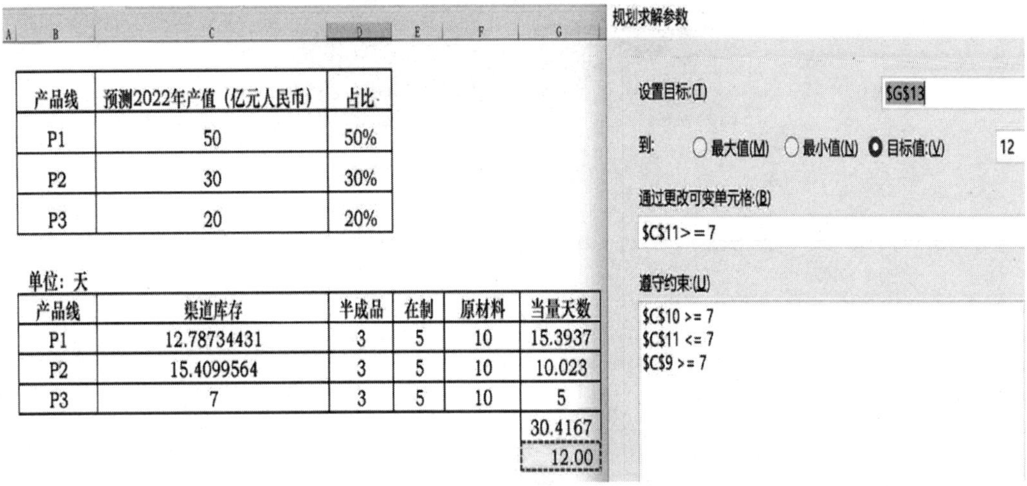

产品线	预测2022年产值（亿元人民币）	占比
P1	50	50%
P2	30	30%
P3	20	20%

单位：天

产品线	渠道库存	半成品	在制	原材料	当量天数
P1	12.78734431	3	5	10	15.3937
P2	15.4099564	3	5	10	10.023
P3	7	3	5	10	5
					30.4167
					12.00

图 12－4　对三个产品线的渠道库存规划求解

我们得到的结果是：

◆ P1 的渠道库存应该是 12.787 天。

◆ P2 的渠道库存应该是 15.4 天。

◆ P3 的渠道库存应该是 7 天。

12.2　库存分析与监控

库存规划审核通过之后，剩下的就是监控了。这里需要大家注意的是，我们的最终目标是为了实现库存周转率，但日常的监控则主要针对库存分析的三张表：

◆ E&O（呆滞库存）。

◆ Aging（库龄）。

◆ DOS（库存持有天数）。

我们在第 2 章定义过 E&O。英文 Aging 意思是“变老的”“老化的”，在这里定义为库龄、账龄的意思，即这些库存已经在仓库里待了多长时间。在我审核过的客户里面，很多都是用 Aging 代替 E&O，这是完全错误的，道理很简单，Aging 不一定是 E&O，E&O 也不一定有 Aging。

DOS 我们在前几章已经解释过了，这里不多讲。

下面还是通过一个具体的例子来说明这几个概念。

我们公司只有一个产品 FG01，其 BOM 如图 12－5 所示。

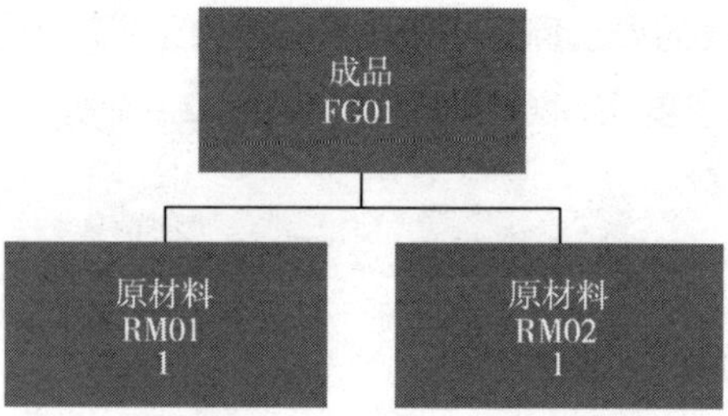

图 12－5　成品 FG01 的 BOM

针对 FG01，我们的主生产计划（MPS）如表 12－6 所示。

表 12－6　FG01 MPS

日期	5/31	6/7	6/14	6/21	6/28	7/5	7/12	7/19	7/26	8/2	8/9	8/16
周	W22	W23	W24	W25	W26	W27	W28	W29	W30	W31	W32	W33
数量	10	10	10	10	10	10	10	10	10	10	10	10

打开 ERP 系统，我们发现目前原材料仓库有 3 个物料的出入库记录，分别如表 12－7、表 12－8、表 12－9 所示。

表 12－7　RM01 出入库记录

RM01

日期	入库	出库	结存
3/10	100	—	120
3/17	—	20	100
3/31	50	80	70
4/10	50	30	90
5/10	80	—	170
5/31	—	—	170

表 12－8　RM02 出入库记录

RM02

日期	入库	出库	结存
3/10	50	—	50
3/17	—	20	30
3/31	50	80	—
4/10	50	30	20
5/10	80	30	70
5/31	—	—	70

表 12－9　　　　　　　　　　**RM03 出入库记录**

RM03

日期	入库	出库	结存
3/10	50	—	50
3/17	—	20	30
3/31	—	—	30
4/10	50	—	80
5/10	—	—	80
5/31	—	—	80

针对以上案例，首先看到，RM03 有库存 80 个，但是 BOM 上并无此料的需求，所以说，我们有 RM03，OOH = 80；如果经检查 ERP 发现，这 RM03 还有 OPO（在途）100 个，那么，我们认为，我们还有 RM3，OOO = 100。

为了简单起见，定义“未来一定时期”恰好等于我们目前的 MPS（表 12－6）跨度，即 12 周，那么：RM01 目前库存是 170，未来需求是 $12 \times 10 = 120$，所以，我们有 RM01，EOH = 170 － 120 = 50；

而 RM02 在手库存为 50 个，远低于未来 120 个的需求，所以，我们认为 RM02 没有滞库存。

DOS 方面：

RM01 的 DOS = 170/(10/7) = 119 天

RM02 的 DOS = 50/(10/7) = 35 天

RM03 的 DOS = 170/(0/7) = $+\infty$

Aging 方面，假设仓库发料做到了 FIFO（先进先出）：

RM01 的在手库存是 170 个，按照表 13－7 的出入库记录，其中一定有 80 个来自 5 月 10 日的入库，50 个来自 4 月 10 日的入库，还有 40 个来自 3 月 31 日的入库。所以，我们有：

RM01：

80，Aging = 5 月 31 － 5 月 10 = 21 天

50，Aging = 5 月 31 － 4 月 10 = 51 天

40，Aging = 5 月 31 － 3 月 31 = 61 天

同理，大家可以计算 RM02、RM03 的库龄。

以上三张表谈的就是图 12－1 流程图里面的步骤 70：库存监控报告。

出库存监控报告的目的就是发现“不正常（Abnormality）”。而所谓的不正常则是相对于正常而言的。那么，针对上面的例子，正常与不正常是什么呢？

首先，RM03，OOH、OOO 肯定是不正常的，按照流程，我们需要执行步骤 90，即填写 CAPR（纠正预防措施报告），并组织评审、跟踪。

从 DOS 角度，我们库存规划的原材料目标 DOS 是 10 天，那就意味着：RM01 的 DOS 119 天及 RM02 的 DOS 35 天都是不正常的。

从 Aging 角度，假设定义 Aging >30 天为不正常，那么，根据报告我们知道，RM01 的库存里面有 40 个 Aging >60 天，还有 50 个 Aging >50 天的。

所以，对于 RM01，无论是往前看 DOS 还是往后看 Aging，这个物料的库存都是不正常的，我们必须做 CPAR。

实际工作中，受人力及时间等方面的限制，我们做库存分析是有优先级的。重点是分析 O（呆死库存），其次才是 Aging 及 E（滞库存）。有时候，可能开几次会也不一定能够真正地搞清楚一个物料的“O”到底是怎么产生的，你看到的原因分析可能都是表象而已，根因可能还在十万八千里之外。

12.3 关于 KPI 的一些观点

很明显，KPI 这个东西被大多数公司给用歪了。

我打工的时候就在雇主那里做过很多 KPI，也“被 KPI”过，本身又是做供应链管理的，管的部门、流程比较多，所以跟 KPI 接触也比较多。

这些年我自己做 TIM 咨询，也帮很多客户设计过 KPI，所以有更多的感受。

我个人对 KPI 的理解是这样的：

1. KPI 的目的绝对不是为了“惩罚”。见过很多公司，一提到 KPI 就色变，以为公司搞 KPI 就是纯粹为了监控部门、员工的表现，然后予以惩处，这确实是很多公司的实际做法，结果导致很多公司、部门、员工，为了 KPI 而 KPI，不顾其他，最终是个人、部门的 KPI 可能很好看，但公司确实不赚钱。甚至看到有文章说，某某著名的公司就是被 KPI 给搞死的，真实情况是否这样我们不清楚，但把一家著名公司的倒闭都怪罪于 KPI，也有点过，只是不排除这家公司的 KPI 可能是“惩罚性质”的。

KPI 的主要目的应该是正向激励，也是很多外企的做法：只奖不罚。别人都涨工资了，你因为 KPI 没有达到目标而没有涨工资、升职，这就已经是“惩罚”性质了。

另一方面的意思在于，KPI 的主要目的在于监控流程的执行情况，所以，在有些公司，KPI 的翻译也叫 Key Process Indicator（关键过程指标），而不是我们通常所说的 Key Performance（结果、业绩）Indicator，这样或许更容易理解 KPI 之实质：监控过程、流程，而不是为了监控哪个人。当然，过程、流程也是由人去控制、执行的，但关键的问题是，结果不好，如 OTD 达不到，不一定是哪个人的问题，更有可能是流程本身出了问题，而流程的问题，不是某个人的问题，是公司的问题，或者至少说是老板的问题，因为老板是流程的负责人，所谓 Process Owner，员工只是流程的执行者，即 Process Executive。

2. KPI 的“Key”是“关键、钥匙”的意思。不要搞得太多，否则就不“Key”了。

3. 没有一个 KPI 是完美的。不要试图设计一个 KPI 来反映所有的问题，如同人的身体 KPI，体温是 38℃，只能说明你发烧了，除此之外没有多大意义。关键是要分析为什么发烧？是感冒引起的还是其他问题造成的？你身体的其他指标是否正常？KPI 只有结合起来看才是有意义的。如同供应链管理，你的 OTD 很好，但 ITO（库存周转率）却很差，这是没有意义的，或者更应该说是没有道理的。如果不能 OTD，你的 ITO 也不会太好了，反之，如果 ITO 不好，你的 OTD 通常也不会好到哪里去。它们之间是相辅相成、对立统一的关系，这也是为什么 KPI 要 Balanced（平衡化）。

4. 不能为了 KPI 而 KPI。既然没有任何 KPI 是完美的，那就不能为了 KPI 而 KPI。很多公司甚至设置了专门的部门、专人去搞 KPI，尤其到了月底、季度底等考核的时候，一堆人天天忙着收集数据、做报告、弄报表，最终就是为了弄出个假的 KPI 来糊弄老板们。

为啥这么说呢？

（1）没有源数据。我们可以肯定的是，凡是看不到源数据的 KPI 都是假的，典型的例子就是，作为甲方，一方面大骂供应商是混蛋；另一方面，给供应商打的分数都是 100 分，或者 OTD 都是 100%，至少是 99.99%，你问他要源数据，那是没有的，或者拿出来的数据也都是一些“在一段时间内送了几次货，每次都是及时的，所以是 100%”之类的浅层次的东西。

（2）源数据被篡改。没有人会说自己是故意的，但在有意无意中就把自己择得干干净净了，这个是客户的原因，那个是销售的问题，其他问题与品质、生产制造等有关，反正自己没有任何问题，即使有也只有 0.01% 左右，所以，报出来的 KPI 结果就是 99.99%。这往往是个从 ERP 到 Excel，再到 PPT 的过程，是一个从底层员工到主管，然后到经理、总监，再到 VP、CEO 的过程，也是一个离真相越来越远的过程。

（3）直接造假。有些公司的财务出台了很奇葩的政策，生产部对 WIP 的盘点结果负责，盘亏了就罚款，盘盈了就奖励，其结果就是每次报上来的盘点结果都是盘盈的，皆大欢喜，类似皇帝的新衣，都知道是假的，但是不能说出来。

即使那些看起来高大上的公司，这些问题也层出不穷，甚至比一些小公司更严重。我个人认为：

第一，如果排除了人为因素，可以理解为“技术实现问题”，比如 MRP 跑不起来，PR 都是手工下达的，发出去的 PO 也只是给供应商参考的，至于实际出货，等着走 JIT，其实就是“调料”“伪 VMI”，这样就变相地把库存及其责任压到供应商那里，在这种情况下，你当然没有源数据。

第二，源数据被篡改，这就要怪那些高管了。在很多公司，高管就是“高高在上，啥也不管”。他们喜欢看漂亮的 PPT，甚至有人统计说，他们公司的一页 PPT 价值十几万元，乍听起来挺吓人的，但仔细想想，可能更贵！细思极恐，一帮高管带着一群人，关起门来，天天埋头做 PPT，几天、几周乃至数月，光是工资就得值几十万、几百万，那还有管理浪费呢？

第三，也与高管有关。我在2017年写过一篇文章《只要结果不要过程是一种自杀行为》，这其实是一种“管理上的无能”，因为高管们不懂流程，所以只看KPI，结果呢？KPI是假的！

道理很简单，你不懂流程，就不可能制订出合理的“结果要求”（KPI定义、公式、指标等），KPI不合理，结果肯定就是假的，而假的KPI就会导致“为了KPI而KPI”，到最后就是“部门墙”“官僚主义”。

5. KPI分析的目的是寻找真因。毫不夸张地讲，我们几乎看不到KPI不达标的根因。因为绝大多数的KPI分析报告都是为了糊弄老板的，所谓的原因都是类似“客户砍单”“销售预测改变”“供应商交不上货”“生产产出不正常”“品质问题”之类的表面现象，而真正的原因往往出在我们提到的3P1M（流程、组织、KPI及例会）上，比如：

◆ 我们在哪个流程上做错了什么？

◆ 我们还缺失或修改哪个流程？

◆ 我们的哪个角色做了不该做的事情？

◆ 我们的组织分工有什么问题？

◆ 我们的KPI考核导向有什么问题？

◆ 我们的KPI逻辑有什么问题？

◆ 是否有该开的会没开？

6. 不要自作聪明地去“创造”KPI。供应链管理的KPI体系已经非常成熟了，在这方面，SCOR已经给出了很明确的框架、定义乃至公式。不要借口特殊而去刻意地创造一些所谓的适合自己特殊情况的KPI。

12.4 简简单单的几个KPI就可以

基于以上观点，我在这些年辅导客户的时候帮他们梳理、设计的KPI不外乎如下几个：

◆ 从客户服务角度，我们可以设置的KPI是：给客户及时交货，也就是我们通常说的OTD。

◆ 现金流角度，很明显，我们需要设置的KPI就是库存周转率本身，即ITO。

◆ 成本角度，KPI就是呆滞库存的比例，即E&O，也就是说，从第一层面来讲，对于整个需求与供应链管理，有了OTD、ITO、E&O这三个KPI，基本上也就可以了，而且我们可以看出这三者之间是相互联系，相互对立的：要保证OTD就得有库存，而且库存越多越好；库存多了，ITO就上不去，可能产生更大的E&O；要想提高ITO，就必须提高OTD，没有及时出货，你的库存怎么可能降低？OTD可能不错，ITO也可能很好，但你有可能还有“一大堆”E&O，这也不可以，因为这有可能导致“白忙活”，出了很多货，结果赚的钱全压到呆滞里面去了。所以，我们可以看出，这三个指标基本上相互平衡、相互制约，符合“平衡计分卡”的基本要求。

接下来对这三个一级指标做一些简单的分解：

1. OTD

OTD 又分为两个子指标：一是 OTDD（On - time Delivery to Customer Demand，满足客户原始需求的百分比）；二是 OTDC（On - time Delivery to Commitment，按照承诺达成交付的百分比）。

举例来说，客户这周的原始需求是 100 个，你只承诺出货 80 个，最终实际出货也是 80 个，你的 OTDC = 80/80 = 100%，而你的 OTDD = 80/100 = 80%。

OTDC 反映的是供应链的可靠性，而 OTDD 反映的是供应链弹性。承诺了就必须做到，所以业界的最低标准是 OTDC≥98%，允许你偶尔马失前蹄；OTDD 则很难有标准，只要你在持续改善就行。

无论是 OTDC 还是 OTDD，一般都按订单行（PO Lines）计算。

2. ITO

ITO 我们是再熟悉不过了，在本书第 1 章有大量的论述和练习，这里就不再做什么讨论了，你只要明白，ITO 是我们的核心 KPI 就行了。

3. E&O

我们前面提到库存分析与监控的三张表，包括 E&O、Aging、DOS，这三张表是通过交叉验证来使用的，但从 KPI 角度，我们可能更看重 E&O 占整体库存的比例。实际 KPI 考核计算的时候也可以把 OOH%（在手呆死库存比例）、EOH%（在手滞库存比例）分开单独衡量，这样可能更清晰一些，毕竟 O 就是呆死的库存，大概率是需要报废掉的，而 E 则牵扯财务坏账计提问题，但一般不会出现实物报废。

正因为 O 是可能随时被报废的，这样就产生了一个问题：如果 OOH% 的分母是此时此刻的在手库存，那么 O 的问题就很明显地被掩盖了。所以在有些公司，O 的衡量是在一定时期内所产生的所有的 O 除以该期间内的销售额。比如某公司：

（1）2022 年 1 月 1 日的时候，ERP 记录有 OOH 10 万元。

（2）2022 年 1 月 1 日到 3 月底，总共实现实物报废 8 万元。

（3）截至 2022 年 3 月底，OOH 为 20 万元。

（4）截至 2022 年 3 月底，实现销售收入为 1000 万元。

那么，3 月底的时候，其 $OOH\% = \frac{20 - (10 - 8)}{1000} = 1.8\%$。

以此类推就可以计算其他期间的 OOH%，如果还有 OOO（在途呆死库存），情况就略显复杂，但大概是一个算法。

能把这几个指标的定义、意义、公式、数据源、监控、原因分析、纠正与预防措施等搞得明白也就足够了。

至于那些二级指标，比如库存数据准确性（Inventory Data Accuracy，IDA）、供应商的及时交付（Suppliers - OTD）、内部生产的及时达成（Production - OTD）等，也都很重要，但从端到端的供应链管理角度，它们都是过程而已，衡量并监控其持续改善也就可以了。为什么呢？

流程大师 Philip Kirby 有句话：The target has absolutely no utility if the process is not capable.

中文意思：如果流程能力不强，目标是绝对没有什么用处的，KPI 多了更没用。

12.5 负责而不是追责

我经常被问到的一个问题是，产生了呆死库存，我们的供应链管理应该如何去追究销售部门甚至客户的责任？

我认为，问这种问题的人，首先考虑的不是怎么去负责干好这个事情，而是先想到了问责、追责。出了问题，真正的原因还没有找到呢，但他首先想到的是如何撇清自己的责任。

负责与追责有着本质的区别，在业务流程中，我个人认为：

“负责”就是在整事儿的过程中整人，整事儿是目的，整人也是为了整事儿；而“问责”“追责”则相反，不整事儿，只整人，而且只在事后整人。所以，喜欢负责任的人是对事不对人，而喜欢问责、追责的人则是对人不对事。

这里说的“事儿”主要指流程。我们的 KPI 不达标或者平常工作出了问题，其真正的原因往往都与流程有关：

- 要么是因为没有流程。
- 要么是流程逻辑有问题。
- 要么是没有执行流程。
- 要么是流程执行不到位。

本质上，KPI 是用来衡量流程、体系有效性的，但为什么在很多公司却被当成了助纣为虐的工具了呢？主要是因为管理无能，因为敢负责、能负责的人太少了，最终，KPI 成了被用来问责、追责的帮凶。

阅读理解之一

库存周转率可以分段考核吗？

近期，我去一家规模很大的民营企业做库存控制方面的咨询项目，我发现了一个很有趣的问题：由于公司比较大，公司在考核库存周转率的时候是分段考核的：采购部门负责考核原材料的库存周转率，生产部门负责考核在制品，销售部门负责考核最终成品。年底考核的结果是采购与销售部门的周转率指标达到了，而生产部门的却没有达到，原因是物料短缺，该生产的成品没生产出来。由于整个公司的库存周转率指标也没达到，于是责任就基本上由生产部门承担了。

他们的计算公式是（以月平均库存周转率为例）：

原材料库存周转率 = 月出库的原材料总成本/原材料平均库存

在制库存周转率 = 月入库的成品物料成本/平均在制库存

成品库存周转率 = 月销售物料成本/成品平均库存

当我问：为什么要这样分段考核库存周转率？他们的回答很简单：为了考核各个部门的运作效率，以区分责任。

看起来很有道理，实则不然。

第一，我们知道库存周转率的准确定义是：销售的物料成本比上财务各期平均库存。在这里，销售的物料成本是指公司完成的最终产品销售所包含的物料总成本，而平均库存则是指所有原材料、在制品、成品以及所有在手的呆滞物料的平均库存。库存周转率考核的目的在于从财务的角度计划、预测并监控整个公司的现金流，从而考核整个公司的需求与供应链运作水平。而以上分段考核，从根本上否定了库存周转率考核的原始意义，库存周转率从一个纯粹的财务指标变成了一种孤立的相关部门运作效率指标，看似创新，实际上则不然。

第二，正因为库存周转率是用来考核整个公司的需求与供应链运作水平的，所以人为地对该指标进行拆分考核，就不可避免地带来需求与供应链内部各个运作部门之间的矛盾：原材料的库存周转率达到了，而生产部门的在制品却没有达到，原因是生产部门抱怨由于物料短缺导致他们不能按期生产成品，所以他们无法完成指标！道理很简单，根据他们的公式，在制库存周转率 = 月内入库的成品物料成本/平均在制库存，完成的成品越多，分子就可以越大，而分母由于原材料消耗的拉动就可能变得越小！在这种考核的驱动下，作为生产部门自然而然要做的事情就是：拼命地生产成品！管他能否销售出去！所以，生产部门就会永远抱怨采购部门的物料供应有问题！而对于采购部门，根据考核公式，原材料库存周转率 = 月内出库的原材料总成本/原材料平均库存，他们就有可能采取如下行动：拼命地往车间投放原材料，管你需要不需要。而到了月底要考核原材料库存的时候，则是能不进货的原材料就坚决不进货，目的就是得到一个好看的部门指标。而对于销售部门的考核，由于原材料短缺对最终成品生产入库的影响（减少），即使在销售额不增加的情况下，根据公式：成品库存周转率 = 月销售物料成本/成品在库平均库存，同样可以完成指标。

第三，由于大部分国内制造企业目前没有独立统一的计划部门，销售计划属于销售部门，生产计划功能归属于生产制造部门，物料计划功能划分到采购部门，这种分段考核库存周转率的弊端就会表现得尤其突出。最终的结果往往是：有些部门的指标完成了，而相关部门的无法完成，更重要的是整个公司的库存周转率指标根本无法完成，导致公司的需求与供应链管理效率低。

基于以上分析，我们得出一个结论：库存周转率的分段考核是不合理的。只有在统一的计划条件下，全面综合地考核整个公司的库存周转率，该指标才是合理的。而对于产品大类比较多的企业可以在设立公司总体库存周转率指标的前提下，把该指标分解到产品大类分开考核，也是可以的，但前提是产品大类间没有什么共用物料。

那么，针对这个“分段考核”的问题，业界的最佳实践是什么呢？

你可以用库存持有天数（DOS）、库龄（Aging）等来分段监控原材料、成品、半成品、WIP等的情况，它们至少比库存周转率更合理一些，但即使这样，也很难区分是谁的责任。需要搞清楚的是，当我们的企业管理一旦陷入靠KPI或者为了考核而考核、为了追责而追责的时候，在管理上，我们可能已经黔驴技穷了。

（2005年1月发表于e－works，2020年7月修改）

阅读理解之二

再论库存周转率为什么不能分段考核

2005年1月，我在e－works上发表了一篇文章《库存周转率可以分段考核吗?》，后来，这篇文章被收集到我的第一本专著《制造业库存控制技巧》里面。

弹指一挥间，16年的时光匆匆而过，但是，还有无数的人在纠结：库存周转率为什么就不能分段考核呢?

企业管理不是主张要分清责任吗?

销售部负责成品库存，生产部负责半成品及在制库存，采购部负责原材料库存，这样多好啊！出了问题（交不上货或产生呆滞库存），就很容易追责嘛！

很多事情，看起来很合理，但其实都是想当然，说严重点，就是无知。

大约是2016年的时候，我南方的一个咨询客户的供应链副总裁问我，你做的这套全面库存管理是“集成供应链管理”吗?

他还特别强调了是不是类似“华为的ISC（集成供应链）”?

我说，凡是真正搞供应链管理的，玩儿的都是“集成供应链管理”，或者叫“端到端的供应链管理”（End to End，E2E），它与华为没有关系。

离开了“集成”“端到端”，就不是供应链管理，尽管你给它起了个名字叫“供应链”，但那还是条块分割，不是“链”。我个人认为，发明“供应链”这个人的伟大之处就在于，他用了“链”（Chain）这个字。

很多公司玩儿的都是表面上的供应链管理，骨子里还是条块分割，理念上还停留在“追责”而不是“负责”的状态，具体表现为：

◆ 销售要啥，工厂就做啥，其他的啥也不要管。

◆ 搞生产的追求的还是“单件生产成本最低”（Piece Cost Only）。

◆ 寻源采购追求的还是“单件采购价格最低”（Piece Price Only）。

◆ 执行采购则是把东西买进来就可以了，其他的都与我无关。

◆ 财务部养着的其实是一帮“会计”……

2013 年的时候我写过一篇文章《"集成供应链管理"的简单理解》，提到 3 个集成，即流程集成、组织集成以及 KPI 的集成。

也就是说，任何从割裂的角度或观点去看待供应链管理的问题都是错误的。

从流程角度，你想一想，如果客户没有需求，我们会去采购、生产吗？而要去采购、生产，那不是都得听计划的吗？

而计划只有一个，不是吗?!

除非你的流程是割裂的，销售、计划、采购、生产，甚至物流等，各搞各的，否则，原材料库存与采购部有什么关系呢？半成品、在制等库存与生产部又有什么关系呢？

组织角度，包括销售部门在内，我们都是为客户服务的供应链的一部分，我们是一个组织，一个老板在总负责，这责任还怎么可能去分解呢？

至于说"追责"，任何一个节点不作为都必须被追责，但是，任何一个节点的人都不可能单独承担库存周转率或及时交付的责任。

KPI 角度，库存周转率等于一定期间的销售的物料成本除以各期的平均库存，而这个平均库存是指总库存，包括所有占用公司资金的库存，这还怎么去分段考核呢？

产生了呆滞库存或者不能及时给客户出货，那首先是供应链计划出了问题，其次就是供应链执行的问题。

（2021 -5 -6 发布于程晓华全面库存管理咨询订阅号【ITOOTD】）

阅读理解之三

库存周转率不仅仅是个供应链管理指标

不断地有人问我，一个企业的库存周转率（ITO）这个指标（KPI）到底是考核谁的？仅仅是考核供应链管理（SCM）部门的吗？

回答："不是的。"

尽管，ITO 这个指标一般都挂在供应链管理者（如供应链总监、VP 等，以下简称 SCM 总监）的头上，这是毫无疑问的，但并不意味着 ITO 就是仅仅考核供应链管理部门的，尤其从狭义的供应链管理角度讲，供应链管理部门一般只包括计划、执行采购、物流等，稍微大点的公司，寻源（Sourcing）是相对独立的，生产运营也是单独的体系，客户服务等则往往划在市场、销售等部门。

很多人之所以这么问，甚至是这么做的，关键是没有搞清楚"Process Owner"。这个词中文意思是"流程所有者""过程负责人"，也就是说，SCM 总监是 ITO 这个 KPI 的流程所有者，他要负责解释、培训、宣传、推广、推动这个指标的落地、实施、改善，但是从传统的以职能部门划分的狭义供应链管理角度，他及他的部门看起来又不能完全承担这个指标的责任，为什么呢？

其实，ITO 不仅仅是计划、采购、物流的事情，还与客户、销售有关，与生产运营有关，甚至与研发、品质、工程、IT、财务等都有关系：

◆ 客户不提货，成品库存就会高。

◆ 经常有品质问题、生产不能及时入库，WIP（在制库存）就会高。

◆ 研发、工程对 BOM 管理混乱，呆滞库存就会多。

◆ CIO（首席信息官）不懂业务（Process），MRP 就跑不起来。

◆ CFO（首席财务官）不懂财务（Finance），就不会有人真正地重视 ITO 这个指标……

所以，ITO 并非仅仅用于考核供应链管理部门，它其实是个公司级指标，只是 SCM 总监要代表公司管理层，负责推动这个指标，如此而已。

这其实就是个流程驱动的概念，通过推动 ITO 的改善，SCM 总监要从流程角度，而不是单纯的部门角度，端到端地打通并击穿“大供应链”：从客户、销售到计划、采购、物流、生产、工程、品质、研发、IT、财务，等等！

这就要求打破传统的、狭隘的部门概念，从思想上彻底废除功能、部门“小王国”，从流程驱动角度，“人挡杀人、佛挡杀佛”，下定决心，充满自信，勇往直前！

否则，ITO 这个指标永远无法从根本上得到改善，因为这不是“供应链管理部”这一个部门的事情。

给大家举个例子，会更容易理解一些：

我每次去一家新的客户那里做“全面库存管理审核”的时候，十有八九会看到这种现象：OTDC（对客户承诺的及时交货率）一般都是 98%，甚至是 99% 以上，然后你看他的源数据，结果可能只有 50%，甚至都不到，这是为什么呢？

原来是他们“剔除”了很多因素：

◆ 由于客户不提货，影响 30%。

◆ 由于品质问题，影响 20%。

◆ 由于物流问题，影响………

我说你们还“挺自觉”的嘛！还知道给自己“留一个点”（99%）嘛，客户不提货，那不是你的库存啊？你为啥不去踢销售？品质、物流出了问题，你告诉客户，那不是你的事儿，难道你让客户去找你们的品质、物流工程师去解决问题？

这个也不关你事，那个你也不负责任，那你还在这里干吗?！你把自己推脱得一干二净，那你老板怎么办？

流程思考，就是“对事不对人”，否则，KPI 也就失去了意义。

（2018－1－5 发布于程晓华全面库存管理咨询订阅号【ITOOTD】）

阅读理解之四

KPI 分析需要懂得基本逻辑

如果一个人喜欢奶酪，那他是不是就一定喜欢吃奶酪蛋糕？如果他喜欢吃奶酪蛋糕，那是不是就是因为喜欢奶酪？

一个基本的逻辑推理是，喜欢奶酪，可能就喜欢奶酪蛋糕，但也可能不喜欢奶酪蛋糕，因为，奶酪蛋糕除了奶酪之外还有别的成分在里面；反之，喜欢奶酪蛋糕，也不一定是因为喜欢奶酪，原因可能是奶酪蛋糕属于软滑可口的食物，如汤圆、年糕等。也就是说，“喜欢奶酪”既不是“喜欢奶酪蛋糕”的充分条件，也不是必要条件。

那么，我们应该怎么定义它们之间的关系呢？

1. 奶酪与奶酪蛋糕是有关系的，因为奶酪蛋糕里面肯定有奶酪。

2. 喜欢奶酪与喜欢奶酪蛋糕之间可能是有关系的，但它们之间不一定存在相关性。

3. 如果说喜欢奶酪蛋糕是因为也喜欢奶酪，那它们之间就是相关的，否则，如果说喜欢奶酪蛋糕是因为奶酪蛋糕属于软滑可口的食物而不是因为里面有奶酪，那它们之间就是不相关的，进一步讲，喜欢奶酪蛋糕跟喜欢奶酪之间没有任何必然的因果关系。

然而，在现实中，我们经常发现，很多人在有意或无意地忽视这些基本的逻辑关系：

为什么有呆死库存？

理由很多：客户砍单，需求下降，产品 EOL（产品生命周期结束）……

那为什么没有及时给客户出货呢？设备坏了，或是出现重大品质不良等。

客户砍单、需求下降或产品 EOL 的确都与呆死库存的产生有关系，但这不一定是产生呆死库存的根本原因。这就像，我喜欢奶酪，但我不一定喜欢奶酪蛋糕，反之，我喜欢奶酪蛋糕，但不一定是因为我喜欢奶酪啊！

客户砍单就一定要产生呆死库存吗？

无数的案例告诉我们，客户砍单往往是因为你承诺的时间和数量远远不能满足客户的要求，或者是承诺了，结果呢？你一而再再而三地不能兑现承诺，于是，客户就砍单了！

反向推理：为什么有呆死库存？是因为客户砍单；客户为什么砍单？是因为我们的承诺不好或者承诺违约（Decommitted）。

正向推理则是：为什么有呆死库存？因为客户砍单；那客户砍单的时候，你都干什么了？有没有及时做重新计划？

有啊?!

那接到重新计划指令的时候，供应商在干什么？

什么？供应商的成品库存都做出来了？

为什么供应商把成品都做出来了呢？提前期不是长达数周吗？我们那时候才刚下采购订单没几天啊？

……

最后搞明白了，是销售经理或者品质工程师越过了采购员，直接“命令”供应商提前做的库存！

“设备坏了”与“不能及时出货”好像有关系，似乎是谁也没有办法的事情，但真实情况是这样的吗？

反向推理就是，那你为什么还有大把的成品库存？

什么？那些成品库存不是这个料的？

那些成品库存是怎么做出来的？是不是用同样的设备做的？

一方面，我们在大把地浪费产能，做了很多不需出货的库存；另一方面，设备一有风吹草动，就出不去货，这有道理吗？

出不去货真正的原因到底是什么呢？因为有物料短缺，好不容易料到了，赶巧儿，设备又坏了。

那为什么物料有短缺呢？

供应商供货不及时？

供应商为什么供货不及时？

急单？

最终结论是什么呢？

库存数据不准确（ERP 系统显示有料，其实库存没有）！

正所谓，似是而非，答非所问，以假乱真，张冠李戴，模棱两可！

不过这种现象在各行各业比比皆是，自古有之，倒也不必过分奇怪：据《孟子·尽心下》说，战国时期，庄子带学生游学各地，见伐木工人砍树，问为什么不去砍大树，工人说因为它已没有用处了。到了朋友家，仆人问杀鸡的事，主人说杀不会打鸣的鸡。庄子就对学生说：应该处于有用和无用之间，似是而非，这样才谁也抓不住把柄。

（2017－11－31 发布于程晓华全面库存管理咨询订阅号【ITOOTD】）

阅读理解之五

到底什么是流程思维？

我已经写过很多关于流程方面的文章，很多人也一直在吹捧所谓的流程思维，那么，到底什么是流程思维呢？

流程大师菲利普·科比在《流程思维》中提出了流程思维的 5 条原则：

1. 做客户重视的事。
2. 清除所有阻碍因素。

3. 使问题可见。

4. 采用严谨的方法解决问题。

5. 工作中员工最有发言权。

我用一句话总结菲利普的意思：帮助员工消除他们在为客户创造价值的道路上的一切障碍。

这话说起来容易，具体怎么做呢？我认为，要实现流程思维，必须要做到如下八条：

（1）想着流程（Think）。

（2）遵守流程（Follow）。

（3）尊重流程（Respect）。

（4）保护流程（Protect）。

（5）宣传流程（Propagate）。

（6）贯彻流程（Implement）。

（7）击穿流程（Flow）。

（8）改善流程（Improve）。

也就是说，遇到任何问题，首先想到的，不是老板怎么说的，而是我们的流程是怎么走的？就像碰到不认识的字，我们首先想到查字典一样。但有些人则是“我认为应该怎样怎样”，特别是那些缺乏专业知识和专业经验的人，他们很容易犯这种低级错误。

有流程就要遵守，这是常识，这也是作为一个半军事化组织的制造业所必须做到的基本纪律要求。

但是，无数的企业缺乏常识。

在这种情况下，尊重流程就无从谈起了。

所谓尊重流程是什么意思呢？

即使目前的流程是不合理的，也要照着做，这其实也是对流程权威性的一种保护。

但很多人不这么认为：明明是流程有问题嘛！我们为什么还要照着做？

问题是，如果你不照着流程做事，可能会犯更大的错误，这是一个正常的企业所不能容忍的。

然后就是宣传流程。就像祥林嫂那样，遇到谁，就讲上一通，一直重复昨天的故事。只有这样，流程才有可能贯彻下去，因为道理很简单，没有一个流程是孤立存在的。

但是我们经常听到有人抱怨说，“生产不听指挥”“供应商不听话”，这是为什么呢？由此，反映出对流程宣传得不够，就无法贯彻下去，更谈不上“击穿”了。

什么叫流程击穿呢？我认为有两方面的意思：一是所有的相关流程，逻辑上是通顺的，至少不能自相矛盾；二是流程贯彻、实施过程中的障碍被清除了。

要做到这点非常不易，你必须具有“人挡杀人、佛挡杀佛”的勇气和智慧。

最后才是改善。

但是，如果“改善”之前的七条有一条做不到，那么，你就没有资格去做什么改善。如果你去改了，那一定是瞎改，越改越瞎。

（2021－11－6 发布于程晓华全面库存管理咨询订阅号【ITOOTD】）

第13章

库存控制与人

本章基本观点与底层逻辑

1. 计划是供应链管理的核心
2. 心心一艺，其艺必工

在第1章到第11章，我们实际上谈的全是“事”，也就是流程，第12章谈的则是“业绩”，KPI；我们现在来谈谈人与组织的问题。

我们经常看到的现象是：同样的人，在不同的企业，他们的个人业绩表现是不一样的：你觉得这个人在你这里啥也不是，但是到了另外一家企业却干得很好，老板、同事都很赏识。这是为什么呢？另外一种现象就是，同行竞争的企业，客户类似，做的产品可能是一样的，业务流程、ERP系统等都差不多，为什么有的企业赚钱，有的企业不赚钱？

经验与教训告诉我们，在制造业的供应链管理中，“人”的作用是非常重要的。

我们这里所指的“人”不是具体哪一个人，而主要指人所在的组织结构以及人在组织结构中的角色与责任，还有一点就是人所处的企业文化环境。

在我唯一的培训课程《制造业库存控制技术与策略》授课的第二天下午，一般都会组织一个关于“你理想中的供应链组织架构”的讨论，如图13－1所示。

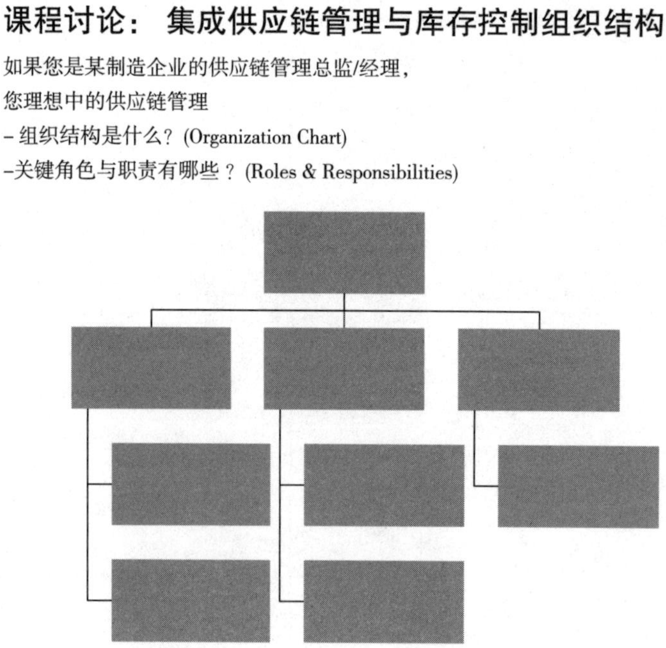

图13－1　供应链管理组织架构讨论

我这门课从 2004 年 4 月开始一直讲到现在，近 20 年了，授课也有上百次了（包括每年两次的公开课及每年几次企业内训课程），每次都是分成混编的 3 个组，我亲眼见识了来自不同行业、大大小小的不同企业的学员画出来的几百张组织架构图，尽管看起来大同小异，其实骨子里，学员对供应链管理组织架构的认识还是有不少差异的。

13.1 TIM 推荐的供应链管理整体组织架构

供应链管理组织到底应该是什么样子呢？仁者见仁，智者见智。而且，关于组织架构，我一直认为并没有绝对的正确与错误之分，但有个相对正确与错误，还有业界最佳实践存在。比如 SCOR（供应链运作参考模型）定义供应链管理流程包括计划、采购、制造、交付、退货及使能者（Plan，Buy，Make，Deliver，Return，Enablers）；PLC（产品生命周期）模型告诉我们，供应链管理是从研发开始的，直到 NPI（新产品导入）、RMP（爬坡）、M（成熟）、RMD（衰退）、EOL（产品生命周期结束）。

基于 SCOR + PLC，我们基本上可以定义供应链管理组织应该长成什么样子。如图 13 - 2 所示是我的定义。

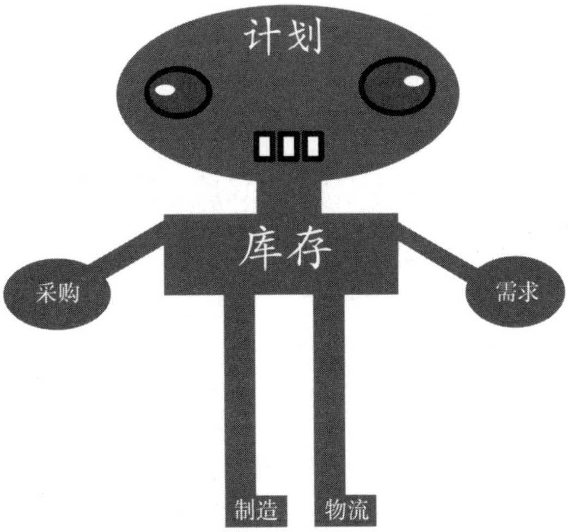

图 13 - 2 根据 SCOR + PLC 定义供应链管理组织

从图 13 - 2 你可以看出：

（1）整个供应链管理组织类似一个人。

（2）计划是大脑。

（3）我们左手抓需求，右手管采购。

（4）制造与物流是两条腿。

（5）肚子里的货就是库存。

再具体一点就是如图 13－3 所示的我近年来一直给我的咨询客户推荐的供应链组织架构。

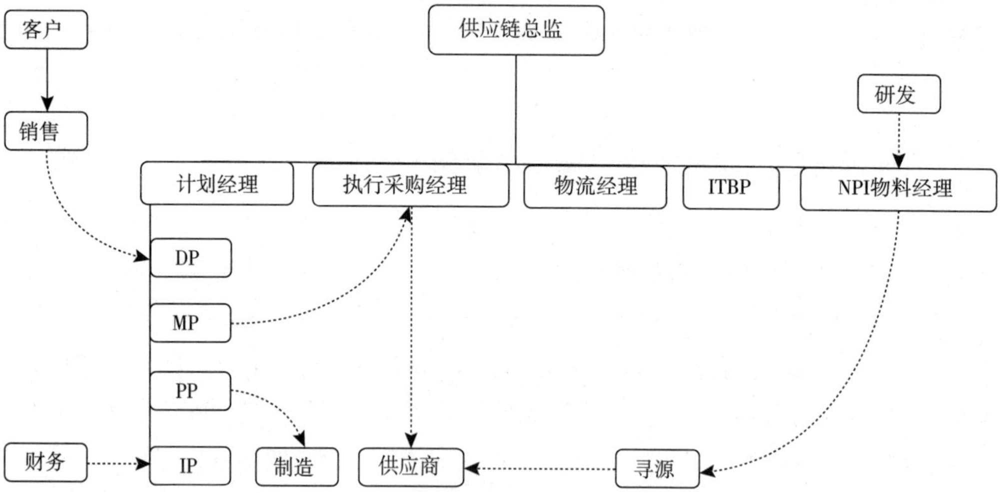

图 13－3　TIM 推荐的 ISC 组织

这个组织架构的特点是：

（1）计划是相对独立的。

（2）计划被分成 4 个 P，分别是 DP（需求计划）、PP（生产计划）、MP（物料计划）、IP（库存计划）。

（3）供应链管理组织只包括执行采购，不包括寻源采购。

（4）制造、销售、财务等跟寻源一样，都属于供应链接口组织。

（5）有 NPI（新产品导入）物料管理。

（6）有 ITBP（信息技术合作伙伴）。

13.2　什么是计划员

我们一直强调计划的大脑作用，很多领先的企业已经把计划当成了区别于竞争对手的核心能力之一，典型的如华为公司的计划委员会组织。而这个计划能力，除了流程、组织之外，就得看计划员本身的水平了。

什么叫计划员呢？我们先来给计划员画个像，如图 13－4 所示。

我经常用这张图来给大家解释什么是计划员。

我也经常用下面这个例子来形容什么是计划员。

比如有个车间突然起火了，很多人会心急如焚，像兔子一样地跑过去救火，但有一个人，跟几个人在那儿坐着不动，而且是一动不动，大有“泰山崩于前而色不变”之势。

那个人应该是公司的供应链总监或 VP（副总裁），其他几个人应该是计划人员。

图 13－4　计划员的样子

他们在估计……嗯，我估计啊，这火至少还得烧上两个小时。

这就是计划员。

众所周知，SCOR（供应链运作参考模型）把供应链定义为 PBMDR（Plan，Buy，Make，Deliver，Return），其中 P 是第一个，也就是说，在供应链管理过程中，计划是第一位的。

我要说的是，大多数公司，很少有几个真正能坐得住的人，不用说车间起了火，就是在平常，他们也是猴子屁股，坐不住的。所以，我跟很多咨询客户的高管们不止一次地说过，你们公司有成千上万的人，但没有几个会算数的，为什么呢——都坐不住。

下面这个故事就很有代表性：

有一次我在一个客户那里开 TIM 项目检讨会，那个项目经理（供应链总监）突然接到一个电话，然后就跟我说，程老师，我得请个假，车间停线了，我得下去看看。

我说，你下去看看，那生产线就能马上恢复生产了吗？

她说，去看看我就放心了啊?!

我说，你为啥会“不放心”呢？因为你心里没“数”啊！

那我下去看看不就心里有数了吗？她说。

我说，等到你去看看心中才有数，那岂不是黄花菜都凉了？先不说你能否看得懂生产线，你去了，要么是添乱，要么是为了看热闹，除此之外，没有别的任何意义。

她说，每次产线一停，连我们大老板都会去的！

我说，他们都是去看热闹的，或者就是实在闲得无聊，没地方去了。

她说，那我现在应该怎么办啊，程老师？都快急死我了！

我说，你急啥呀?! 我说你心里没数，你还真没个数啊！你知道是哪条产线停线吧？

我问她。

她说，知道啊，是条测试线，很瓶颈的。

我说，如果这条测试线停上两个小时，会不会影响今天晚上或者明天的出货？

她说，那倒不会，我们设有半天的成品缓冲库存的。

我说，看来你也不是一点数都没有，那我再问你，如果这条线停 24 小时会怎么样呢？

她说，那我得好好算算。

所以，我说，你现在最应该干的事情是什么呢？

安排人去打听产线到底能停多长时间，然后评估出货影响，做好后备计划，实在不行就得告诉客户了，她有些轻松地说。

我说，很好！这才是你该做的！坐在那里老老实实地算数，而不是跑到车间去看热闹。作为一个真正的计划人员，我们怕的不是出不去货，而是怕不知道什么时候出不去货。

这些年，很多企业已经逐渐地认识到计划员在供应链管理中的作用了，于是就不断地有人问我，程老师，怎样判断一个计划员的业务水平怎么样？

我的回答是，直接看他平常做的报告就行了，那种拿着 Excel 当 Word 用甚至当 PPT 用的计划员，他们的水平一定不高！

道理很简单，计划员干的就是计算，谋划，分析，判断，出主意，类似部队的作战参谋。而那种拿着 Excel 当 Word 用的计划员，第一条（计算）就做不到，何谈谋划？这就像作战参谋不会标图作业，机械工程师不会机械制图一样，这样的计划员能用吗？

这也是我这些年做全面库存管理审核的经验教训：在那些供应链管理水平不高的公司，我的大部分时间都是在“等待”，具体来讲是在“等数”。那些所谓的计划员，连个数都拿不出来，好不容易找到了文件，打开一看，里面全是花花绿绿的“备注”之类的东西，他们用 Excel 不是做数据分析，而是做记录，写句子，写文章，甚至是在写书！

所以，快速数据分析（Quick Data Analysis，QDA）是供应链管理人员的基本功，尤其对于那些供应链计划人员来讲，这是你能够吃上这碗饭的基本功。但可惜的是，在过去的二十几年，我很少遇到 QDA 能力很强的人，他们中绝大多数人都给人一种“我想憋死你”的感觉：一些简单的 Excel 函数公式，类似 average（）、stdev（）、correl（）之类都不会写，基本的图形分析也不会，更谈不上一些稍微复杂点的数理统计分析了。

13.3 “供应链代表”是个什么职位

我以前只知道有个集成产品开发（Integrated Product Development，IPD），但对这个

东西不熟悉，接触得很少，直到 2014 年左右在审核了几个电子制造业的客户之后，我才知道 IPD 还创造了一个与供应链管理有关的职位叫“供应链代表”，也有公司叫“供应代表”“采购代表”之类的。

我一开始没有当回事，代表嘛，一个临时的角色而已。直到后来，我才发现我对这个角色的理解是错误的。为什么呢?

在很多公司，这个所谓的供应链代表竟然是个常设的角色。

这是件很令人费解的事情。

后来，我仔细地研究了几家公司的关于这个角色的职责，并做了跟踪审核。我的结论很简单：这是一个为“超人”设计的职位，世上是不会有人干得好的，因为他们要为新产品所用到原材料的质量、成本、可得性及齐套等负责。

仔细想想，逻辑上也有道理：一些搞研发的人，凭着想象要设个供应链方面的代表，他们大概也只能想到这些。

这也是“人人似乎都懂供应链”的一种典型表现。我个人的观点是，IPD 本身是个好东西，但并不意味着 IPD 流程的发明者、使用者懂供应链管理。

从 PLC 角度，供应链的确需要“代表”专门管控 NPI 阶段的专用物料可得性及 CPL 管理，我们可以称之为“NPI Materials Specialist”（新产品导入物料专员），这是一个常设角色，但不是个“超人”角色。他的主要任务是物料的可得性，其他如成本、品质等，那是寻源采购、财务、品保等部门的工作，他可以协调，但不能保证什么。简单理解这个角色的职责，类似量产阶段的“Buyer（执行采购员）+ MP（物料计划员）”的综合体，是“Plan & Buy”（既是计划又是采购），NPI 结束的时候，他负责向量产物料管理团队交接所有与 NPI 物料有关的信息和能力。

13.4　关于需求计划与需求管理的讨论

我们现在来谈几个关键角色的职责及其流程依据。

我在本书中反复提到过，我这些年审核了几十家公司的供应链管理体系，他们的主要问题是供应链管理流程缺乏起码的底层逻辑，自然导致供应链管理的相关角色的职责定义不清楚，甚至干脆就是些喊口号、发誓之类的描述。

我们先从需求计划谈起。搞供应链的人，如果不懂得计划，则很难在这个领域有所发展。但由于“供应链管理”是个舶来品，英文的、日语的、中文的，各种各样的说法、定义，本身就搞糊涂了很多人，尤其这个计划，英文有 Plan，Schedule，Projection，甚至 Check，Arrange 等，都被翻译成了计划。

供应链管理本身也确实有很多个计划，计划是整个供应链管理的核心，如同人的大脑一样。

第一个计划就是需求计划（DP）。

从供应链管理角度，需求计划说白了就是“对需求进行计划”，而需求则是指客户的订单或预测，或者是订单+预测。

我个人的经验和理解是，需求计划是计划之王，是计划中的计划，是大脑中的大脑。

对客户的订单及预测进行分析、评估，最终承诺客户并安排自己的供应计划（主生产计划，MPS），这个过程就一个需求的评审、计划、管理的过程，也就是一个销售与运作计划（S&OP）的过程。

需求计划还包括对产品生命周期（PLC）的管理，通过对产品生命周期的分析、判断而制订产品 PLC 不同阶段的生产、采购与库存策略。

有人可能会说，很多教科书、顾问都说，需求计划是市场与销售组织的事情，与供应链管理没有多大关系。

此说法有道理，也没有道理。

理论上，销售、市场，甚至品牌、产品经理等公司内部的需求组织的确需要了解并预测客户、市场的需求，并形成自己的需求计划，类似我们通常所说的销售计划。而实际上几乎没有制造业的销售能够做好这件事情，他们所谓的需求计划也好，销售计划也罢，不外乎都是销售任务、公司目标而已，与市场、客户的真实需求几乎没有什么关系。所以，从这个意义上讲，需求组织所谓的需求计划其实没有多大价值，尽管我们还是需要这个东西作为往前看的一个参考，但我们最终面对的是客户实实在在的订单，尤其是在小批量、多品种、个性化定制越来越普遍的今天，需求预测已经变得越来越困难。

无论如何，按照我们上面的论述，理论上似乎存在着两个需求计划：一是对外部的市场、客户的潜在需求进行预测、计划（规划、策划）；二是对拿到的客户的需求进行计划。为了便于展开讨论，我们定义第一种需求计划为 DP1，第二种为 DP2。

我们先来看 DP1。

APICS 对 DP1 有一个定义如下：

Demand planning—Using forecasts and experience to estimate demand for various items at various points in asupply chain. Several forecasting techniques may be used during the planning process. Often, families of items are aggregated in doing this planning. Aggregation also may occur by geographical region or by life cycle stage. Forecast demand is compared to actual demand in order to measure and increase forecast accuracy. See: demand management.

中文意思是：需求计划——用预测（技术）和经验去估计供应链不同节点上不同品类的需求。在计划流程中要用到几种预测技术。在这个计划过程中，品类经常被聚合成产品族。按地区或产品生命周期聚合也是可能的。预测需求与实际需求进行对比以衡量和提升预测数据的准确性。

很明显，APICS 对所谓的"需求计划"的定义就是"估计需求（Estimate demand）"。

我个人认为，APICS 的这个定义在逻辑上就是不通的。

既然是“估计”，怎么就成了“计划”了呢？估计就是估计，甚至可以认为估计就是猜测，本身是不负责任的；即使是那个预测技术，如统计预测（STF），也不过是个数学游戏而已。

而计划则不然。计划是一种策划、一种图谋（Scheme），一种事先制订好的行动方案，是为了实现目标而采取的措施。计划包含行动或假设以达到目标或完成任务。

从责任人角度，按照 APICS 的定义，需求计划好像就是市场、销售的事情，因为他们有经验去估计。

当然，APICS 又定义了一个“需求管理流程（Demand Management Process）”，原文如下：

Demand management process—A process that weighs both customer demand and a firm's output capabilities, and tries to balance the two. Demand management is made up of planning demand, communicating demand, influencing demand, and prioritizing demand.

中文意思是：需求管理流程——一个用来权衡客户需求和一个公司产出能力并企图去平衡它们的流程。需求管理包括计划需求，沟通需求，影响需求及管理需求优先级。

这似乎就有些道理了。

这个定义与 Colleen Crum 等人写的“*Demand Management Best Practices*”一书里的定义基本是一样的，其定义如图 13－5 所示。

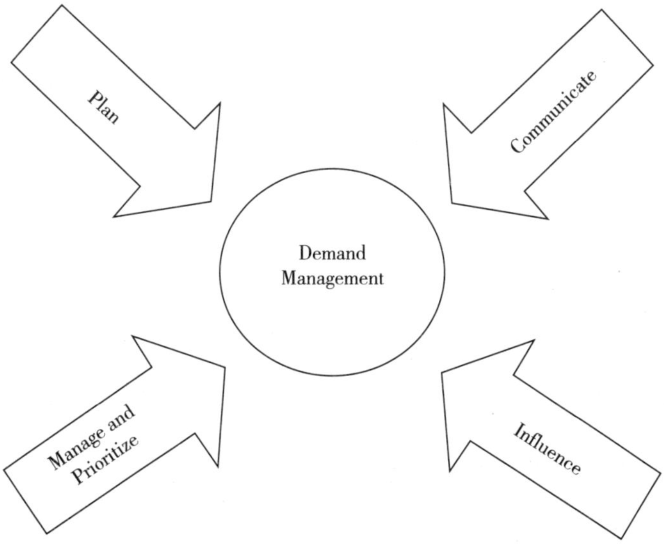

图 13－5　Demand Management Best Practices 对需求管理的定义

FIGURE 6 Elements of Demand Management（Copyright Oliver Wight International），Crum，Colleen；Palmatier，George. Demand Management Best Practices（Integrated Business Management）. J. Ross Publishing. Kindle 版本 .

但 Colleen 等人在书里面反复强调了一个观点：

Notice that the first element of demand management is planning demand, not forecasting demand, although forecasting is part of planning demand.

需要注意的是，需求管理的第一个要素是计划需求，不是预测需求，尽管预测是计划需求的一部分①。

结合本书第 9 章及 Colleen 等人与 APICS 的定义，我们现在就可以澄清这个问题了：

（1）市场预测不是需求计划，“预测”与“计划”是两回事儿。

（2）市场预测是需求组织的行为，统计预测则可以是供应组织或者是需求组织的事情。

（3）在市场预测或者统计预测的基础上，并在考虑需求组织可能采取的市场活动（如广告、促销、NPI 等）的基础上形成需求计划。

（4）需求管理需要平衡客户需求与供应能力，是需求与供应组织共同的事情。

这就是我为什么坚持需求计划是 DP2，对拿到的需求进行计划，而这就不仅仅是需求组织（市场、销售、品牌等）的事情了，因为他们自己没有这个能力去做这件事情。

传统的供应链管理，或者说大多数公司的供应链管理只是在被动地供应，说白了就是个典型的下单、追料、催货的。作为供应组织，他们与需求组织在流程、角色、职责等方面都是割裂的，这就导致销售是销售，供应是供应，二者之间没有有机的连接。

很多人肯定会说，我们有 S&OP 流程啊！

我的回答很简单：绝大多数公司的 S&OP 流程只是个摆设。

所谓事在人为，如果没有合适的角色、合适的人，事情是不会成功的，尽管事儿还是那件事儿，供应组织需要通过“需求计划员”这个角色来与需求组织一起管理好需求。

这是事情（S&OP）成功的关键。

简单来讲，供应组织需要主动出击去管理需求、挑战需求以促使需求组织更加高质量地去计划需求，管理需求。

Colleen 有一句话说得非常好，“The customer and supplier must have the ability to clarify, review, and challenge one another's assumptions. These discussions improve the accuracy of the demand plan. Companies that collaborate on demand have seen improvements in demand plan accuracy.”

客户、供应商双方都必须有能力澄清、评审及挑战对方的（需求、供应）假设，这些讨论能够提升需求计划准确性。那些在需求方面有协同的公司已经看到需求计划准

① Colleen Crum, George Palmatier. Demand Management Best Practices (Integrated Business Management). J. Ross Publishing, Florida, 2003.

确性的提高①。

挑战需求组织的需求就是供应组织的“需求计划员”的重要职责之一。这也是为什么我们在本书第 9 章里面提到，供应链管理组织的计划员需要掌握一些统计预测方面的知识和工具，其目的很清楚，分析需求、挑战需求、澄清需求，目的是更好地满足需求。所以，对于需求管理，我认为，需求组织和供应组织之间的关系可以用图 13－6 来表示。

图 13－6　需求管理组织之间的关系

最后，关于需求计划，如果你有机会看一下 Charles W. Chase 写的《Next Generation Demand Management－ People, Process, Analytics and Technology》一书，他又定义了两个角色：一是 Demand Analyst（需求分析员）；二是 Demand Planner（需求计划员），而且他还强调了二者的区别：

1. 在职责方面：需求分析员负责创建所有地区/分部的基准统计预测，然后将其传递到地区、分部需求计划员那里去细调，而这些细调是基于本地销售及市场行动，如价格策略、促销等。

2. 在技能方面：这些新设立的需求分析员跟需求计划员也不一样。需求分析员必须具有高级的统计分析技能及强烈的商业敏锐。他们当然也需要很强的协同技巧，因为他们需要跟地区需求计划员紧密合作。地区需求计划员不一定非得有那么强的统计分析技能，他们只是需要更多地与商务人员紧密配合，基于当地销售/市场行动，如价格措施、销售促销、市场行动等，细调基准预测。需求分析员也提供特定分析以支持全球商务团队评估他们的商业动机及策略。

他甚至把需求分析员定义为“数据科学家（Data Scientist）”。

上述内容的原文如下，感兴趣的读者可以自己品味一下：

Due to globalization and expanded product portfolios, many companies are considering creating centers of forecasting excellence within their corporate headquarters, particularly at larger global companies. Furthermore, they are staffing those centers of excellence with demand analysts, not demand planners. So, what is the difference? Demand analysts are responsible for

---

① Colleen Crum, George Palmatier. Demand Management Best Practices (Integrated Business Management). J. Ross Publishing, Florida, 2003.

creating the statistical baseline forecasts for all the regions/divisions. Then, pass those statistical baseline forecasts to the regional/divisional demand planners to refine (make adjustments) to the statistical baseline forecasts. Those adjustments are based on local sales and marketing activities, such as pricing actions, sales promotions, and others.

The skill sets of these newly created demand analyst positions are different from the demand planners. The demand analysts have advanced statistical skills and strong business acumen. They also have strong collaboration skills as they work closely with the regional demand planners. The regional demand planners do not necessarily have a strong statistical skill set, but work closely with the local commercial business teams to refine the statistical baseline forecasts reflecting regional sales/marketing activities (i. e. , pricing actions. sales promotions, marketing events, and others). The demand analysts also provide ad hoc analysis in support of the global commercial teams to assess business strategic initiatives and tactics.

Charles 甚至还提到“重新定义供应链”的问题，他认为未来的供应链组织应该包括商业组织（销售与市场）：

The primary reason for investing in data, analytics skills, and technology is to improve supply chain efficiencies, not just operational performance. We need to redefine the term *supply chain* to include the commercial (sales/marketing) side of the business. Become more outside – in focused and think market – to – market, rather than supplier forward (inside – out focus). This includes improving demand forecast accuracy, reducing demand variability, and improving supply chain visibility from the customer back to the supplier. Understanding and uncovering market opportunities are the first steps in the next generation demand management process.

投资数据及分析技能、技术不仅仅是为了提高运营绩效，更主要的原因是提高供应链效率。我们需要重新定义“供应链”这个词，它应该包括业务的商务（销售与市场）部分。它应该变成更加由外向内聚焦，思维从市场到市场，而不是从供应商往前考虑（由内向外聚焦）。这包括提高需求预测准确性，降低需求波动，提高从客户到供应商的供应链可视化。理解并揭开市场机会的盖子是下一代需求管理的首要步骤。

我个人认为，Charles 的理念非常超前，尽管看起来他的工作经历主要来自 CPG（Consumer Packaged Goods，消费包装品，这是作者在其书 *Next Generation Demand Management* 中的定义）行业咨询，但我想这对于制造业的需求与供应链管理也有很大的启发。在制造业的需求组织里，我们是否需要设置类似 Charles 提到的需求分析员之类的角色？相对于 CPG 行业，一般的制造业可能没有那么多的成品 SKU 数量，我们可能不需要数据科学家，但是，设置一个或几个专职的需求分析员以规范需求预测、市场活动分析，并建立与供应链组织的 DP 的对接或许是个不错的选择。

13.5　其他几个关键角色职责及其相关流程

供应链计划里面，除了上述的需求计划以外，第二个计划就是我们通常所说的生产计划（PP）。

这个所谓的 PP 包括两部分：一是产能计划，通常指粗产能计划（RCCP），二是排产、排程（PS）。

客户订单、预测或来自销售等组织的需求计划是 RCCP 的输入，这个流程的目的是识别并计划瓶颈产能以决定如何供应（MPS），它是 S&OP 流程需求评审之后的供应评审的主要组成部分之一。

至于 PS，这个是 MRP 运行后的安排，基于计划单、工单安排生产，通常叫生产计划，其实是生产调度、安排之类的工作，类似对内采购。

另外，关于 PP，业界也有一个高大上的东西叫高级计划与排程（Advanced Planning & Scheduling，APS）。我个人认为，这个 APS 理论上很有道理，但实际推广的局限性很大。道理很简单：绝大多数的公司连起码的 MRP 都不会跑，还搞什么高级的计划系统？

你千万不要告诉我你要“弯道超车”。

APS 存在的理由是因为传统的 MRP 不考虑约束，而实际上约束有两种，一是物料；二是产能。通常情况下，关键的物料（CPL）约束在物料计划员看来是非常清楚的；关键的瓶颈产能也是完全可以通过 MRP 的 CRP/RCCP 功能实现的。当然，从长远看，如果你已经把 MRP 玩得很好了，再上个 APS 那就是锦上添花了。只是大多数企业需要注意的是，不要被越来越多的 IT 工具给绑架了。IT 作为工具，它永远解决不了管理问题。

第三个计划则是物料计划（MP）。物料计划通常被误以为就是物料需求计划（MRP）。

严格意义上讲，MRP 本身并不是一个计划，它只是一个计算的过程而已，如同你摁计算器计算 6 ÷ 3 = 2 一样。理论上，只要是人，都应该会的，因为这看起来是个数学问题，其实不是的。为什么用 6 除以 3，而不是用 6 乘以 3，这才是个数学问题。

所以，真正的物料计划其实是“功夫在诗外”，它要解决的是在 MRP 运算之前的数学问题，如原材料的分类管理及采购、库存策略的分析与决策、物料呆滞及短缺的预警、预防问题等。

日常工作中的 CTB（可生产）、ATP（可承诺）等也算是 MP 的工作，但其实也就是个检查的工作而已，往往有人把物料检查当成了物料计划，因为检查本身就是为计划做准备，也是供应链评审的主要组成部分之一。

第四个计划也是所谓的库存计划（IP）。我认为翻译成库存规划更好一些。

在我这些年审核过的客户中，有这个库存计划流程并执行得比较好的企业很少。原因是大多数公司的 CFO 其实不懂财务，充其量算是个会计而已。

所谓库存计划就是根据公司财务下达的库存周转率的目标以及不同的业务模式，如是不是 VMI 等，计算出库存“应该”持有多少。这也是一种计算而已。当然，从财务的角度，也的确有规划、计划的意思，因为算出来应该持有的库存量，财务就可以规划未来的运营现金流需求了，从这个角度讲，IP 也的确是一种计划。

这个 IP 流程除了计划、规划本身，还有监控库存目标达成及持续改善的部分，典型的如主持每周 E&O 分析例会，这里就不去多谈了。

总之，这四个 P，即 DP、PP、MP、IP 分工不分家，实际工作中尽管有各自的聚焦点，但往往又是你中有我，我中有你地纠缠在一起的，它们都是供应链管理的核心组成部分，是整个公司的大脑指挥机构。简单来讲，它们的职责涵盖了几乎所有的供应链管理关键流程：

◆ DP：需求管理与 S&OP，订单评审，PLC，MRP 运算等。

◆ PP：RCCP，WO 与 PS（工单与细排产）等。

◆ MP：CTB、CPL、EC、MRP 重新计划等。

◆ IP：库存规划与监控、库存数据准确性等。

看到这里，有人可能会问，您这里怎么没有主生产计划员（MPP）这个角色呢？

我认为可以不需要专门的 MPP，因为以上提到的四个 P（DP，PP，MP，IP）的主管就应该是 MPP 的角色，承担 MPP 职责。通俗意义上讲的 MPP 的职责就是负责统筹整个公司、BU 的需求和资源，而这恰好就是计划主管的职责，尽管实际工作中，DP 主管实际上承担了 MPP 相当的工作份额。再往上就是 SCM 总监或 VP，他们是一个公司或 BU 的最大的主计划员，否则，他们就是些“整天双手插在兜里、无所事事的闲人了”。

上面谈的几个关键角色都是计划领域的，从供应链管理角度，我认为以下 3 个角色的定位也非常关键，但在这里不做展开，只是提出概念供大家思考：

第一，销售员。很多公司的销售员把自己定位为“卖东西的”，平常干的都是些替客户催货之类的工作，但我们把销售定义为“客户的需求管理经理”。

很多公司的销售很强势，也很能干，为了给自己的客户及时出货，直接打电话指挥到生产车间，甚至是物流公司的司机；有的销售干脆直接帮助采购，打电话给供应商追料，亲自安排生产计划，督促生产入库、物流出货……凡此种种，都是销售员的不良行为，只能说明他们不知道自己的职责。

第二，采购员。很多公司的执行采购员把自己定位为“买东西的”，平常干的都是些跟单、催交之类的活儿，但我们把执行采购定义为“供应商的虚拟供应链管理经理”。

执行采购员就是供应商的上游客户代表，他们的主要责任就是把我们“不断变化的、越来越不讲道理的需求”有效地传递给供应商，辅导供应商了解、理解我们的

"真实需求"，并结合供应商的实际情况，帮助供应商设计、实施供应商的供应链管理流程、组织、职责、KPI 及相应策略，以更好地满足我们不断变化的需求，从而更好地服务于我们的终端客户。

作为一个采购员，你需要回答下面的问题：

◆ 我们在供应商那里的地位（份额）如何？
◆ 我们的产品在供应商那里的生产与库存策略（MTS/MTO/ETO）是什么？
◆ 供应商的 MPS 是怎么产生的？其产能与原材料约束是什么？
◆ 供应商的 MRP 是怎么运算的？其物料分类管理策略是什么？
◆ 我们的预测、需求是怎么传递到 T2/T3 供应商的？
◆ 供应商的 PR/PO 是怎么跟踪管控的？
◆ 供应商的 WO（生产工单）及 PS（生产排程）是怎么管控的？
◆ 供应商的流程、组织、KPI 是如何优化改善的？
◆ 供应商的关键供应商是怎么安排生产的？

第三，生产经理。

各行各业的生产经理们必须承认的一个事实就是，这个世界再也回不到"以生产为核心"的时代了。从供应链管理角度，我们定位生产制造为内部的供应商，对于他们来讲，工单（WO）就是命令。

现实中，需要引起很多公司高管注意的一个问题就是，你可能已经"被生产绑架"了，在那些 KPI 考核频繁的公司里，生产部竟然将考核供应链计划修改过多少次，每次给他们带来了多大的额外成本，并以此成为他们不执行生产指令的借口。

在以客户为导向、以供应链管理为企业管理核心的时代，这是必须消灭的不良现象。

13.6　RACI

随着业务的扩展，很多公司开始设业务单元（Business Unit，BU）、事业群（Business Group，BG），或者产品线经理负责制，生产制造方面则设立厂长、总经理负责制。

无论是 BU、BG 长还是产品线经理，他们都想管供应链，理由是他们对经营结果的损益（Profit and Loss，P&L）最终负责。

汉语里面的"负责"只有这两个字，英语的表达有两个：一是 Responsible；二是 Accountable。在项目管理以及流程设计方法论上有个叫"RACI"的理论。在百度上搜索"RACI"这四个字母，可以得到如下中英文的解释：

R：Responsible – individuals who perform a task (or responsible for execution / action). The degree of responsibility is defined by the accountable person. Responsibilities can be shared.

谁负责（R = Responsible），即具体负责执行任务（或负责执行、行动）的角色。

他/她的责任程度取决于最终负责人。其责任也可以被分担。

A：Accountable – the individual who is ultimately accountable for a decision or action; includes yes/no and power of veto. Only one accountable person is assigned to a task.

谁批准、谁最终负责（A = Accountable），即对任务（决策、行动）最终负全责、对行动承担风险的角色。只有经他/她同意或签署之后，项目才能得以进行。针对每一个任务，只有一个最终负责人。

C：Consulted – individuals to be consulted prior to a final decision or action being taken.

咨询谁（C = Consulted），在最终决策或采取行动之前被咨询的人（拥有完成项目所需的信息或能力的人员）。

I：Informed, individuals to be informed after a decision or action is taken.

通知谁（I = Informed），决策或行动之后被通知的人（即拥有特权、应及时被通知结果的人员，却不必向他/她咨询、征求意见）。

搞清楚了 RACI 这四个字母的意思，关于 BU 与研发（R&D）、供应链管理（SCM）等功能组织（Functional Organizations）之间的关系就可以厘清了：

BU 是 A，最终负责，研发、供应链组织是 R，具体负责；BU 是客户（产品）聚焦的团队（Customers Focus Team，CFT），R&D，SCM 是支持；BU 主战，R&D、SCM 等主建，它们之间的关系大概表示为如图 13 –7 所示的矩阵结构。

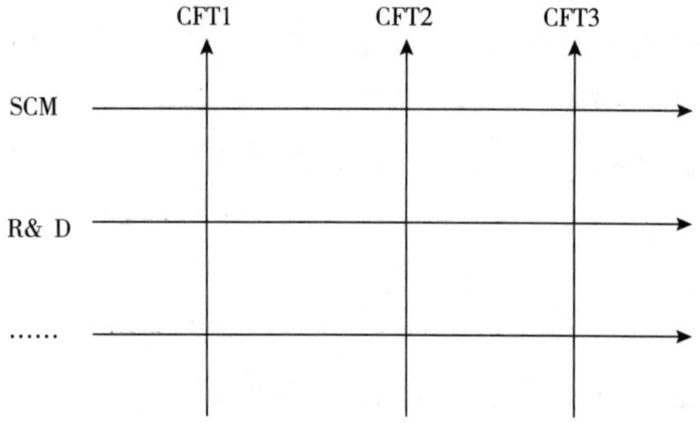

图 13 –7　矩阵式组织结构

阅读理解之一

计划员不是用来冲锋陷阵的

我们的计划员在哪里？

每当有客户需求变化的时候，或者供应出现问题的时候，有多少人能在第一时间想到我们的计划员呢？

恐怕很少有人知道，在企业里，计划员到底是干什么的。

计划员，当然是做计划的，而计划又是什么意思呢？

计划首先是计算，算计，算来算去；是规划，是作战参谋的意思。计划既不是奇谋巧计，更不是阴谋诡计。简单的理解就是，你先算好了，能胜，然后再行动。

这里的关键是先“算”，后“动”，这本身就告诉我们，计划员的主要职责是计算、计划，而这些工作是在办公室里完成的。

很多人说，那计划员就不能去生产现场看看吗？

当然可以，但前提是你已经“算好了”，否则，你去现场干什么？

催促生产啊！这是很多人的回答，这也是很多管理者希望看到的现象，大家都到现场去解决问题！精益生产不是提倡“弄脏你的手”吗？

我想这是很多人对精益思想的一种误解，所谓的现场不一定就是指生产现场或者战场本身，“庙堂”也是现场，关键要看这是谁的现场？

一个带兵打仗的连长（生产经理）没事就喜欢坐在大后方的办公室里，这是脱离战场；如果你看到一群作战参谋都提着枪上战场了，那可能就不是脱离现场这么简单的问题了，很有可能是被敌人端了老窝（指挥部）了。

（2020－11－26 发布于程晓华全面库存管理咨询订阅号【ITOOTD】）

阅读理解之二

经理既是领导者又是组织者

——读毛泽东选集之《关心群众生活，注意工作方法》有感

我分别于 2015 年 7 月、2017 年 7 月写过两篇文章：《不管流程你凭什么当人家的老板》《只要结果不要过程是一种自杀行为》，谈的都是经理与流程之间的关系。

为什么要写这些文章呢？

因为随着我辅导的客户越来越多，我逐渐发现，很多经理、总监乃至 VP（副总裁）对自己专业领域的流程一窍不通，他们只会定目标，要结果，还美其名曰“结果导向”。

而我见过的这些经理们，他们当中的很多人，不但花了很多钱，还浪费了很多时间，读过或正在读名校 MBA。

钱白花了，时间也浪费了，这都不算啥，关键的问题是他们还学了一身毛病，本来还是接点地气的，毕竟是农民家的孩子，但是学完了 MBA 就不一样了，洋味十足，高高在上，更是“只要结果，不要过程”了，因为很多不食人间烟火的教授们就是这么说的，也是这么做的。

近几天，读了毛主席的一篇讲话《关心群众生活，注意工作方法》，我的体会就更深了。

毛主席在讲话中提到：我们是革命战争的领导者、组织者，我们又是群众生活的领导者、组织者。组织革命战争，改良群众生活，这是我们的两大任务。在这里，工作方

法的问题，就严重地摆在我们的面前。我们不但要提出任务，而且要解决完成任务的方法问题。

毛主席在这一段话里面明确指出，领导者光提任务是不行的，你还必须找出完成任务的方法。

为了说明任务与方法的关系，毛主席讲到：我们的任务是过河，但是没有桥或没有船就不能过。不解决桥或船的问题，过河就是一句空话。

过河是任务，桥或船是具体方法，这不就是这些年疯狂地流行于管理学术界的“目标与关键任务（Objective and Key Results，OKR）”吗？

百度“OKR”，你可以了解到，OKR是由英特尔（Intel）公司创始人安迪·葛洛夫（Andy Grove）发明，并由约翰·道尔（John Doerr）引入到谷歌使用，1999年OKR在谷歌发扬光大，在Facebook、Linked in等企业广泛使用，2014年，OKR传入中国，2015年后，百度、华为、字节跳动、佐佳咨询等企业都逐渐使用和推广OKR……

接下来，毛主席又讲到：不解决方法问题，任务也只是瞎说一顿。不注意扩大红军的领导，不讲究扩大红军的方法，尽管把扩大红军念一千遍，结果还是不能成功。

我的理解是：口号和激情永远代替不了方法和流程。

喊喊口号、鼓鼓士气，这也没啥，但关键的问题是，喊口号是解决不了任务问题的，而且喊多了，容易让人上瘾，时间长了就可能变成一种很不好的企业文化。

永远不要相信那些口号喊得最响的人，这是历史的经验教训。

（2020－2－1发布于程晓华全面库存管理咨询订阅号【ITOOTD】）

阅读理解之三

学点编程以提高逻辑思维能力

——向供应链管理从业者推荐R语言

供应链管理离不开数据分析，而供应链管理数据分析的要求是，在具备一定业务能力的前提下，还得具有一定的逻辑推理能力，否则，数据分析可能就变成了数据的机械罗列与堆砌，而要提高逻辑推理能力，学点编程是一种不错的途径。

在这点上，我个人深有体会。尽管上大学的时候学过BASIC、FORTRAN等基本的编程语言，但坦白地讲，毕业后就从来没有见过它们了；后来，1995年，大学毕业两年后，阴差阳错地，我从一个机械技术员变成了一个生产计划员，开始接触MRP，并自学数据库（主要是FOXBASE/FOXPRO）编程；后来变换工作，干物料计划主管等职位，我一直坚持编程到2000年左右，再后来进入IBM开始使用SAP，这个爱好也就丢掉了，主要精力和兴趣就转向管人及流程、体系建设等方面了。

但那几年的业余编程经历至今对我影响很深。

我之所以说那是业余编程，一是因为我的确不是IT专业人员，我一直在做具体的业务工作；二是我的编程水平也很业余，做不了什么大的程序，但在当时解决一般的物料计划问题则绰绰有余。所以，当年在烟台顿汉布什当物料计划主管的时候就总觉得，一天 8 小时的工作时间实在无聊，实际上每天干一两个小时足矣，其他时间则主要是找人闲聊。

这些年做独立顾问，空余时间比较多，除了极力想弄明白上大学时那些神乎其神的高等数学，包括微积分、概率与数理统计、回归分析等，再就是没事喜欢倒腾个 R 语言什么的。同样，我的 R 语言水平也很业余，但是跟当年玩 FOX 的感觉类似，它可以极大地提升我的工作效率。我个人认为，在供应链数据分析挖掘方面，R 是 Excel 的极其有力的延伸，更重要的是，R 帮我可视化地、轻松地理解了很多过去怎么也看不见、摸不着的、无法理解的数学概念和原理，这又进一步提升了我的逻辑推理能力。

尽管目前可以进行统计分析、数据挖掘的软件有很多，如 SPSS、SAS、MATLAB、Python 软件等，但它们要么价格不菲，要么并非那么擅长统计分析，而 R 则是一个完全免费的自由软件，它有 UNIX、LINUX、MacOS 和 WINDOWS 版本，都可以免费下载和使用，在 R 主页可以下载到 R 的安装程序及各种程序包，更重要的是，R 更擅长统计分析，因为，R 本身是由 Auckland 大学统计系的统计学家 Robert Gentleman 和 Ross Ihaka 开发的，后来又有无数的贡献者自愿加入开发了大量的外挂程序包，使得 R 的统计分析功能越来越强大，具有强大的交互式数据分析功能，同时，如果你愿意，R 可以帮你把统计分析图做得非常漂亮。

最关键的是，R 容易学，上手快，如果你的英语稍好，那些函数就像是在写英文句子一般简单。我个人认为，R 本质上就是关于函数的编程语言。

我建议广大供应链管理从业者学点 R，这既可以是业余爱好，也能提升你的个人能力，还能帮你更好地工作，何乐而不为呢？

（2021 – 12 – 10 发布于程晓华全面库存管理咨询订阅号【ITOOTD】）

阅读理解之四

强大的组织保障能力是供应链作战的基本物质条件

2009 年 10 月我还在伟创力工作的时候就在 e – works 上发表了文章《3P 管理——管人、管事、管业绩》，2021 年的 10 月，我又发表了文章《再论供应链之 3P 管理》。我在这两篇文章中反复阐述的一个基本观点就是，供应链管理流程（P1，Process，事、流程）决定供应链管理组织（P2，People，人、组织），而绩效（P3，Performance，KPI）则是流程与组织有机结合的自然产物，即 P3 = P1 + P2。

关于这三者的关系，我在《制造业全面库存管理》里面也有大量的论述。

我在这里想重点谈谈 P2，即供应链管理的组织问题，而这个问题包括如下三个方面：

（1）P2 的组织形式。

（2）P2 里面的人。

（3）P2 的纪律问题。

这三个问题构成了供应链管理的组织保障能力问题。

我们通常所讲的 P1——供应链管理流程，是指 SCOR（供应链管理运作参考模型），SCOR 说供应链管理就是计划、采购、制造、交付与退货，后来又加了一个“使能者”（Enabler），类似 IT、风险管控等。

P1 决定 P2，所以 P2 的主要角色也就包括计划员、采购员、生产控制、物流管理，可以再加上 IT（如有些公司设置的 ITBP 等），就这么简单，因为这是业界最佳实践。如同麻雀虽小，五脏俱全，说的就是再小的公司、再大的公司，从供应链管理角度，它们的组织形式都一样，都有大脑（计划），都有胳膊、腿（采购、制造、物流等），都要能吃进去，还要能吐出去，吃多了，吐不出去，那就是一肚子废物（呆滞库存），人如此，麻雀也是一样，其他的畜生也都差不多。

所以从大的方面讲，单纯 P2 的组织形式问题是没有什么好讨论的。

但是，如果与 P2 的第 2 个问题结合，即组织形式 + 人，则问题就稍显复杂。

我这些年辅导了很多业务成长比较快的公司，他们的一个典型特点就是客户、产品及业务量增长很快，组织架构膨胀极其迅速，而新成立的 BU（业务单位）都喊着要有“自己的供应链管理组织”，理由是“业务长们能负全责”，但问题是，在供应链管理方面又找不出几个有知识又有成熟作战经验的“老兵”，结果就出现了大量的类似战争年代的“娃娃团长”，而他们带领作战的当然就是“儿童团”了。这样就导致一个很明显的问题：如果是一个或几个老兵带领几十个、几百个娃娃突围，或许会成功，娃娃们生存的概率就很大，但如果把这些娃娃们都分开了，让一个或几个稍大点的娃娃带着一群小娃娃突围，你觉得他们会成功吗？更大的问题是，那些“业务长”们也都跟那些娃娃团长差不多，在管理上基本是些“瓜娃子”的水平。

你就可以想象那些被分到各个 BU 的娃娃们的命运了。

第三个问题就是纪律问题。

毛主席早就明确地提出了“加强纪律性，革命无不胜”，啥意思呢？

一群有明确目标的人，有了专业分工，再加上铁的纪律，那就是团队，否则就是团伙。

供应链是从客户的客户到供应商的供应商，牵扯无数的人和事，如果没有铁的纪律约束，那么这条链子就很容易被对手斩断！而要维护这个纪律，SCOR 说的那个“你”就是关键！

如果“你”自己都做不到令行禁止，凭什么去服务客户、指挥供应商？

观察一个公司在供应链管理方面是否有纪律，就看他们开会、散会是否准时，会议过程中是否有人“开小会”就清楚了。

所以，供应链管理的组织形式很重要，而形式与人的结合非常关键，合适的组织形式与有知识、有经验、有纪律的人的有机结合是供应链作战的基本物质保障。

（2022－6－6 发布于程晓华全面库存管理咨询订阅号【ITOOTD】）

阅读理解之五

TIM 咨询案例：建立以需求计划为核心的供应链中央管控体系

SK 公司是一家专业的橡胶轮胎研发制造企业，致力于为全球用户提供最优质的轮胎产品和服务，公司在我国山东省、东北地区及东南亚的越南等地建有 5 家现代化轮胎制造工厂，目前已拥有全钢子午线轮胎、半钢子午线轮胎及非公路轮胎生产线，产品畅销欧洲、美洲、亚洲、非洲等 100 多个国家和地区。

该公司客观存在的挑战是：

（1）多品种：成品 SKU 多达几万种。

（2）多客户：遍布全球的几百家客户。

（3）多产能布局：全球 5 家工厂。

（4）多对多的复杂对应关系：SKU、客户、工厂多对多。

在供应链管理方面面临的主要问题是：

（1）给客户订单承诺周期（Quick Response，QR）太长，平均 5～10 个工作日。

（2）承诺质量无法保证，承诺达成率（OTDC）非常低。

（3）销售部与供应链管理部职责交叉、重叠严重，各自没有工作聚焦。

（4）工厂各自为政，没有统一的 MPS（主生产计划）管控。

（5）SAP 实施多年但只是走账，MRP 无法运行。

TIM 咨询项目重点解决的问题：

（1）重点梳理并重新设计了订单评审、S&OP（销售与运作计划）、MRP 运算、工单（WO）及生产排程（PS）管控流程。

（2）建立了基于多重约束的粗产能计划（RCCP）流程，并在 SAP 成功实施运行。

（3）建立了库存规划与监控流程。

（4）基于流程，厘清职责，建立了以需求计划（DP）为核心的供应链中央管控体系。

（5）重点突出了客户服务水平（OTDC）、生产控制（如 WO 及时关闭率、排程达成率等）及呆滞库存（E&O）等几个 KPI 指标。

由于该项目得到了集团公司总裁、VP 等高管的大力支持，集团相关职能部门及全球各个工厂都积极参与，更关键的是，在整个项目过程中，该公司的供应链管理总监及其团队一直都在坚持“不折不扣、认真学习、坚决执行、积极推进”的做事风格，再加上该公司的 IT/ERP 部门支持非常给力，整个项目进展迅速，效果显著。

我作为该项目的独立顾问，个人的体会是：

（1）供应链管理，一半是技术，一半是管理，没有管理，技术没有用。

（2）供应链管理的很多问题必须靠强势推进，“过度的民主就是扯皮”，越扯越扯不清，最终不了了之，害了公司，也误了自己。

（3）信任（Mutual Trust）就是力量，信任能够极大地降低管理成本。

第14章

库存控制没有绝招儿

本章基本观点与底层逻辑

1. 预测不准确是供应链管理存在的关键理由
2. 这个世界上是没有绝招儿的
3. 静能生慧

这些年我遇到过很多在供应链管理领域企图寻找“绝招儿”的人，他们跟古代传说中那些企图寻找灵丹妙药的人差不多，非常执着。通常，他们把日常工作中遇到的形形色色的具体问题定义为“特殊”，然后就去想方设法寻找传说中的绝招儿，企图一劳永逸地解决它。

14.1 这不是问题

下面是几类我经常被问到的问题：

第一类：我们公司的产品（或行业）很特殊，销售预测非常不准确，原材料采购周期又长，生产也需要很多天，我们应该怎么解决给客户及时交付的问题，同时又能控制呆滞库存、提高库存周转率？

与这类问题类似的问法还有 4 种：

（1）客户、销售都不给我们预测，然后来了单就逼着我们马上出货，而且老板还要求我们做到零库存，你说我们应该怎么办？

（2）关于计划的制订，如何做到既能满足前方销售业务需求，又能实现均衡生产而又不会产生太多的库存？

（3）我们的客户只承担部分按预测备料的呆死库存责任，如果我们只备客户承担责任的这部分物料的话，万一客户需求上升，我们可能就无法满足；反之，如果我们多备了库存，一旦产生呆死，客户又不承担责任。这种情况下应该怎么备料？有没有一个办法既能让我们不承担呆死库存的损失又能满足客户不断变化的需求？

（4）业界通行的供应链玩法我们都是清楚的，但是在我们这里行不通，是否有专门针对我们公司的定制化的供应链管理解决方案？

以上描述，凡此种种，不胜枚举，尽管不同的人，不同的嘴，说法略有出入，但大概如此。

其实以上都不是问题，我认为，他们其实在抱怨自己不应该吃供应链管理这碗饭，或者是在寻找传说中的“绝招儿”。从根本上讲，他们不知道自己存在的价值。道理很简单：

（1）说自己的产品或行业特殊，这本身就是借口。就像同一个人不可能两次踏进同一条河流一样，世界上没有任何一家企业不是特殊的。都是做手机的，苹果、华为、

OPPO 跟小米，他们的业务模式和供应链玩法也是不一样的。

（2）如果预测很准确，你搞供应链管理的还有饭吃吗？你玩的不就是“需求不准确”吗？客户的需求会越来越不讲道理，需求多样性、波动性及时效性会越来越厉害，但这不正是我们这些做供应链管理的人前途之所在吗？

（3）至于说“业界通行的玩法”，我判断你是一知半解、似懂非懂，否则它怎么可能在你们那里行不通呢？除非你的企业不在地球上，或者不是在跟地球上的人做生意，否则，业界通行的做法一定是可以的，但的确需要具体问题具体分析，实施一些不同的植入方法。

最关键的问题是，我认为，离开了具体的业务场景、具体的料号、具体的数据，笼统地谈论任何供应链管理问题都是不负责任的，或者说，都是些毫无价值的问题。

兵书只有一套，但作战方案却有无数种。

供应链管理的基本逻辑都是一样的，你之所以说它不适合你们公司的特殊情况，那是因为你自己并没有深度地理解和掌握这些基本的逻辑和方法，更谈不上在实践中灵活运用了。

如果你仔细看我的从业简历，就会发现，我本人的供应链管理经验主要来自重工业及电子制造业。但这些年，我不仅成功地辅导过很多大型电子制造业的供应链管理，还长期辅导造纸、轮胎制造、汽车及汽车零部件，甚至是航天等行业。他们看起来千差万别，但从供应链管理角度，只是挑战点不同而已，而其供应链管理的底层逻辑都是大同小异的。

这就是我们为什么要谈供应链管理的流程、体系、逻辑，而不是去空谈什么“你的特殊问题”。掌握了供应链管理的基本功之后，你就会发现，所谓的具体问题、特殊性都是被那些对供应链管理一知半解的人人为造成的。事情本来很简单，业界也有现成的流程及 ERP/IT 解决方案，但他们非要按照自己的理解去设计流程，结果问题不但没有解决，反而越搞越复杂。

第二类：对那些垄断性的独家供应商应该怎么管理？类似的说法还有：

（1）很多超长采购提前期的物料该怎么备货？

（2）生产制造部不听我们计划员的话怎么办？

这些问题看起来与前面的问题（需求不确定性）不一样，但本质上还是一类问题，区别无非就是，前者谈的是需求的特殊性，后者则是谈供应的特殊性，总之，都是在找借口。

没有采购提前期、生产周期，哪里还有什么库存与交付问题？正是因为“时间不够用”，所以才产生库存与交付问题，这也是供应链管理的价值之所在。

还是那句话，你吃的就是这碗饭，需要跟这些独家供应商打交道。我相信，你如果做过几年 EMS（电子制造服务业）的供应链管理的话，你的抱怨就会少很多。

针对上述问题，我认为：

首先，你得先看看自己是怎么做的。在本书第5章有篇阅读理解，题目是“拿不到货可能是个计划问题”。你需要搞清楚的是，各行各业都存在着独家供应商，他既然答应接你的PO，就是供应商，之后就看你作为客户怎么跟他配合，比如，你是如何给这些独家供应商下单的？这些超长周期物料（类似本书定义的CPL）是不是跟那些包材、标准件是一个待遇？你是否有一个专门的流程来管控这些特殊物料？就像本书第10章提到的，没有人是神仙，但是，如果我们有合理的流程存在，而且严格地按照流程去做了，你拿不到货，你的竞争对手更拿不到货；你有呆滞库存，你的竞争对手的呆滞库存可能比你更多，这不就行了吗？不必非要去寻找根本不存在的绝招儿试图完美地解决问题。

其次，制造部门是供应链内部的供应商，他们必须按照计划员下达的指令（工单等）进行生产，这个无须讨论，但是，制造部门跟供应链管理部门之间通常是没有什么汇报关系的。作为计划员，你需要检讨的是你是怎么给制造部门下计划的？尽管我们反对去考核计划的准确性，但我们一直倡导的是，供应链计划应该追求“以不变应万变”。如果需求稍有风吹草动，你就改计划，那就不叫计划了，反之，如果计划一直保持不变，那也不是计划。

第二类：应该怎么减少库存呢？如何提高库存周转率？我们公司有很多呆滞库存，你觉得应该如何解决这些呆滞库存呢？

首先，啥叫库存很多？多与少的衡量标准是什么？其次，既然已经产生了呆滞库存，那就直接扔了，或者让你老板拿回家去，不就完事了吗？

我们供应链管理要做的是尽可能地预防呆滞库存的产生，而不是去解决已经产生的呆滞库存，那是打扫卫生的事情；当然，在处理呆滞库存之前，我们必须分析原因，找出真因，并做出有效的纠正，提出行之有效的预防措施。

呆滞库存的原因分析向来不是一件容易的事情，所以在这些年辅导客户的过程中，我提出了“两会”概念：

- ◆ S&OP（销售与运作计划）例会。
- ◆ E&O（呆滞库存分析）例会。

我们把对E&O的分析上升到跟S&OP同等重要的位置，因为它们就是相辅相成的。S&OP决定我们要吃什么、吃多少、什么时候吃、怎么吃，而E&O则代表了我们做决策的质量，刨根问底地分析E&O的目的就是反思、学习、持续改善。它们之间的关系可以用图14－1来表示。

14.2 供应链管理没有绝招儿

前面我们说了那么多，解决供应链管理问题需要靠流程、体系和ERP等，如本书讲的那些流程控制点，包括仓储管理、采购计划、采购执行、供应商弹性交付、生产控制、销售与需求管理以及ERP库存策略等，如果你能够针对你们公司的具体业务模式，

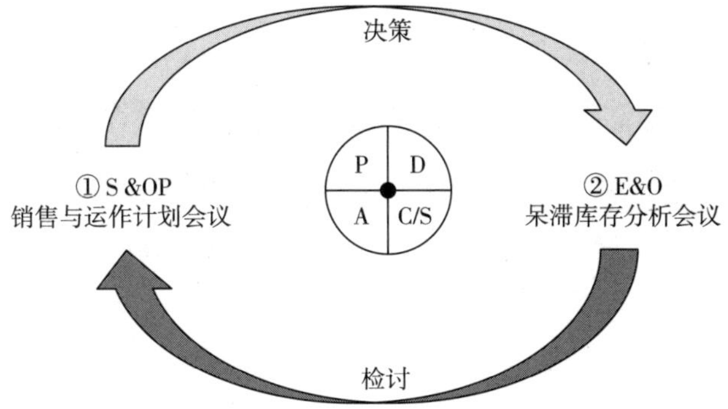

图 14－1　TIM“两会”关系

逐一分析，并拿出相应的处理措施，你的库存与交付问题就极有可能会持续改善，慢慢地就会形成组织能力，也就是你所在的组织区别于竞争对手的能力。如果一定要说绝招儿，这可能就是吧？

古人云，静能生慧。如果我们能坐得住，或许大脑就能迸出一些智慧的火花。如果你读过斯科特·佩奇的《模型思维》一书，他设计了一个“智慧层次结构”模型，如图 14－2 所示。

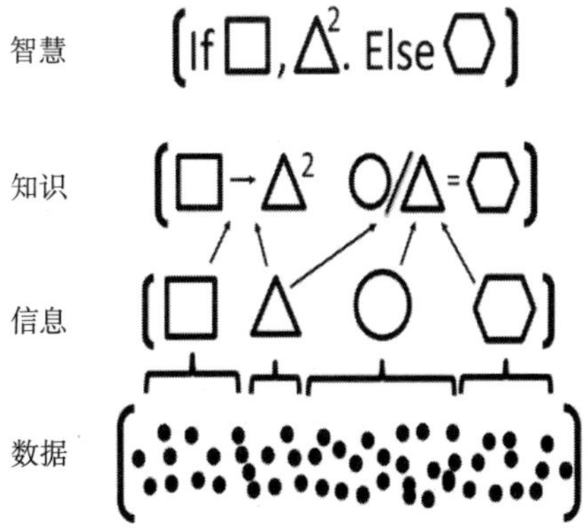

图 14－2　智慧层次结构

资料来源：［美］斯科特·佩奇．模型思维［M］．杭州：浙江人民出版，2019.

作者在书中阐述道，数据是原始的、未编码的事件、经历和现象，数据本身是没有什么价值的；数据经过分门别类地整理才可能变成有用的信息；搞明白了信息之间的相关、因果等逻辑关系，你就得到了知识；能够识别并灵活地运用知识、模型去解决实际问题，你就具备了智慧。

对比一下这个模型，就会发现，大部分人其实都停留在数据、最多是信息的阶段，我们缺乏的不仅是知识，更缺乏智慧。而我们的老祖先们说了，坐下来，你或许会产生一些智慧。

阅读理解之一

为什么说“多品种小批量”根本就不是个问题？

这几年，我通过写文章定义了几个“供应链管理不能问的问题”，但还是不断地有人问我这些“不能问的问题”，我为他们这种试图学到绝招儿、最佳方案的精神所感动，思来想去，我决定再从理论高度来谈一下这些问题。比如这个“多品种、小批量”（High Mix Low Volume，HMLV）的交付与库存管控问题。

第一我们需要搞清楚，什么是“多品种、小批量”？因为有人还搞出了一个“少品种、大批量”（Low Mix High Volume，LMHV）。而稍微懂点逻辑的人就会明白，这个“多、少、大、小”跟“正常、不正常”一样，都是些相对的概念，所谓多少、大小，关键是看你跟谁比。都说“山东大汉”，但你在山东待久了就会发现，小个子的男人比比皆是，而其他省市也有很多大个子。

华为、OPPO的手机款式比苹果的要多，我们是否就定义华为、OPPO手机是“小批量多品种”呢？

比起那些做服装的、造纸的、做轮胎的，华为、OPPO的手机已经绝对是“少品种大批量”了，不是吗？

但做服装的跟航天比呢？

航天产品是一个品种，没有批量（或批量=1），不是吗？

所以，你凭什么定义你的产品就是“多品种小批量”呢？

第二，无论是“多品种小批量”还是“少品种大批量”，无论什么行业，从全面库存管理角度，大家面临的问题都是一样的，那就是“如何以尽可能低的库存持有成本来满足客户越来越不讲道理的需求”，所以，大家的解决方案也都是一样的，用SCOR（供应链运作参考模型）来讲，大家玩的都是“计划、采购、生产、交付与退货”，其核心流程无非是需求管理、生产管理及供应商管理，我在书中将其总结为3P1M（流程、组织、绩效及例会）体系。如果你有合乎逻辑及业务模式的供应链管理流程，有合理的组织分工及KPI设计，剩下的不就是你能把这些能运用到什么程度吗？

所以，我认为，我们不存在单独的“多品种小批量”的问题。

第三，无论什么产品、什么企业、什么行业，从全面库存管理角度，都没有最佳解决方案，更没有绝招儿；其结果（库存与交付）也是一样的，没有最好，只有更好。

假设我们承认“多品种小批量”（HMLV）是存在的，现有A、B两家企业都是这个类型的，他们的情况类似，即产品、市场、客户、供应商、年产值等都差不多。那么，显然，他们面临的库存与交付问题肯定也是差不多的，但是，A企业的年库存周转率是10次，而B企业只有5次；假设我们也承认“少品种多批量（LMHV）”是存在的，现有企业C、D“情况类似”，但C企业年库存周转率是10次，而D企业只有5次。

针对以上例子，我们的结论是：

◆ A 企业的供应链管理水平一定比 BCD 企业高。

◆ B 企业的供应链管理水平应该比 D 企业高。

◆ B 企业的供应链管理水平应该跟 C 企业差不多。

它们之间的关系如下表所示。

不同类型的企业对应的供应链管理水平

企业	库存周转率	类型	供应链管理水平
A	10	HMLV	最高
B	5	HMLV	还行
C	10	LMHV	还行
D	5	LMHV	最低

理论上，“大批量”对库存周转率会产生一个客观上的放大效应，至于具体放大到什么程度，这个很难证明，但一定存在这个效应。

即使都是多品种小批量，为什么 A 的库存周转率比 B 高很多呢？

同理，C 为什么比 D 高很多呢？

我认为，区别无非就是我们上面提到的 3P1M。

第四，很多人为什么一直在耿耿于怀这个“多品种小批量”呢？因为这些人总觉得自己的事情比别人的特殊、难做，其实，这主要是因为他们自己是“井底之蛙”。

还有人干脆跟我讲，程老师，我认为目前业界通行的供应链做法在我们这里是行不通的，你是不是有其他的办法来帮助解决我们公司面临的特有的问题？

我跟他们讲，除非你的公司不在地球上，否则，供应链管理的解决方案都相差不多。一味地强调个性而有意无意地忽视了问题的共性，这除了是消极、抱怨，没别的。

（2021－9－9 发布于程晓华全面库存管理咨询订阅号【ITOOTD】）

阅读理解之二

EMS 之供应链管理

作为演讲嘉宾，我参加了一个供应链管理论坛，其中一个嘉宾据说也是搞供应链管理的，因为他在一个什么供应链管理公司做副总；此人乃日系 500 强企业出身，原先是搞生产的，几年前开始在这家供应链管理公司做事。面对一个学员对 EMS 供应链管理的疑问时，他的回答是，其实 EMS 公司的供应链管理很简单，客户都给你安排好了，你生产就是了。

而我极不认可他的观点，决定写此文以阐述我的观点。

EMS 就是电子制造服务业，被很多人认为是“简单的代工”，大型的 EMS 企业如富士康、伟创力等，中小型的则很多，尤其以我国台湾的居多。

EMS跟品牌客户如苹果、微软、HP、戴尔、索尼、爱立信、华为、中兴等做生意，一般采取两种方式：

第一种为Consignment，可以理解为来料委托加工，所有的物料都由客户提供，EMS公司只是赚加工费。这种方式从供应链角度来看的确很简单，EMS公司只负责产能、排产、生产、交付等，没有太多的供应商管理，计划起来也比较简单。

第二种为Turnkey，又称“交钥匙工程”，其实就是进料加工。客户会自己负责一部分料件的采购，并用Buy and Sell（买/卖）的方式再卖给EMS公司，客户既是客户也是供应商，同时，EMS公司也要自己寻源、采购一部分物料。客户采购的物料与EMS公司自己采购的物料，从BOM成本比例上讲，不同的客户是不一样的，一般欧洲的客户自己采购的比例比较小，美国的次之，亚洲的客户则是自己采购的比例比较大。

我要说的EMS供应链管理就是第二种方式，这也是我在供应链管理方面的主要经验：

从供应链角度，在第二种方式下，EMS所面临的挑战是：

1. 及时交付

客户一般会定期，如每周更新预测，但大家都知道，预测永远是错误的，预测与实际订单的差异少则正负百分之三五十，大则百分之几百。尽管有协议，当客户的订单超出预测的时候，EMS可以不接单，不承诺出货，但问题是，EMS是干什么的？有单怎么可能不做？因为你伟创力不做，富士康可能就抢单了，时间一长，伟创力的单就会越来越少；另外一个在交付方面的挑战是，客户下单往往是订单提前期不够，能够按部就班、给足采购提前期的情况很少，如果你的供应链管理没有足够的水平，你的单同样会越来越少。所以，这个时候，拼的还是供应链管理水平的高低。

2. 库存周转

大家都知道一般EMS行业的利润率也就两三个点，而电子行业的库存持有成本也在每月两个点左右，甚至更高，如果库存不能加速周转，你赚的那点加工费还不够与库存持有成本相抵销的。

3. 呆滞库存

一般的EMS公司，大客户比较多，否则就没有聚集效应可言，更谈不上赚钱。正因为如此，从计划角度的压力极大。产品编码多，原材料种类多，供应商分散，从数量而言，也远远大于一般的品牌或ODM公司。所以，库存呆滞风险极大，尤其是产生EC（设计变更）或者产品EOL（产品生命周期结束）的时候，其生效日期、数量一旦确定，如果你的库存多了，要由EMS自己承担报废成本，若买少了，未能按照客户的Last Buy（最后采购数量）出货，你又要被客户罚款。更大的问题是，Last Buy一直无法锁量，产品垂而不死，你还不得不伺候它。所以，当我去一些品牌公司讲课的时候，我认为呆滞库存的控制是个关键问题，但他们往往很不理解，说没有关系啊，做多了就逼着销售去卖掉啊，做少了也没有关系啊，跟销售打个招呼就行了。

4. 采购价格差异（Purchased Price Variance，PPV）

即 EMS 要生存，如果仅仅靠赚取加工费用，那是不可能的，所以，就必须在采购方面下功夫，也就意味着，你找的供应商必须比客户找的要便宜，否则就很难赚到钱。所以，EMS 的采购压力比一般品牌公司的更大，别人 5 分钱买到的东西，你必须花 4.5 分钱买到，否则就不要玩 EMS 行业。

5. 话语权

与以上四个方面都有关系：

（1）在客户方面，因为有竞争对手，客户订单你基本上是必接的，抱怨急单、插单是可以的，但没有用。你不做，别人可以做。

（2）在供应商管理方面，话语权也不大。很多供应商直接跟 EMS 的客户建立关系，它甚至可以要挟你不出货，反过来，客户又说你没有管理好供应商！

所以，EMS 的供应链管理是两头受气，客户在你面前耍大牌，供应商也可以欺负你，但你又不得不做！所以你能做的就是，保证给客户及时交付，搞定那些供应商，同时还得保护好自己：降低库存，减少呆滞，还得从供应商那里赚到 PPV。而要做到这些，你只能是不断地整合、优化自己的需求与供应链管理流程，提高组织能力，别无他法。

（写于 2012 - 12 - 3，2020 - 7 - 21 修改并发布于程晓华全面库存管理博客）

阅读理解之三

关于供应链管理问题的一点认识

不断地有人通过各种方式跟我说，程老师，我们目前的供应链管理问题是什么，你看能否帮我们出点主意、提供点解决思路啊？

我通常的回答是“不做现场审核（TIM），一个企业深层次的供应链管理问题绝对不能随便就下结论，我是从来不会无凭无据，胡说八道的”。

因为，绝大多数企业的大多数人，尤其是企业高管们，根本就不清楚自己的供应链管理问题所在。他们讲的供应链管理问题，要么是表面现象，要么是借口。

所以我的观点是，供应链管理问题必须经过现场充分的审核及数据分析才有可能发现并解决。

在不同的行业、不同的企业，供应链管理的问题大同小异，只是挑战点、侧重点不太一样，而且供应链管理问题的解决方案也都相差不多。技术角度，如 ERP 等 IT 工具的基本逻辑也都是一样的；流程角度，如 S&OP（销售与运作计划）、RCCP（粗产能计划）、分类管理等，也都类似。

就如同医生看病：各种各样的常见病就那么多，能吃的药的种类也是有限的，但为什么医院的医疗诊断设备却越来越先进呢？尤其在目前“挂号费”严重偏离诊断价值的情况下，很多人都想挂个专家门诊，这又是为什么呢？

道理很简单，患者怕被误诊，更怕被庸医治死。

那么，现在很多医院的问题是什么呢？

我们常说，知道了问题，问题就已经解决了一半，那么医生是怎么“知道”患者的病根儿的呢？

传统的中医讲究“望闻问切”，西医大概也是如此。但因为大多数医院的挂号费太低，导致医生随便问两句、划拉几笔，接下来就全靠设备了。也就是说，患者的命运已经不是掌握在医生手中了，而是被各种各样的设备所掌控了，接下来就是昂贵的检测费及医药费。

这看起来很科学，因为眼见患者使用了大量的现代化的设备，但其实呢？

就是批量生产（医疗）设备。

“对症下药”变成了“对纸（检测报告）下药”。

一个企业的供应链管理问题也是这样的，不搞现场审核，只看几个报告，填几张表，根本不可能真正挖掘出问题之所在。

我个人的经验告诉我，即使在现场，一帮人坐在那里，随时打开 ERP 等工具，看着最新的数据、报告、流程等，也不一定能够马上对一些问题做出结论来，很多时候，结果就是狗咬狗一嘴毛，看似简单的问题，面对面，还是扯不清的。

（2020－2－10 发布于程晓华全面库存管理咨询订阅号【ITOOTD】）

阅读理解之四

不要空谈具体问题

这个题目似乎有些矛盾：既然是“具体问题”，怎么能说是空谈呢？

是的，我是指供应链管理方面遇到的任何具体问题都是不能空谈的。要分析、解决这些具体问题，必须“具体问题，具体分析”。那怎么做“具体分析”呢？

第一，具体地、反复地、书面化地定义和澄清这个具体问题。因为很多人其实不知道自己的问题是什么，他们所谓的问题可能根本就不是个问题。比如，有人向你报告说，老板，某某客户又砍单了，但库存都给他备好了，这可怎么办呀？

其实，这不是个问题。

如果非要说这是个问题的话，那这个报告“问题”的人本身就是个问题。

第二，充足的事实和数据。供应链之所以叫“链”，就是因为这个链本身的复杂性。供应链管理上的任何一个问题看起来好像都很明显，似乎人人都懂，但其实背后可能有 n 个层次的原因被有意无意地掩盖了。比如上面的例子，老板啊，因为某某客户砍单，所以导致我们产生了 100 万元的呆死库存。

“因为，所以”，看起来顺理成章，但实践告诉我们，很多呆死库存就是这么被冤枉死的。道理也非常简单，客户砍单非常正常，尤其在那些竞争激烈的行业，客户随时砍单是司空见惯的事情。但问题是：

◆ 这个客户为什么砍单？他经常砍单吗？

◆ 客户砍单的时候，你在干什么？

◆ 为什么是 100 万元的呆死库存而不是 10 万元、1 万元，甚至是没有？

无数的案例告诉我们，客户砍单很有可能是因为你一而再、再而三地承诺，然而又一而再、再而三地出不去货导致的。我曾经审核过的一个客户，他们的 ERP 里面设置两个这样的字段，“First Commitment（第一次承诺）”“Second Commitment（第二次承诺）”。

这就是证据。

第三，要实现具体问题具体分析，你自己必须要掌握供应链管理的基本逻辑和方法论，然后就是一些分析问题、挖掘数据的技能。而这些东西都是通用的，你只要学会活学活用。我曾在一篇文章里提到：这 10 年（TIM 咨询）下来，最令人自豪的是，尽管来自各行各业、被我面对面地审核、检讨过的有无数年轻人，但他们没有一个人能够成功地把我给绕进去。我知道，他们也是尽力了。

这也是供应链管理的魅力之所在。

（2022－10－31 发布于程晓华全面库存管理订阅号【ITOOTD】）